정서중심 인지치료

Mick Power 저 | 최윤경 · 윤혜영 공역

EMOTION-FOCUSED COGNITIVE THERAPY

학지사

Emotion-Focused Cognitive Therapy
by Mick Power

이 역서는 2013년 정부(교육부)의 재원으로 한국연구재단의 지원을 받아 수행되었음 (NRF-2013S1A3A2043448).

역자 서문

오늘날 심리치료 영역에서 인지치료(또는 인지행동치료)의 위상은 의심의 여지가 없다. 많은 정신건강전문가가 인지치료 훈련을 받고 현장에서 인지치료를 시행하고 있다. 불안장애를 비롯한 몇몇 문제 영역에서 인지치료가 보여 준 효과는 주목할 만하며, 이러한 인지치료를 우선적으로 시도하지 않을 이유를 찾기가 어렵다. 심리치료자들 사이에서 인지치료가 각광을 받고 있는 이유 가운데 하나는 초창기 행동주의 치료와 동양의 마음챙김까지 치료의 일부로 통합한 인지치료의 개방성과 포용력 때문일 것이다.

하지만 교육 및 임상 현장에서 인지치료를 가르치고 시행하면서 느꼈던 가장 큰 아쉬움은 인지치료가 인간 진화의 역사만큼이나 오래된 정서를 적절하게 통합하는가 하는 부분이었다. 이는 인지치료가 인지를 지나치게 강조함으로써 자칫 정서의 중요성을 간과하고 있는 것처럼 비춰질 수 있다는 우려이기도 하다. 만일 그렇다면 이 책의 저자인 Power 박사가 언급한 것처럼, 이는 말 없는 마차로 비유될 수 있는 셈이다. 이 책을 읽으면서 정서에 대한 기본적인 이해를 넓힐 수 있다는 것은 큰 소득이었다. Power 박사는 SPAARS 모델을 통해 인지치료의 근간을 유지하면서도 정서의 위상을 적절하게 자리매김하였다. 그는 SPAARS 모델이 두 가지 경로, 즉 자각 없이 자동적으로 작동하는 연합 체계와 사건에 대한 평가에 기초한 도식 모델 체계에 의해 정서가 유발된다고 설명하고 있다. 아울러, 이 책은 정서가 인지에 의해 지배되고 통제되어야 할 그 무엇이 아니라, 비록 부정적으로 느껴지더라도 정서가 제공하는 메시지에 귀를 기울여야 하는 이유에 대해 생각하게 한다. 진화의 역사에서 정서가 아직까지 사라지지 않고 이어져 오고 있다는 사실은 정서가 그만큼 중요하다는 의미로 해석할 수 있을 것이다. 이런 맥락에서 이 책은 인지치료자들이 왜 인지를 다루는지 그 이유를 생각해 볼 수 있는 화두를 제공하며, 동시에 정서이론에 기반을 두고 있기에 인지치료의 영역을 좀 더 확장하였다는 의의가 있다.

마지막으로, 이 책을 함께 읽으면서 토론을 해 온 SSK 트라우마 치유 연구팀과 더불어, 이 책이 세상에 빛을 볼 수 있도록 지원을 아끼지 않은 학지사의 김진환 사장님과 최임배 부사장님, 그리고 편집부의 여러 분께 감사드린다. 역자들이 이 책을 읽으면서 얻은 인지와 정서에 관한 이해와 통찰이 독자들에게 고스란히 전해지기를 기대해 본다.

역자 일동

저자 서문

정서와 치료에 관한 책은 내담자들의 경험에서 우러난 정서적 삶을 이야기할 뿐만 아니라, 저자의 정서적 삶에 대해서도 이야기할 수 있어야 한다. 내담자들에 대한 나의 정서가 이 책에서 가끔 언급되긴 하지만, 이 책이 나의 자서전은 아니므로 독자들은 안심해도 될 것이다. 그러나 정서에 관한 책에서 저자의 감정을 언급하지 않는 서문은 앞뒤가 맞지 않는 것처럼 보이며, 이 책에서 설명하는 '합리성을 선호하면서 정서를 홀대하는 우리 문화'에 주어지는 것과 똑같은 비판을 야기하게 될 것이다.

사실, 이 책을 집필해 온 지난 2~3년 동안은 내 인생에서 정서적으로 격동이 가장 많은 시기 중 하나였다. 개인적으로 나는 별거를 경험했고, 결국 이혼을 했다.

전 아내인 Lorna, 나의 아이들인 Liam과 Jack, Robyn. 이 시기 동안 내가 이들에게 주었던 고통스러운 감정들에 대해 사과하고자 한다. 장기적으로 더 나은 삶을 살아가기 위해서, 때로는 고통을 경험하는 것이 필요할 수 있다. 우리가 지금 현재 이런 고통을 다룰 수 있기를, 그리고 앞으로도 이 고통을 조절할 수 있기를 바란다. Lorna Champion, Charlie Sharp, Tim Dalgleish, Andy MacLeod와 Irina Astanina에게 감사함을 표현하고 싶다. 그들은 이 시기 동안 정서적으로, 그리고 지적으로 나에게 지지를 보내 주었다.

서문에서 이 책이 나오는 데 도움을 준 사람들뿐만 아니라, 이 책의 출간을 방해한 사람들을 언급하는 것이 아마 흔한 일은 아닐 것이다. 그러나 이 서문은 이 책을 쓰는 동안 혼란스러웠던 내 개인적 삶을 언급하는 것이 아니라 나의 직업적 삶에 대한 글이다. 따라서 지난 몇 년 동안 나의 직업적 삶과 다른 사람들의 직업적 삶 모두를 매우 힘들게 만든 몇몇 사람의 이름을 불러 보고 싶다. Karen Mackenzie, Jacqueline Wilson과 Liz Bondi……. 이들에게는 결단코 감사를 표현할 수 없는데, 이 기간 동안 그들 때문에 수많은 어려움이 야기되었기 때문이다. 이런 부정적 감정을 단순히 표현하는 것만으로도 기분이 좀 더 나아진다는 것이 매우 흥미롭다. 그렇다. 이것이 이 책의 가장 핵심적인 메시지다. 당신이 가깝다고 느끼고 있고 신뢰할 수 있는 사람들과 함께 안전한 방식으로 그런 부정적 감정을 표현하라. 다만, 당신이 표현해야 할 그 감정만 표현하라! 그래서 나는 내 삶에 대한 이 짧은 폭로를 가능하게 해 준 친절한 독자 여러분께 감사한다. Kath Melia, Ann Green, Dave Peck, Kathryn Quinn과 Eleanor Sutton에게도 감사한다. 이 시기 동안 이들이 보내 준 엄청난 지지에 감사하며, 나의 엄청난 짜증을 견뎌 준 것에 대해서도 감사한다. 삶이 던져 준 문제들로부터 당신들 역시 생존해야 하기 때문에, 모두가 보내 주었던 지지를 내가 어떻게든 갚을 수 있기를 바란다.

자, 이제 책으로 돌아가 보자. 내가 이 책을 완성하는 데 1년에서 2년 정도 걸렸지만, 다른 동료와 학생들의 도움을 받았기 때문에 가능한 일이었다. 특히 Ursula Hess에게 감사한다. 그녀는 이 책에 포함된 트레이닝 프로그램에 얼굴 표정 패키지를 사용하는 것을 기꺼이 허락해 주었다. 또한 Pierre Philippot에게도 감사한다. 그는 이 원고를 읽고 의견을 제시해 주었으며, 수련 과정 동안 쉼 없이 일하고 있다. 이 책에 대해 수많은 기여를 해 준 Ken Laidlaw, Martin Eisemann과 Somnath Chatterji를 포함한 다른 동료들에게도 감사한다. 정서에 대해 영감을 주었던 수많은 토론과 정서 연구에 기여한 학생들을 생각할 때, Katy Phillips, John Fox, Alexandra Dima, Amani Albrazi, Alexandra Skoropadskaya와 Massimo Tarsia에게도 감사의 인사를 보낸다. 무엇보다도, Irina, 바로 당신, 당신에게 이 책을 바친다.

차례

01 서론

20세기 초반 미국과 러시아 행동주의의 협공으로 심리학은 그 영혼을 상실했다. John Watson의 유명한 언급처럼 "영혼은 과학의 소관이 아니었다." 그러나 1950년대 심리학은 적어도 생각하는 능력을 되찾았다—세평에 의하면, 1956년 9월 11일 매사추세츠 기술연구소 심포지엄에서 인지심리학이 탄생하였고(Bruner, 1983 참조), 이후 인지과학의 발달은 심리학을 비롯하여 언어학과 인류학, 철학, 인공지능 같은 여러 인접 분야에 영향을 주었다. 우리가 더 이상 농장 마당이나 새장 혹은 스키너 상자에서 뛰어다니는 분별없는 닭(또는 비둘기, 또는 쥐)과 별반 다르지 않다는 행동주의의 일차원적 세계에 갇혀 있지 않다는 사실에 당연히 감사해야 한다. 인지과학은 우리에게 더 나은 컴퓨터 계산 능력(computational power)을 제공했지만, 불행하게도 행동주의자들의 컴퓨터는 우리로 하여금 여전히 주판이나 계산기를 이용하도록 한다.

또한 치료의 영역에서 인지과학은 우리에게 수없이 다양한 인지치료와 인지행동치료를 제공했다. 그렇다. 우리는 우리의 생각하는 마음(thinking minds)을 되찾은 것에 감사해야 한다. 적어도 인지치료와 인지행동치료는 우리가 생각과 신념 그리고 가정과 도식(schema)을 가지고 있음을 인정하고 있다. 종종 우리의 내담자들은 다른 생각을 하지 못하고 한 가지 생각에 몰두하고, 인간으로서 자신이 무가치하다는 잘못된 신념을 가지며, 혹은 심장마비로 죽을 것이라고 실제와 다른 믿음을 좇기도 한다. 임상가인 우리는 많은 내담자가 자신의 인지를 검토한 후 대안적 인지가 더 기능적이고 자신의 안녕감과 전반적인 생활만족도를 향상시킬 수 있다는 가능성을 살피게 되어서 도움을 받을 수 있다는 사실을 알고 있다.

인지과학과 인지행동치료가 학문에, 임상가들에게, 그리고 내담자들에게 제공한 이득은 칭송받아 마땅하다. 그러나 불행하게도 이러한 거대한 진일보에서 간과된 무언가가 있는데, 그것은 바로 정서(emotion)다. 과거 20년간 인지만으로는 충분하지 않다는 인식이 증가하였다. 지금 우리는 체스를 잘 두는 컴퓨터를 만들 수 있지만, 언젠가는 사랑을 거부당해 자살을 하거나, 어머니(또는 컴퓨터의 마더보드)를 모욕했다는 이유로 총을 들고 나가서 누군가를 쏘는 컴퓨터를 보게 될 것이다. 우리가 인간으로서 행하는 많은 일이 정서에 의해 동기화된다. 우리는 사랑했던 사람을 잃고 나서 슬픔에 잠기고 이런 정서를 표현할 방법을 찾고자 그 사람에 대한 추모비를 세운다. 우리는 부와 명예, 성공을 성취한다면 혹은 성취할 때 행복해질 것이라 믿기 때문에—실제는 어떻든 간에—그것을 얻기 위해 분투한다. 우리는 사랑에 빠졌기 때문에 이민을 가고 그 나라 언어를 배운다. 우리를 미워하면서 우리 집 앞에 쓰레기를 버리는 이웃에 대한 증오 때문에, 우리는 특정 시간에 집을 비우지 않는다. 우리는 아이들이 길을 건널 때 좌우를 살피도록 가르치는데, 이는 아이들이 부주의하게 길을 건널 때 발생할 수 있는 일을 두려워하기 때문이다.

정서가 동기화하는 행동의 목록은 끝이 없다. 정서는 항상 우리와 함께 있고 그것이 목적한 대로 우리를 안내한다. 정서가 적절하게 잘 기능할 경우, 우리의 정서는 놀고 싶을 때 우선순위를 정해서 일을 할 수 있도록 하고, 선택할 수 없는 선택들 사이에서 선택할 수 있도록 하며, 위험한 상황이나 건강하지 못한 상황, 혹은 질병에 시달리게 될 상황이나 대상을 회피하도록 한다. 잘 기능하는 정서체계는 안내자이자 보호자다.

정서는 심리적 세계에서 십계명이다. 그러나 여느 강력한 체계와 마찬가지로, 정서체계는 통제를 벗어날 수 있다. 객관적인 위험이 없을 때도 위험 신호를 보낼 수 있다—욕실에 있는 해롭지 않은 거미는 실제로 그런 수준의 공황과 혐오의 이유가 되지 않는다. 혹은 어떤 사람은 절망감과 자기혐오에 너무나 압도되어 죽고 싶어 할 수도 있다. 혹은 우리 앞으로 끼어드는 운전자가 우리를 설명할 수 없는 격노로 가득 차게 만들어 생명을 위태롭게 할 수 있다.

따라서 이 책의 목적은 정서의 중요성을 보여 주기 시작한 연구 동향을 계속해서 추진하는 것이다. 우리의 관점은 정서와 인지(즉, 생각과 느낌)가 밀접하고 불가분하게 서로 연결되어 있다는 것이다(Power & Dalgleish, 2008). 그러므로 우리는 인지치료 및 인지행동치료의 영역에서 정서를 제자리로 돌려놓음으로써, 즉 수레 앞에 말을 위치시킴으로써 막대한 이득을 얻게 될 것이라 믿는다. 그렇지 않으면 수레는 단지 그 자리에 머물러 있을 뿐 어디로 갈 수가 없다. 모든 수레에 말이 필요한 것처럼 모든 인지체계에는 정서가 필요하다. 따라서 우리는 이러한 치료적 접근을 **정서중심인지치료**(Emotion-Focused Cognitive Therapy)라고 명명했는데, 그 이유는 말의 중요성을 주장하고 있지만, 수레의 중요성 또한 알고 있으며, 말이 수레를 두고 도망가는 것 역시 원치 않기 때문이다.

서론의 나머지 부분에서 인지치료 및 인지행동치료의 표준적인 접근, 특히 Aaron Beck(1976)과 그의 동료들(Beck et al., 1979)이 처음에 제안한 접근을 먼저 제시할 것이다. 우리는 이 모델의 강점과 약점을 고려하고, 그런 다음 정서가 단지 인지적 처리과정의 결과가 아니라 인지적 처리과정에 피드백을 주고 그 과정에 영향을 준다고 간주하는 2세대 인지행동모델, 즉 우울증에서의 차별적 활성화 접근 및 그 역할에 관한 John Teasdale(1983)의 모델과 David Clark(1986)의 공황모델을 살펴볼 것이다. 이러한 모델들은 인지치료를 더 강력하게 만들고 인지치료가 적용되는 문제의 범위를 확장시켰다. 그러나 우리 생각으로는, 이러한 모델들조차 정서에 관한 기초 이론이 없고 정서를 단지 주어진 것으로 간주하기에 충분한 설득력이 있다고 할 수 없다. 이 장의 마지막 부분에서 정서와 인지에 관한 우리의 모델인 SPAARS 접근을 제시할 것이다. SPAARS 접근에서 각 철자는 정신 과정에 포함된 것으로 보이는 다른 유형의 내적 표상체계, 즉 도식모델(**S**chematic Model), 명제(**P**ropositional), 유추(**A**nalogue) 및 연합표상체계(**A**ssociative **R**epresentation **S**ystems)를 나타낸다. 중다수준체계로서 SPAARS가 초기 인지행동체계와 다른 결정적인 차이는 정서가 생성되는 두 가지 다른 경로가 있으며, 이 경로들은 몇 가지 방식에서 서로 일치하거나 상충될 수 있다고 하는 것이다. 정서 경험과 조절의 결과를 자세하게 설명하려면 이 책의 다음 장이 필요할 정도로 광범위하다. 그러나 우리는 먼저 초기의 표준 인지행동모델을 고려하는 것으로 시작할 것이다.

초기 또는 '표준' 인지행동치료

[그림 1-1]에 제시된 우울증의 초기 인지치료모델은 Beck 등(1979)에 기반을 두고 있다. 이 모델은 비판적인 부모, 정서적 방임 등과 같은 아동기 경험들이 '좋은 사람이 되기 위해서 나는 모든 것을 잘해야만 한다.', '모든 사람에게 사랑받지 못하면 나는 무가치하다.'와 같은 유형의 도식 또는 근본적인 역기능적 가정을 형성한다고 가정한다. 이 모델은 이러한 도식이 성인기 또는 노년기까지 수년간 지배적으로 또는 잠재적으로 유지될 수 있다고 가정한다. 그러나 이 도식을 활성화하는 생활사건이나 삶의 어려움을 경험하게 되면 해당 도식을 활성화할 수 있다. 예를 들어, 어느 젊은 여성의 진지한 첫사랑은 10대에 재앙으로 끝났고, 그녀의 감정은 완전히 거부당했다. 그녀는 지금 모든 사람에게 사랑받아야 하고 그렇지 못하면 무가치하다는 기본 가정이 활성화되어 자신이 무가치한 사람이라는 생각에 몰두되어 있다. Beck이 '부정적인 자동적 사고'라고 언급한 사고는 자동적으로 갑자기 발생하며기분이 침체되고 우울해지도록 만든다. 초기 모델에서 우울증 발생에 중요한 과정은 이러한 부정적인 자동적 사고(Negative Automatic Thoughts: NATs)의 발생이며, 이것이 우울증을 야기한다.

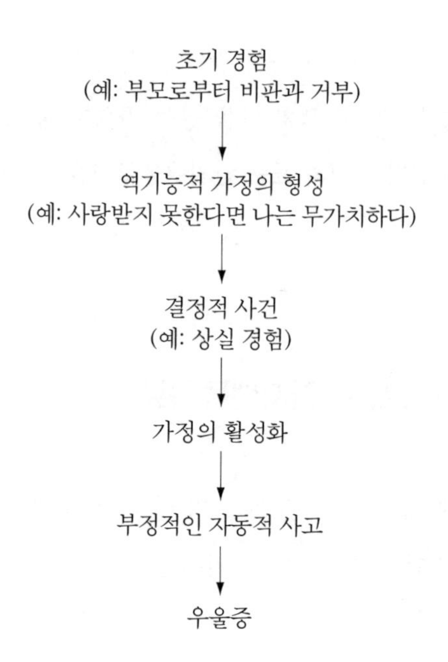

[그림 1-1] 우울증에 대한 고전적인 인지치료모델

Beck은 처음에 그의 인지치료 접근을 지금-여기에 초점을 맞춘 우울증 단기치료로 개발하였다. 따라서 초기 인지치료에서 많은 치료적 초점은 이러한 NATs를 확인하고 나서 그것에 도전하는 것이었다. 많은 임상가와 인지치료 초심자에게 NATs 기록 일지를 사용하는 것은 치료 작업의 핵심으로 남아 있다. 그러나 우리는 우울증이란 NATs를 찾아내어 해결하는 것보다 훨씬 더 복잡하다고 믿고 있다. 많은 초심자 역시 결국에는 일지의 벽에 막혀(즉, 가장 먼저 일지를 완성했다면) 더 복잡한 이슈를 다루지 못한 채 절망하게 된다는 것이 문제다. 임상적 사례를 간략하게 살펴보자.

> 피터는 33세의 청소부로, 결혼 파경 이후 일반의에 의해 의뢰되었다. 어느 날 그가 예상치 못한 시간에 집에 왔을 때 자신의 아내가 딸의 학교 친구의 아버지와 함께 있는 것을 발견하였다. 그는 집을 나와 돌아가지 않겠다고 결심하였다. 특히 그는 아내가 몇 달 동안 자신은 물론 내연남과 성관계를 가졌다는 사실을 깨닫고 분노와 혐오로 압도되었다. 이러한 사실은 피터로 하여금 수치심과 혐오감, 굴욕감에 사로잡히도록 하였다.

피터와 초기 치료 작업의 일부로, [그림 1-2]의 세 칸짜리 일지가 사용되었다. 피터는 지난 주 자신에게 일어난 힘든 상황과 그 상황에서 떠오른 생각과 느낌을 일지에 기록하라는 이야기를 들었다. 첫 주에 그는 일지를 작성하지 못한 채 치료에 다시 왔다. 그는 그 전 주에 『우울증에 대처하기(Coping with Depression)』라는 책자에서 NATs가 얼마나 중요한지 알게 되었지만 그런 부정적 생각 자체가 없어서 일지를 완성하지 못했다고 설명하였다. 인지치료의 기본 원리를 피터에게 다시 설명하였고, 그는 자신에게 떠오른 어떤 NATs라도 기록해 오겠다고 굳게 마음먹었다. 다음 주 피터는 '비합리적 사고'를 제외하고 꽉 채운 일지를 들고 치료실에 왔다. 예를 들어, 그는 아침에 잠에서 깨었을 때 아무 생각도 떠오르지 않은 채 계속해서 메슥거림, 굴욕감과 분노에 압도되었다고 말했다. 이러한 느낌은 그가 잠에서 깨었을 때부터 있었던 것이지 NATs에 의해 유발된 것 같지 않았다.

인지치료자들이 피터처럼 정서와 기분이 NATs에 의해 유발되지 않는 내담자를 얼마나 자주 만나는지는 관련 문헌으로는 알기 어렵다. 만약 젊은 연구자가 이런 도전을 딛고 우리를 위해 답변을 제공한다면

상황	비합리적 사고	감정
목요일: 악몽을 꾼 후 6시에 일찍 깸		기분이 좋지 않고 메슥거리고 계속 피곤함
금요일 오후: 신문 판매대에서 비키니를 입은 매력적인 여성의 잡지 표지 사진을 봄		손이 떨리기 시작하더니 덥고 땀이 남
토요일 오전: 침대에 뒤척이며 누워 있음		끔찍하게 외로움
일요일 오전: 교회에 앉아 있음		외롭고 당혹스러움
일요일 오후: 집에서 혼자 TV를 봄		압도적인 피로를 느낌

[그림 1-2] 피터의 세 칸짜리 일지

그것은 매우 유용하고 흥미로운 부분이 될 것이다. 그러나 그 답변에 그런 NATs가 없는 사례가 많든 혹은 거의 없든, 인지치료자들의 담당 건수 중 일부가 그런 사례라는 사실은 이런 일이 일어날 때 치료자들이 무엇을 해야 하는지에 대한 질문을 제기한다. 아마도 Freud 학파의 환자들은 항상 Freud 학파의 꿈을 가지고 오고, Jung 학파의 환자들은 Jung 학파의 꿈을 가지고 올 것이라는 언급이 적용될 수 있을 것이다. 아마도 당신이 치료자로서 내담자를 계속해서 치료한다면, 즉 내담자가 그 치료를 그만큼 오랫동안 지속할 수 있다면, 그들은 NATs를 가져올 정도로 충분히 영향을 받았을 것이다. 물론, 거짓 기억에 관한 연구에서 우리가 알 수 있듯이, 치료적 만남은 매우 강력해서 치료자가 어떤 내용을 주입하면 일부 내담자들은 학대나 외계인 납치 같은 기억을 거짓으로 회고할 수 있다(Power, 2002). 따라서 몇 가지 부정적 사고를 보고하는 것은 외계인 납치나 거짓 학대와 비교하면 사소한 거짓 회고라 할 수 있다.

인지치료협회의 반응 가운데 하나는 NATs를 덜 강조하는 대신에, 전체 과정을 추동하는 것으로 간주되는 '잠정적인 역기능적 도식'을 재조명하려는 시도였다. Jeff Young(1999)은 이 개념에서 한 걸음 더 나아가 **도식 중심 인지치료**(Schema-Focused Cognitive Therapy)를 발달시켰는데, 여기서는 NATs의 확인과 그에 대한 도전 대신에 근본적인 심리도식이 치료의 초점이 된다. 그러나 NATs가 전체 스토리를 제공하지 못하는데 왜 더 큰 NATs[혹은 우리가 BEES(Big Everything Encompassing Schemas, 모든 것을 포괄하는 거대한 도식)라고 부르는 것]가 전체 스토리를 제공하는지에 관한 근본적인 이유는 존재하지 않는다. 다시 말해, 일부 내담자들이 그런 근본적인 BEES의 확인과 그에 대한 도전으로 도움을 받는다는 사실에는 의심의 여지가 없지만, 이들이 전체 스토리를 제공하지 못하면 인지치료자들은 더 난처한 문제에 직면할 수 있다. 사실, Beck(1996)은 불안장애에서 **모드**[Modes, 계속해서 곤충의 비유를 사용하자면 벌떼(swarms of BEES)처럼 보이는]를 제안하고 이런 경로를 채택해 왔다. 우리가 말하고자 하는 요점은 인지에 초점을 맞춘 접근이 많은 강점을 가지고 있지만 정서를 적절하게 다루지 않았기 때문에 많은 한계점 또한 가질 수밖에 없다는 것이다. 그러나 우리는 현대적인 정서의 중다수준이론을 살펴보기에 앞서, 정서의 인과적 역할이 점차 강조되고 있는 '정교화된' 2세대 CBT(Cognitive Behavior Therapy,

인지행동치료) 모델을 먼저 고려할 것이다.

'정교화된' 인지치료

John Teasdale(1983)과 Gordon Bower(1981) 같은 연구자들의 선구적인 연구는 인지와 정서(즉, 생각과 감정)가 서로 상호작용하는 인지행동주의 세계의 장을 열기 시작했다. 즉, 때로는 감정 상태가 우리로 하여금 특정한 방식으로 생각하도록 하고, 때로는 초기 인지치료에서처럼 생각이 우리로 하여금 특정한 방식으로 느끼도록 할 수도 있다. [그림 1-3]은 이러한 개념을 간략하게 표현한 것이다. 초기 인지치료모델은 [그림 1-3]의 a에서 인지가 정서를 유발하는 직선적인 인과관계를 설정하였지만 이후의 연구는 [그림 1-3]의 b에서 볼 수 있듯이 어느 하나가 다른 것보다 인과적 우위를 취하기보다는 인지와 정서가 상호작용할 수 있음을 제안하였다. 예를 들어, Gordon Bower(1981)는 누군가 슬픈 기분에 빠져 있다면 긍정적인 기억을 더 적게 떠올리고 부정적

a) 표준 인지치료의 문제들

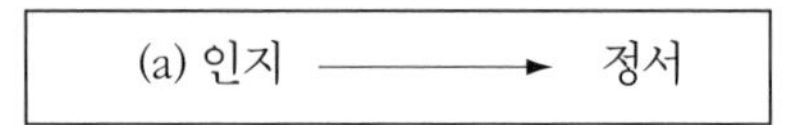

b) 표준 인지치료의 문제들

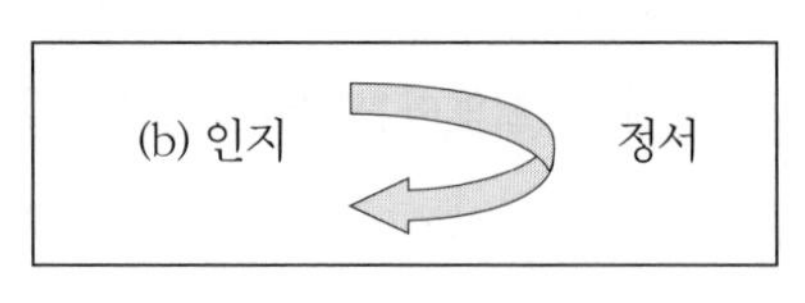

[그림 1-3] 인지와 정서

인 기억을 더 많이 생각할 가능성이 있음을 증명하였다. 이러한 초기 연구의 경우 몇 가지 세부 사항을 반복 연구하는 데 일부 문제가 있었다(Power & Dalgleish, 2008). 그럼에도 불구하고 우울과 불안 같은 정서 장애에서 가능성을 제안했기 때문에 이 연구는 중요했다. 취약한 개인이 특정 감정 상태로 진입하게 될 경우, 특정한 유형의 사고나 생각으로부터 스스로를 보호할 수 없다면 어떤 일이 벌어질까?

이런 발전에 반응하여 우울증의 인지치료모델은 [그림 1-4]에서 제시한 것과 같은 방식으로 변화하기 시작했다. [그림 1-1]에 묘사된 초기 모델은 여전히 새로운 모델에 포함되어 있지만, 여기에는 이제

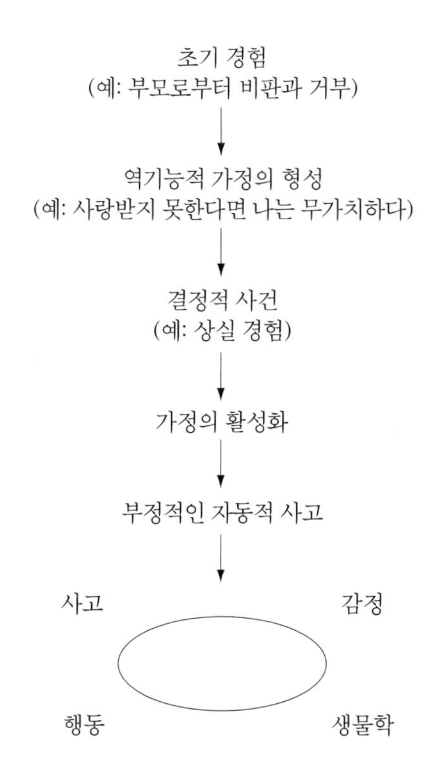

[그림 1-4] 우울증에 대한 개정된 인지치료모델

NATs, 기분 상태, 생리반응 및 행동 간의 상호작용을 인정하는 정적인 피드백 고리가 추가되었다. 우울증의 고전적인 예에서는 개인의 기분이 악화되면 그는 모든 활동에서 철수되기 시작해서 점점 더 오랜 시간 침대에 머무르게 되고, 기분과 행동의 변화 또한 생리적 변화와 개인적 부적절성에 관한 생각을 증가시키게 된다고 설명한다. 따라서 그런 무기력한 우울증의 핵심 치료적 개입의 하나는 [그림 1-4]에 제시된 것처럼 체계를 유지시키고 만성 우울증의 상태를 지속시키는 악순환의 고리를 끊는 것이다. 개인이 작은 성공을 이룰 수 있도록 점진적 과제를 사용하는 것은 우울증에서 이러한 무기력의 순환을 끊는 중요한 방법이다.

인지-정서 순환의 인지행동치료를 소개하는 두 번째 예는 David Clark(1986)의 공황에 대한 인지모델로 [그림 1-5]에 제시된 것과 같다. 이 모델에서 인지-정서 순환은 전형적으로 심장박동이 더 빨라지는 것과 같은 신체적 변화에 대한 자각에서 시작한다. 이러한 신체적 변화가 파국적인 방식으로, 예컨대 '나에게 심장마비가 일어나고 있다.'와

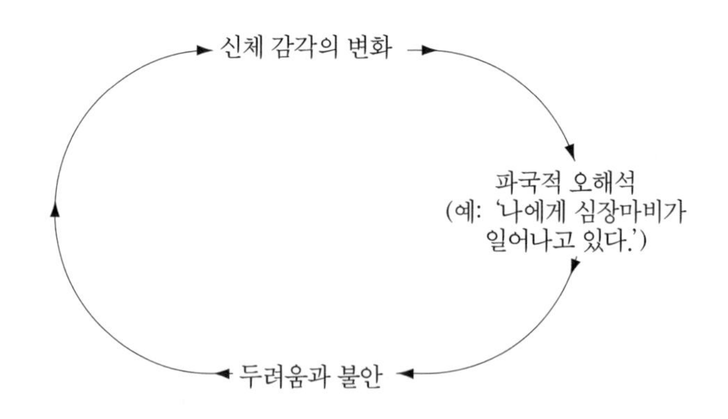

[그림 1-5] 공황에 대한 Clark의 인지치료모델

같이 해석된다면 만발한 공황발작의 경험을 유발할 수 있는 악순환이 시작된다. Clark과 동료들은 수많은 유형의 공황발작이 이런 방식으로 설명될 수 있음을 보여 주었다. 목구멍 주변의 신체적 수축이 질식에 대한 공황을 유발할 수 있다. 가벼운 현기증이 뇌출혈에 대한 공황을 유발할 수 있으며, 정신적 불안감은 통제감을 상실하게 만들어서 미칠 것 같은 느낌을 유발할 수 있다. 우울증 치료와 유사하게 공황발작 치료의 핵심은 공황을 일으키는 것으로 보이는 악순환에서 적절한 지점을 찾아 개입하는 것이다. 초기 인지치료모델에서 NATs 또는 '파국적 오해석'으로 재명명된 것에 대한 공략이 선호되었던 것처럼 지금은 CAT(Catastrophic Automatic Thought, 파국적 자동적 사고)를 공략해야 한다고 말할 수 있다.

공황발작에 대한 Clark의 인지치료가 상당한 성공을 거둔 것은 의심할 여지가 없으며, Clark과 그의 동료들이 치료를 수행하여 그 효과성을 검증한 무작위 통제 연구가 존재한다(Clark et al., 1994). 그러나 우리가 우울증에 대한 초기 인지치료모델에서 제기했던 NATs의 문제, 혹은 우리가 지금 CAT라고 부르는 NAT-CAT 문제는 여전히 남아 있다. Clark의 모델은 파국적인 오해석을 동반한 공황발작의 치료에는 효과적일 수 있지만, 많은 공황발작에서 '나에게 심장마비가 일어나고 있다.'와 같은 의식적인 명제적 진술은 선행하지 않는다. Clark의 모델이 공황발작에 유용하게 적용됨에도 불구하고 그런 파국적 사고를 동반하지 않는 공황발작이 있다는 사실은 그 모델의 적용이 제한되어 있음을 의미한다. 다음의 사례를 고려해 보자.

존은 25세의 대학원생으로, 계획보다 더 오랫동안 논문을 작성하고 있다. 몇 개월 전 그의 보조금이 중단되었고 논문을 완성하기까지 시간이 걸리자 부채가 늘고 일자리를 찾아야 하는 상황이 되었다. 그가 받은 압박감 때문에 최근 그의 연애 관계가 깨졌고 여자친구는 다른 누군가와 함께 살겠다면서 떠나 버렸다. 이러한 모든 문제와 압박감에도 불구하고, 존은 자신이 지금까지 잘해 왔고 아마도 매우 힘들겠지만 결국 마무리를 하고 자신의 삶이 제자리로 돌아가게 될 것이라고 보고하였다. 유일한 문제는 지난 몇 주 동안 거의 매일 밤 완전한 공황상태에서 비명을 지르고 땀이 흥건한 상태로 잠에서 깨는 악몽을 경험했다는 것이다. 그는 어린 시절에 유사한 야경증을 경험했었고 이 문제로 의사에게 치료받아 악몽이 사라졌던 사실을 기억했다. 현재 악몽의 주제는 거의 비슷했다. 예를 들면, 그는 자신이 관 속에 갇혀서 빠져나올 수 없거나, 질식해서 숨을 쉴 수 없거나, 방이나 승강기에 갇혔는데 그가 소리치는 것을 아무도 듣지 못하는 꿈을 꾸곤 하였다.

존이 경험한 한밤중의 공황발작은 전형적으로 악몽으로 시작하지만 그 발생을 체계적으로 기록해 보면 모든 발작이 회상할 수 있는 꿈으로 시작되는 것은 아니었다. 때로는 단순히 공포에 휩싸여 잠에서 깼다. 부정적 사고로 명확하게 시작되지 않는 야경증과 기타 유사한 공황 현상의 존재는 더 정교화된 2세대 인지치료모델에 다시 도전을 제기한다. 우리는 기본적인 이론이 잘못되었고 너무 단순한 것이 문제라고 생각한다(Power & Dalgleish, 1997, 2008). 다음 절에서 개관하겠지만, 인지치료는 정서장애에서 사고의 역할을 지나치게 강조하고, 정서에 관한 적절한 이론이 결여되어 있다.

심리학에서 이중처리모델

우리는 인지치료에 너무 가혹해서도 안 되지만, 유사한 문제가 분명함에도 심리학의 다른 영역에서 치명적인 이론적 부적절성을 허용하는 것처럼 이를 가볍게 여겨서도 안 된다. 대표적인 예로, 사회심리학 영역에서 태도와 태도 변화의 예를 들어 보자(더 세부적으로는 Chaiken & Trope, 1999 참조). 대다수의 공정한 사람은 자신이 편견에서 자유롭다고 생각하고 인종차별, 성차별, 연령차별을 반대하는 관점과 정책을 지지하곤 한다. 즉, 그들이 표명하는 또는 **외현적인**(explicit) 태도는 자신이 얼마나 공정하고 관대한지를 보여 준다. 그러나 진실은 그리 간단하지 않고 더 복잡한 경향이 있다. 행동 측정, 자동적인 지각적 처리과정, 반응시간 측정, 정신생리학에 관한 한 개인이 의식적으로 거부하는 편견과 편향의 지표가 존재한다고 해도 무방하다(Chaiken & Trope, 1999). 즉, **암묵적인**(implicit) 태도는 외현적인 태도와 때때로 모순될 수 있다. 서로 상충된 태도가 동시에 발생하도록 하는 그런 시스템은 지금까지 우리가 살펴본 인지치료모델과 부합되기 어려운데, 이 모델은 잠재적으로 서로 모순되고 다른 결과를 초래하는 병렬적 처리과정을 허용하지 않기 때문이다.

물론 심리학의 다른 영역에서도 잠재적으로 모순된 처리과정이 동시에 작동한다는 생각에 대한 오랜 역사가 있다. 19세기 독일의 과학자인 Hermann von Helmholtz는 Freud보다 오래전에 시지각에서 무의식 또는 자동적 처리과정에 대한 필요성을 주장하였고, 명백하게 통합된 처리과정이 붕괴되거나 착시와 같은 오류를 유발하는 조건을 증명하였다(Power, 1997). Freud가 발달시킨 정신분석적 접근은 전의식, 의식 및 무의식 체계를 포함하는데, 이들은 전형적으로 서로 충돌하고 때로는 자신의 내부에서 갈등을 일으키기도 한다. 따라서 무의식 체계는 일관되고 논리적인 방식으로 정보를 유지하는 것이 아니라 상반되고 뚜렷하게 비논리적인 재료를 포함하는 것으로 간주된다(Freud, 1915). 우리가 제시한 모델은 정신분석에 근거하는 것이 아니라 정서에 대한 현대의 인지적 접근에 정확하게 기초한다. 그럼에도 불구하고 치료의 이론과 실제에 정통한 정신분석적 접근에서 많은 통찰을 얻을 수 있으며, 우리가 진보하더라도 이를 인정할 수밖에 없다.

따라서 현존하는 인지치료모델에서 우리의 중요한 출발점은 의식적이고 무의식적이거나 자동적인, 두 가지 뚜렷한 처리과정이 필요하다는 것인데, 이들은 때로는 시너지 효과를 내고 때로는 상충된 결과를 초래하기도 한다. 사회인지와 정신분석 같은 영역에서 간략하게 인용하였던 두 가지 경로 또는 처리과정에 대한 증거에 더해, 신경과학 연구에서도 두 가지 별개의 경로가 존재한다는 증거가 늘어나고 있다. 예를 들어, 쥐의 공포 습득과 유지에 관한 Joseph LeDoux(1996)의 연구는 중뇌(또는 변연계로 알려진 곳)의 편도핵을 통해 작동하는 빠른 공포 체계와 피질을 거치는 좀 더 고차적인 경로의 필요성을 명확하게 보여 준다. 이러한 두 가지 경로는 정확한 조건과 상황에 따라 협력적이고 상승적으로 작동하거나 상충된 결과를 산출할 수 있다. LeDoux의 동물 연구와 인간의 신경과학은 서로 유사하게 인간의 정서반응을 이해하기 위하여 좀 더 복합적인 중다수준체계의 필요성을 강조한다. 따라서 다음 절에서 우리는 정서에 관한 우리 나름의 SPAARS모델을 개관할 것이다. 또한 고려 중인 현상을 제대로 다루고 광범위한 정서 장애를 치료하는 데 필요한 치료적 노력에 풍부한 토대를 제공하기 위해 좀 더 복잡한 모델이 필요함을 보여 줄 것이다.

SPAARS 접근

나는 동료인 Tim Dalgleish와 함께 지난 십여 년간 SPAARS모델을 개발했다(Power & Dalgleish, 1997, 2008). 우리 모델 이전에 정서에 관한 수많은 뛰어나고 영향력 있는 중다수준이론이 있었는데, 특히 Howard Leventhal과 Klaus Scherer(1987), John Teasdale과 Phil Barnard(1993)의 연구가 주목할 만하다. 우리는 이러한 모델의 강점을 SPAARS 접근에 통합하였고 약점의 일부를 제거하였다.

SPAARS모델은 [그림 1-6]에 제시되어 있다. 다양한 유형의 표상과 처리체계는 다음과 같다.

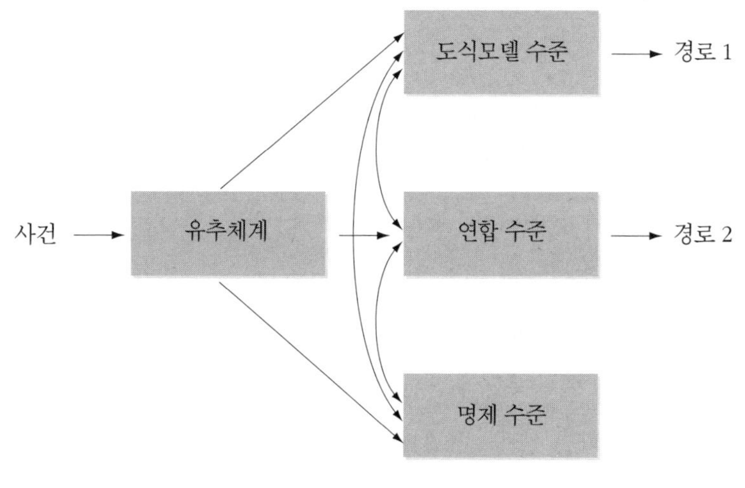

[그림 1-6] SPAARS모델

- 유추체계(analogical system): 일차적인 감각특정적 체계의 집합으로, 시각, 청각, 미각, 후각, 촉각 및 운동감각 체계를 포함한다. 이러한 감각체계는 종종 정서를 유발하는 외부 사건의 초기 처리 과정을 담당한다. 이러한 이유로 정서적 사건의 지각 및 기억에 직접 통합되곤 한다.
- 연합체계(associative system): 전형적으로 자동적이고 자각 없이 작동한다. 이것은 오랜 시간에 걸쳐 발달한 정서 및 기타 체계의 선천적인 시작점을 포함한다. 기술을 토대로 한 행동과 반복된 연속 행동은 자동성을 증가시키고 연합체계 수준에서 표상되어, 빈번하게 반복된 일련의 평가 정서가 결과적으로는 의식적인 자각 없이 자동적으로 발생하게 만든다.
- 명제체계(propositional system): 언어적(verbal-linguistic) 진술(명제)이 표상된 것으로 인지치료에서 사랑받는 것이다. 그러나 인지치료와 달리, 우리는 명제가 직접 정서를 일으키는 것이 아니라, 정서가 발생하려면 NATs, CATs 같은 명제가 연합체계 또는 도식모델체계를 통해 더 처리되어야 한다고 믿는다.
- 도식모델체계(schematic model system): 자기와 세상에 대한 역동적이고 끊임없이 변화하는 모델로 구성된 높은 수준의 체계로, 전반적인 집행 통제(executive control)를 제공한다. 정서와 관련해서 사건과 상황에 대한 의도적 평가(effortful appraisals)가 도식모델로 이어져 정서를 유발한다. 평가는 전형적으로 개인적이면서 대인관계적인 핵심 목표와 관련된 사건과 상황을 평가하며, 평가 결과에 따라 다른 정서를 유발한다.

[그림 1-6]에서 볼 수 있듯이, 이렇게 제안된 네 가지 체계가 결합해서 두 가지 경로를 만들고 정서에 이른다. 높은 수준의 의도적 평가에 기반을 둔 경로는 도식모델체계를 통해 작동하고, 전형적으로 낮은 수준의 자동적인 경로는 연합체계를 통해 발생한다. 이중처리모델의 작동은 다양한 상황 및 다양한 정서에서 관찰할 수 있다. 아주 단순한 예는 시야 구석에서 쏜살같은 움직임에 갑자기 움찔하게 되는 끼어들기(stepping-into-the-road) 반응인데, 이때 당신은 명백히 당신을 향해 움직이는 것이 무엇이든 그것에 주의를 기울이게 된다. 도식모델체계를 거치는 더 느린 주의 처리과정을 통해 당신을 향해 빠르게 움직인 것이 버스였음을 확인할 경우, 버스가 가까스로 비껴간 것에 대해 공황감이 증가한다. 하지만 그와 반대로 충분한 주의 처리과정을 통해 그것이 바람에 흩날리는 나뭇잎이었다는 사실을 알게 되면, 웃어넘기면서 옆 사람에게 그것에 관한 농담까지 할 수 있다. 이런 단순한 예는 자동적 연합체계의 기능 중 하나를 보여 준다. 즉, 유기체가 갑작스럽고 예기치 않은 위협을 받을 때 현재 활동을 즉각 중단하는데, 이는 더 느린 도식모델체계가 더 상세하고 정교한 처리과정을 제공하여 정서와 행동이 시너지 작용을 하도록 한다.

이 책의 후반부는 두 가지 경로가 어떻게 서로 상충될 수 있는지에 관한 예로 가득 차 있지만, 이 단계에서는 상대적으로 일반적이고 설득력 있는 예시로 다음과 같은 관점을 보여 주는 것이 유용할 것이다. 단순공포증으로 고통을 겪는 사람들(5장 참조)은 종종 다음 사례처럼 공포 대상에 대한 상충된 경험을 보고할 수 있다.

제인은 성인이 된 이후 계속 병원에서 일을 해 온 간호사였는데, 이제 막 지역사회로 직장을 옮겼다. 그녀는 개를 키우는 가정을 방문하는 것을 포함해서 동네에서 개를 보게 되면 그 집에 들어갈 수 없을 정도로 두려움이 심해져서 자신의 경력을 포기하기 직전이었기에 도움을 받기 위해 내방하였다. 그녀는 평가 중에 개에 관한 어떤 외상적 경험이나 다른 부정적 경험을 회상할 수 없었지만, 그녀의 엄마가 그랬던 것처럼 아주 어릴 때부터 개에 대한 공포증을 경험했다. 사실, 개에 대해 곰곰이 생각해 보면 그녀는 사람들이 개를 매우 좋아하고, 심지어 가장 친한 친구로 여길 수 있음을 이해하였다. 그러나 그녀가 개를 보았을 때, 특히 개가 예기치 않게 그녀에게 달려들거나 뛰어오를 때 공황이 시작되는 것이 문제였다.

제인의 혼란스러운 반응은 동물형 단순공포증을 가진 사람들에게 드물지 않다. 한편으로는 그녀의 옆에 개가 있을 때(즉, 연합적 경로를 통해 정서가 발생하였을 때) 공황으로 반응하고, 다른 한편으로는 그녀가 개에 대해 주의 깊게 생각하면 약간 긍정적으로 느끼면서 다른 사람들이 개에 대해 매우 긍정적으로 반응하는 것을 이해할 수 있었다(즉, 도식모델 경로를 통한 의도적 평가가 약간 긍정적인 반응을 초래함). 동물형 및 다른 유형의 단순공포증이 있는 많은 사람은 자신들의 공포가 '비합리적 사고'(도식모델 평가)라는 것을 알고 있지만 공포나 공황이 연합적 경로 기제를 통해 자동적으로 생성되기 때문에 이에 관해서 아무것도 할 수 없다고 보고한다. 이런 공포와 공포증은 정서를 생성하는 두 가지 경로가 어떻게 다르고, 심지어 상반된 결과('나는 너를 사랑하지만 또한 너를 미워한다.')를 제공하는지에 관한 극적인 예를 제공한다. 하지만 우리는 이 책의 다음 장인 치료(3장)과 평가(4장)의 맥락에서 그런 예를 다룰 수 있도록 추가적 논의를 남겨 두겠다.

그러나 다음 장에서 우리는 주제를 전환하여 '정서란 무엇인가?'라는 질문을 고려하고자 한다. 인지행동치료와 정서장애를 다루기 위해 고안된 다른 최신 치료들(예: 대인관계치료와 많은 인본주의 치료)의 문제점 가운데 하나는 정서 이론이 없다는 것이다. 정서는 단순히 '주어진 것'이며, 이는 전형적으로 민속심리학이나 미국의 『정신질환진단 및 통계편람』 체계(현재 DSM-IV; American Psychiatric Association, 1994)처럼 이론이 없는 분류체계에 기초한 정서 목록을 의미한다. 정서에 대한 이러한 접근은 유행을 따르는 어리석은 독단으로 이어진다. 따라서 저명한 정신과 의사가 '샤덴프로이데(schadenfreude, 남의 불행에 대한 쾌감)'가 다음 분류체계에 포함되어야 할 심각한 정서장애라고 DSM-5 준비위원회를 설득한다면, 캘리포니아의 어딘가에서 샤덴프로이데 치료(약어로 'SCHAT')라고 부르는 심리치료가 개발되어 우리가 그것을 알기도 전에 세상의 모든 사람이 그들의 과도한 샤덴프로이데를 치료하기 위해 SCHAT를 받게 될 것이다. 이런 궁지에서 벗어나는 한 가지 좋은 방법이 있는데, 그것은 정서에 관한 괜찮은 이론을 가져오는 것이다! 물론 우스갯소리지만, 우리는 SPAARS 접근이 정서에 관한 괜찮은 이론이라고 생각한다. 그러나 우리는 치료자가 믿음에만 근거해서 이런 주장을 받아들이기를 원치 않는다. 일단 우리는 정서의 전체 영역에서 일어나는 것을 고찰할 필요가 있다. 그렇게 함으로써 독자들은 정서에 관한 중다수준이론이 현재 우리가 가질 수 있는 최상이며, 이 이론이 강력한 임상적인 치료적 통찰을 제공한다는 사실을 이제 막 깨닫기 시작했다는 결론에 도달할 수 있을 것이다.

02 정서란 무엇인가

〈신체 강탈자의 침입(The Invasion of the Body Snatchers)〉이라는 고전 영화에서 Don Siegal은 정서의 결여라는 한 가지 특징을 제외하고 인간과 다른 점을 찾을 수 없는 인간 로봇을 그렸다(Power & Dalgleish, 1997). 이 영화는 여러 번 리메이크된 고전인데, 가장 최신 버전인 〈인베이젼(The Invasion)〉에서는 Nicole Kidman이 주연을 맡았다. 사람들에게 물어보면, 이 영화와 똑같은 증상으로 상사나 이웃이 고통받고 있다고 대답하는 사람들이 있다. 그러나 그런 경우 정서의 결여나 부족은 부럽다기보다는 걱정을 하게 만든다(6장 참조). 문제는 정서가 인류의 불가결한 부분이고 정서가 없는 창조물이나 기계는 미스터 스팍(Mr Spocks)[1]의 세계와 같다는 사실이다. 그들로 인해 때로는 재미를 느끼지만, 우리는 그들을 가엾게 느낀다.

이런 간단한 예시가 입증하듯이, 정서는 우리의 삶에 기능적이지만 너무 과도하거나 메마른 정서는 문제가 될 수 있다는 것이 현대적 관점이다. 불행하게도, 적어도 2,000년 동안 많은 서구 문화에서 정서에 관한 이런 기능적 접근은 구식이 되었다(Oatley, 2005). 정서에 관한 우리의 양가적 태도, 정서와 이성이 왠지 서로 상반된다는 관점 중 많은 것이 이런 오랜 역사에서 비롯된다. 저명한 철학자와 과학자는 정서를 결코 기능적이지 않다고 생각했다. Darwin은 정서가 우리의 진화 역사의 흔적이며 정서로부터 자유로운 유일한 사람은 진화 계보의 최상위에 있는 빅토리아 시대의 남성이라고 보았다. Plato의 다음 인용은 이러한 접근을 잘 요약한다.

> 이성에 불복하는 동물처럼 반항적이고 제멋대로이며 성욕의 괴로움으로 미치게 만드는 남성의 생식 기관은 절대적인 지배를 얻고자 한다. 여성에게 자궁의 경우도 동일하다. 그들 내부의 동물은 자식을 낳기 원하고, 적절한 시간을 넘어 오랫동안 성과가 없을 때 불만과 분노를 느끼며, 온몸을 돌아다니면서 호흡의 흐름을 막고, 호흡을 차단함으로써 그들을 극한에 몰아넣어 다양한 질병을 일으킨다(Plato, 1957).
>
> Plato (1953). *The Timaeus* (B. Jowett 역).
> Oxford University Press에서 재판되었음.

이 진술문에서 Plato은 남녀 모두에게 동물적 열정에 반대하는 이

1) 역자 주: 영화 〈스타트렉〉의 등장 인물로, 두뇌는 명석하나 감정이 없는 인물.

유를 이야기했을 뿐만 아니라 여성에게는 '돌아다니는 자궁' 장애를 도입했다. 이것은 후에 '히스테리'로 알려지게 된다. 우리는 지금 히스테리란 자궁이 돌아다니거나 불만족스러워서 생긴 결과가 아니고 남녀 모두에게 경험될 수 있다는 사실을 알고 있다. 우리 사회에 만연해 있는 더 심각한 관점은, 정서는 나쁘고 이성을 훼손하며 그 존재 자체가 장애의 지표라는 점이다.

따라서 Plato에게 많은 책임이 있다. 우리 자신에게서 모든 정서를 제거하고 이성에만 의존해야 한다는 그의 관점에 더해, 그는 우리 문화에서 정서의 '성별화(genderization)'에 유의하게 기여하였다. 우리는 공포와 슬픔 같은 정서를 '연약하고 여성적인' 것으로, 분노 같은 정서를 '강하고 남성적인' 것으로 간주하기 시작했다. 정서에 관한 이러한 관점은 수많은 임상적 예시에서 역기능적인 것으로 과장되었으며, 이 책에서 제시하는 다양한 사례가 그러하다.

'정서란 무엇인가?'라고 묻는 이 장의 나머지에서 상황을 설명하기 위해 우리는 장황하지만 정서의 정의를 내리는 시도를 시작하고자 한다. 적어도 몇 가지 측면에서 정서에 대한 정의가 논란이 되고 있지만 이들은 이 장의 후반부에서 꼭 집어서 상세하게 다룰 것이다.

> 정서는 상황이나 사건이 개인의 목표에 적절한지에 대한 평가가 뒤따르는 일단의 생리적 · 행동적 · 심리적 과정으로 구성된 정신적이고 신체적인 상태다. 이러한 목표는 기본적인 추동에 기초한 생존 목표에서부터 대인관계적이고 심미적인 고차 목표에 이르기까지 다양하다. 공포, 슬픔, 분노, 혐오 및 행복을 포함한 제한된 세트의 정서 상태가 존재하는데, 이들은 모두 중다

과제 중다수준체계에서 신호를 받아 목표 기반 기능의 우선순위를 변화시키며, 이들로부터 무한 범위의 더 복잡한 정서를 산출할 수 있다. 이러한 정서 상태는 본질상 대개 짧게 유지되며, 욕구는 단지 몇 초 또는 몇 분간만 지속된다. 그들이 더 만성적일 때 대개 '기분'으로 언급되며, 이때 그런 정서를 유발한 상황이나 사건은 잊혀진다. 많은 상황에서 정서는 무의식적이고 정동 상태를 보고할 수 없다. 정서의 의식적 측면은 '정동(affect)' 또는 '느낌(feeling)'으로 언급된다.

우리는 이러한 정서의 정의가 이 책의 전반에 걸쳐 묘사된 임상적 시도에 영향을 미치는 효과적인 접근을 제공할 것이라 생각한다. 그러나 적어도 다음과 같이 좀 더 논란이 될 이슈에 대해서 언급할 필요가 있는데, 여기에는 다음과 같은 정의가 포함된다.

- '정신적' 그리고 '신체적' 상태 간 구별: 이 구별은 여기서 실용적인 방식으로 사용되었으며 몸과 마음의 Descartes식 이원론이나 몸과 마음의 분리를 의미하는 것이 아니다. 실제로, 정서의 좋은 점은 몸과 마음을 분리하려는 시도들 사이에 통합된 힘을 제공한다는 점이다. 그러나 이러한 분리는 Descartes식 철학적 다양성이 아니라 치료에서 필수 초점이 될 수 있는 정신병리의 유형에 관한 것이다.
- '평가(appraisal)'의 개념: 정서의 파생을 이해하기 위한 많은 접근들은 Plato의 '정서이론'과 여기서 채택된 Aristotle의 기능주의 이론으로까지 크게 거슬러 올라갈 수 있다. 기능주의이론은 사건

자체가 아니라 개인적으로 관련된 준거에 따라 이들이 어떻게 평가되는가가 중요하다고 가정한다. 나중에 상세하게 살펴보겠지만 정서에 관한 오늘날의 인지적 접근은 대개 평가에 기초한다 (Power & Dalgleish, 2008).

- 목표 기반의 정의: 사건과 상황의 결정적인 특징은 그들이 우리의 목표와 계획에 어떤 영향을 주는가이며, 그런 영향의 유형에 따라 다른 정서가 초래된다. 앞서 언급되었듯이, 이들은 생존 목표, 대인관계 및 공유된 목표, 그리고 심미적 목표를 포함한다. 비록 기억 과정에서 발생한 정서가 표면적으로는 이러한 목표 기반의 접근을 거스르는 것처럼 보일지라도, 기억의 내용은 보통 과거에 관련 목표나 계획에 영향을 주었던 것에 관한 것이다. 유사하게 심상 과정('내가 여기 없으면 그들은 나를 그리워 할 것이다!')에서 발생한 정서는 전형적으로 그들이 미래에 발생한다면 목표와 계획에 영향을 주게 될 사건을 포함한다.
- '기본 정서' 에 대한 제안: 다음 절은 정서에 대한 차원적 접근에 대한 찬반 주장과 기본 정서의 범주적 접근을 일부 검토한다. 우리(Power & Dalgleish, 2008)는 두 가지 접근 모두 장점이 있으며, 때때로 제시된 것처럼 어쩌면 서로 상반된 것이 아니라고 생각한다. 예를 들어, 우리는 다섯 가지 세트의 기본 정서가 연합체계의 시작점이라고 주장하지만 동시에 의식적 정동이 긍정-부정, 쾌-불쾌, 또는 차분-흥분의 차원에 따라 기술될 수 있음을 알고 있다. SPAARS와 같은 중다수준체계에서 다른 수준은 다른 원리에 따라 작동될 수 있다. 이전의 해설자들도 이런 이슈에 합의하지 못했음을 고려해 볼 때, 우리가 보는 바와 같이 정확히 얼마나 많은 기본

정서가 존재하는지는 아마도 조정하기가 더 어려울 것이다.

- 의식적 대 무의식적 정서: 무의식의 개념처럼 의견을 분열시키는 것은 없을 것이다! 동료인 Tim Dalgleish와 나는 여러 해 동안 정서와 SPAARS 접근에 대해 함께 연구했음에도 불구하고 '무의식적 정서'의 개념에 대한 의견이 서로 다르다는 사실에 대해서만 합의했을 뿐이다. 이 주제는 전체 정서 연구자 집단을 거의 똑같이 둘로 나눌 것이다(Ekman & Davidson, 1994 참조). 동료인 Tim과 같은 연구자들은 정서가 적절하게 일어나려면 정동의 의식적 경험이 존재해야 하며, 그런 의식적 정동이 없는 반응은 완전한 정서가 아니라고 주장한다[그것이 무엇인지 명확하지 않을지라도, 'emotion(정서)'에서 'experience(경험)'에 해당되는 'e'를 빼고 남는 것을 아마도 'motion'이라고 불러야 하지 않을까 하는 것이 그들의 관점이다]. 흥미롭게도 Freud(1915)조차 어떤 개념을 정서라고 명명하기 위해서는 의식적 정동이 있어야 한다고 주장했다.

> 정서의 본질은 확실히 우리가 그것을 느껴야 한다는 것, 즉 의식에 들어가야 한다는 것이다. 따라서 정서, 느낌 및 정동이 무의식적인 것은 거의 불가능할 것이다(p. 104).

그러나 내 관점에 따르면, SPAARS모델(요약을 위해 1장 참조)은 정서에 이르는 직접적인 연합 경로의 결과를 '무의식적 정서'로 명명하도록 하는데, 그 이유는 연합 경로가 의식적 자각 없이 정서를 생성할 수 있기 때문이다. 정신생리학, 역치하 지각 및 해리 현상에 대한 수많은 연구는 의식적 자각 없는 정서-형태 효과의 존재를 증명하였고,

가장 간명한 접근은 그런 상태를 정서라고 부르는 것 같다. 물론, 우리는 책을 통해 다양한 시점에서 이러한 논쟁으로 되돌아갈 것이다.

정서: 차원 대 범주

정서라는 것이 정서가(valence)와 각성수준(arousal) 같은 차원으로 가장 잘 대표되는지, 아니면 분리된 실체나 범주로 간주될 수 있는지의 이슈는 상당한 논쟁을 야기하였고, 가까운 과거에도 의견이 분분하였다(Ekman, 1992; Russell, 1994). 적어도 1950년대 Osgood의 연구 이래로(Osgood et al., 1957), 긍정 및 부정 정서 척도(Positive and Negative Affect Scale: PANAS; Watson et al., 1988) 같이 전형적으로 자기보고식 척도에 기초한 광범위한 정서 용어 및 정서 경험에 대한 분석은 두 가지 핵심 차원의 중요성을 전통적으로 강조하고 있음을 보여 준다. 이러한 차원에 따라 특정 정서 용어가 표시될 수 있다.

[그림 2-1]과 [그림 2-2]에서 볼 수 있듯이 차원적 전통 내에서 두 가지 다른 접근이 등장하였다. 첫 번째 관점에서 Russell과 Carroll(1999) 같은 이론가들은 한 차원의 끝에는 긍정 및 부정 정서가 양극단을 형성하는 반면, 각성이 다른 차원을 형성한다고 주장하였다([그림 2-1] 참조). 반면에, Watson과 Clark(1992) 같은 연구자들은 긍정 및 부정 차원이 서로 독립적이므로 몇몇 정서 상태는 긍정 및 부정 차원이 모두 높을 수 있다고 주장하였다(예: 분노의 몇 가지 유형 또는 파괴적인 형태의 고양감). 이는 긍정 및 부정 정서가 동일한 양극성 차원에서 양극단에 있다고 간주한다면 놓치게 되는 특성이다.

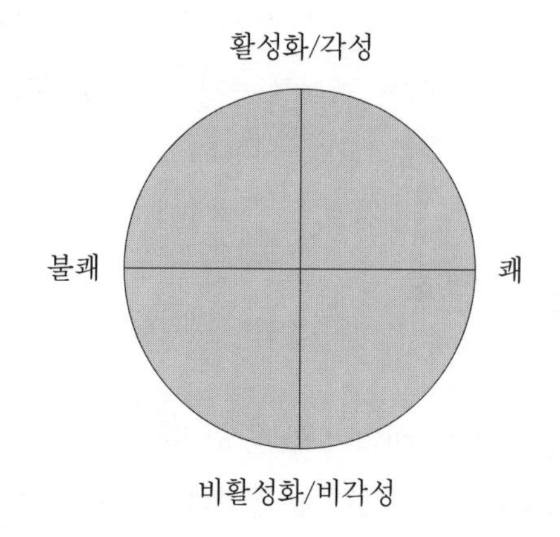

[그림 2-1] Russell의 정동에 대한 차원적 접근

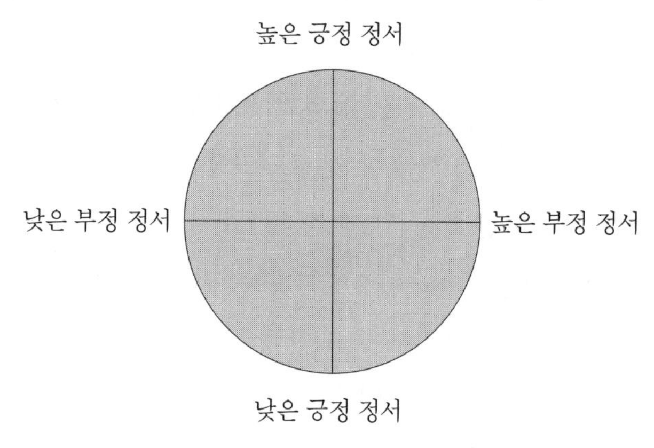

[그림 2-2] Watson과 Clark의 정동에 대한 차원적 접근

정서에 관한 이러한 차원적 접근은 심리학 안에서 생산적인 접근에 해당되는데, 동등한 또는 개념적으로 서로 연관된 생각들이 정서 연구와 인접하거나 중첩된 영역에서 제안되었다는 점에서 그렇다. 예를 들어, Rolls(1999)는 중요한 동기체계로서 접근과 회피에 관한 초기 개념을 발달시켰으며, 이는 Jeffrey Gray(1982)가 발달시킨 행동 활성화

및 행동 억제 체계에 관한 초기 연구와 유사하다. Davidson(2000) 또한 이와 유사하게 최근 신경생리학적 스캐닝 자료를 토대로 정서가와 각성이 뇌에서 정서 처리과정의 중요한 측면이라고 주장했다.

다양한 연구자가 수년에 걸쳐 가정한 대로, 단순한 형태의 차원에 두뇌 처리과정이 반응할 수 있다는 상당한 증거가 존재한다고 가정해 보자. 정서 영역과 동기와 학습 같은 인접 영역에서 이러한 차원은 전형적으로 접근과 회피 및 긍정-부정 정서가와 같은 원리에 기초한다. 그러나 그런 차원이 존재한다는 사실 혹은 그런 차원이 존재한다는 증거만으로 뇌가 다른 원리에 따라 작동하지 않음을 의미하는가? 글쎄, 정서에 관한 현대의 중다수준 접근에서의 답변은 수준이 다르면 다른 원리를 사용해서 작동될 수 있다는 것이다. 예를 들어, 의식적 정동의 도식모델은 사건과 상황의 평가에 중요한 평가 요소이기 때문에 정서가와 접근-회피의 이슈를 쉽게 통합할 수 있다(심지어 전반적인 집단 통계가 정서가와 접근 회피에 대한 일반적 효과를 보여 줄지라도, 사람마다 그런 정보를 통합하는 정도에서 중요한 개인차를 예측할 수 있겠지만). 반면에, 유추 및 연합체계는 타고난 기본정서체계에 대한 더 강한 증거를 제공할 것이다. 그리고 두 가지 체계가 서로 중첩될지라도, 중다수준체계의 중요한 기능 중 하나는 단일수준체계가 제공하는 '진화의 단축키(evolutionary shortcuts)'가 좀 더 복잡한 체계에서 우선시될 수 있다는 것이다.

불안의 예를 들어 보자. 단일 수준의 접근-회피, 긍정-부정체계에서 불안은 회피와 관련된 정서일 것이다. 많은 상황에서 그런 회피는 적절하고, 그것은 우리로 하여금 위험한 동물이나 높이, 무장한 사람 등을 회피하도록 돕는다. 그러나 불안이란 개념은 회피보다 접근 욕구와 공존하는 상황이 있다. 예를 들어, 무대에 올라가서 학교의 상을 받아야 하는 경우인데, 10대들은 이 같은 불안한 동시에 두려운 상황에 매우 접근하고 싶을 수 있다. 그래서 그런 접근 불안은 많은 축제와 기타 상황에서 흥분과 뒤섞인다. 단일수준체계의 문제점은 분노, 불안, 슬픔과 혐오 같은 직접 정서와 긍정-부정 및 접근-회피 차원 간의 관계에서 단순한 규칙에 수많은 예외가 발생하기 때문에 더욱 복잡해진다는 것이다. 다음 절에서 기본 정서 접근을 고려할 때 상세하게 탐색하겠지만 이런 문제점에 대한 SPAARS의 해답은 다른 수준이 다른 원칙과 통합해서 작동할 수 있다고 주장하고 있다(Power & Dalgleish, 2008).

기본 정서

전 세계적으로 선도적인 정서 연구자인 Paul Ekman은 모든 문화에서 보편적으로 인지할 수 있는 기본 정서의 세트가 존재한다는 것을 자신이 어떻게 확신하게 되었는지에 관하여 매우 흥미로운 이야기를 했다. 젊은 연구자 시절에 Ekman(2003)은 1960년대의 인류학과 심리학에서 대부분의 사람과 마찬가지로, 정서와 정서 표현은 본래 문화 특정적이라고 가정하였고, 다음과 같이 말할 정도로 정서와 얼굴 표정에 보편성이 있을 것이라는 Darwin(1872)의 제안을 배척하였다.

> 나는 Darwin이 틀렸다는 것을 너무나 확신해서 그의 책을 읽는 것에 관심이 없었다(Ekman, 2003, p. 2).

Ekman(2003)은 우연한 기회에 다양한 문화에서 문화 특수성 대 보편성을 검증하기 위한 연구비를 지원받았다. 파푸아뉴기니의 하이랜드 지역의 포어가 포함되었는데, 그곳은 현대 세계와 완전히 차단되어 텔레비전이나 사진, 문자도 없는 곳이었다. 다시 한번, Ekman의 글을 직접 인용할 만한 가치가 있어 인용해 본다.

> 표정은 보편적인가, 아니면 언어처럼 각 문화에 특수한 것인가? 불가항력이야! 나는 보편적이라 생각하지 않기에 두 가지 견해 중 무엇이 옳은지 밝혀내는 이런 연구에 흥미가 없었다. …… 나는 내가 생각해 왔던 것과 정반대를 발견하게 되었다(p. 3).

아직도 계속되고 있는 긴 이야기를 간단히 줄여서 말하면, Ekman은 다른 연구자들과 함께 다양한 문화에 걸쳐 정서를 나타내는 얼굴 표정의 보편성에 관한 놀라운 증거를 발견했다.

이후 몇 년 동안 Ekman은 시기에 따라 다른 목록의 기본 정서를 제안했다. 처음에는 공포, 분노, 놀람, 혐오, 행복 및 슬픔을 고려하였으나 경멸을 추가하였고, 더 최근에는 행복을 감각적 쾌락(Ekman이 제안한 감각적 쾌락은 하나라기보다 다섯 가지 정서일 수 있음), 재미, 만족, 흥분, 안심, 경탄, 희열, 피에로(fiero, 일종의 자부심), 나체스(naches, 또 다른 형태의 자부심),[2] 고양감, 감사 및 샤덴프로이데로 구분하였다(Ekman, 2003). 이러한 발전은 정서에 관한 Ekman 접근의 큰

---

2) 역자 주: Wiktionary에 따르면, 다른 사람의 성공에 대한 만족감(feeling of contentment at another's successes)을 의미함.

강점인 동시에 치명적인 단점을 보여 준다.

Ekman은 말초 신경생리학을 이따금씩 참조하면서 단일체계, 즉 얼굴을 기반으로 정서에 대한 접근을 한다. 불행하게도, 그는 정서에 관한 완전한 정의를 어디에서도 제시한 적이 없었다. 그랬더라면 음식의 맛과 같은 감각적 쾌락을 정서로 분류하지 않았을 것이고, 경멸과 같은 정서는 기본 정서가 아니라 복합 정서로 분석했을 것이며(Power & Dalgleish, 2008), 놀람과 경악(startle) 같은 반응은 정서 그 자체가 아닌 정향 반응의 일부로 간주했을 것이다.

또 다른 문제는 Ekman이 평가를 정서의 필수 특징으로 생각하지 않았다는 것이다. 따라서 그는 감각적 쾌락을 정서에 포함시키면서 이들이 평가 과정 동안 너무 빠르게 일어난다고 확고하게 주장했다. 따라서 평가는 정서의 본질적인 부분이 될 수 없다는 것이다. 그러나 잠깐만 생각해 보자! 그것은 잘못된 것처럼 들린다. 만일 '정서'와 '정서가 아닌 상태'를 정확하게 변별하는 것이 평가 과정이라면 어떨까? 더욱이, 평가 과정이 자주 반복되는 순서가 있어서 빠르고 자동화된다면 어떻게 될까? 예를 들어, 아이가 울거나 불쌍해 보일 때마다 엄마가 아이를 달래기 위해 초콜릿을 준다면 어떻게 될까? 그러면 초콜릿의 맛은 정서적으로 긍정적인 방식으로 평가될 수 있다. 이런 평가 과정은 빠르고 자동화되겠지만. 그러나 여기서 결정적인 차이는 특정 맛이 SPAARS에서 연합 경로를 통해 정서를 자동적으로 생성하게 된다는 것이다. 이런 특정 맛만이 그런 정서적 효과를 가질 뿐, 다른 맛은 매우 빠르게 일어남에도 불구하고 고유의 정서적 평가를 거치지 않는다.

정서이론과 연구에서 발생한 몇 가지 문제점을 이해하기 위해서 우리는 너무도 많은 연구자, 심지어 저명한 연구자들마저도 다른 체계를 희생해서 한 가지 체계에만 지나치게 초점을 맞추었다고 제안한다. Ekman은 얼굴 표정에만 지나치게 초점을 맞춘 반면, 이전에 차원적 접근에서 언급했던 Davidson과 Russell 같은 연구자들은 의식적 정동을 지나치게 강조하였다. 그러나 정서체계는 정서의 처리 또는 표현 이외에 다른 기능을 포함한 중다체계에 기초한다. 예를 들어, 얼굴 표정은 단지 환영, 놀람, 경악, 이해, 당황과 같은 정서를 내포하는 것이 아닌, 다양한 사회적 표현과 의사소통 기능을 담당한다. 의식적 정동은 다양한 사건, 상황 및 내적 · 외적 체계와의 관계에서 경험된다. 통증, 배고픔, 목마름, 성적 흥분과 체온은 원래 정서적인 것은 아니지만 많은 정동과 혼합 정동이 발생할 수 있는 몇 가지 예시다. 우리가 이 미로를 통과하기 위해 기본 정서와 그들의 수와 기능에 대해 SPAARS모델이 제공한다고 믿는 안내 장치로 되돌아가 보자.

SPAARS와 기본 정서

가장 광범위하게 합의되어 오늘날 거의 모든 기본 정서 목록에 포함된 기본 정서는 다섯 가지로 〈표 2-1〉에 제시되어 있다. Oatley와 Johnson-Laird(1987)의 중대한 연구에서 목록을 도출했지만, 거의 모든 해설자는 광범위한 준거에 따라 분노, 슬픔, 공포, 혐오 및 행복의 정서가 '기본적'이라는 데 동의한다. Ekman(1999)은 '기본'의 준거가 무엇인지를 가장 잘 요약했는데, 여기에는 정서의 보편성, 특정 신호와의 연합(예: 특정 얼굴 표정), 그것에 전제된 선천성, 아동기 발달에서의 조기 출현, 빠르고 자동적인 생성 및 전형적으로 빠른 회복 양상이 포함된다. 이런 과정의 특성은 '표현 규칙'에 따라 다른 정서의 조절과 표현을 조성하는 문화 및 가족의 압력에 의해 발달 과정 동안 변화하기 시작한다. 더욱이, 시간이 흐르면서 더 복잡한 정서가 발달하고, 그중 일부는 문화별로 독특할 수 있으며, 기본 정서 중 하나에서 시작해서 파생되기도 한다(Johnson-Laird & Oatley, 1989).

우리는 다른 곳에서(Power & Dalgleish, 1997, 2008 참조) 한 정서와 다른 정서를 변별하는 본질적인 정의는 그것의 핵심 평가라고 주장했고, 〈표 2-1〉에 일련의 핵심 평가를 제안했다. 이러한 핵심 평가는 개인에게 적절한 일련의 목표와 계획에 기초한다. 각각의 다섯 가지 기본 정서에 대해 간략하게 고려해 보자. 각 평가는 즉각적이고 직접적인 방식이든, 아니면 더 간접적이고 추상적인 방식이든, 목표가 개인적으로 관련이 있는 목표 기반 단계를 의미한다.

슬픔(sadness)은 가치 있는 역할이나 목표의 실질적인 상실 또는 상

〈표 2-1〉 다섯 가지 기본 정서에 대한 평가

기본 정서	평 가
슬픔	가치 있는 역할이나 목표의 (실질적인 또는 가능한) 상실 또는 실패
행복	가치 있는 역할이나 목표를 향한 성공적인 지향 또는 완수
분노	지각된 행위자에 의한 역할이나 목표의 차단, 좌절
공포	자기(self) 또는 가치 있는 역할이나 목표에 대한 신체적 또는 사회적 위협
혐오	자기 그리고 가치 있는 역할과 목표에 대한 역겨움을 야기하는 사람이나 대상, 생각

출처: Power & Dalgleish (2008).

실의 가능성이 존재한다는 평가 결과다. 따라서 중요한 타인의 상실은 핵심 관계에 수반된 광범위한 부수적인 목표 및 계획과 더불어 그 관계의 상실을 포함한다. 동일하게, 좋아하는 펜을 잃어버리거나, 유년기 상실에 대한 기억이 떠오르거나, 실직에 대해 상상하거나, 자녀나 좋아하는 팀처럼 우리에게 중요한 누군가가 바라는 것을 성취하지 못해서 슬픔이 발생할 수 있다. 따라서 상실은 실제일 수도 있고, 상상일 수도 있으며, 우리에게 직접 영향을 주거나, 우리에게 중요한 다른 사람에게 일어나서 간접적으로 영향을 줄 수도 있다. 또한 그들은 우리 자신의 과거에서 회상될 수도 있고, 영화나 소설에서 우리가 동일시한 누군가에게 일어난 상실이 공감적으로 경험될 수도 있다.

슬픔과 달리, 행복(happiness)은 가치 있는 역할이나 목표를 향한 움직임 또는 완수의 평가를 말한다. 이 정의에서 우리는 '삶의 만족' 상태 또는 매우 진부한 단어 '행복'을 뜻하는 유대모니아(*eudaimonea*)[3]라는 Aristoteles의 개념보다 기쁨이나 고양감 같은 짧은 상태로 '행복'을 제한한다. 이처럼 짧은 순간의 행복은 우리가 뭔가를 완수하거나 승리할 때, 기분 좋은 날 일을 할 때, 좋아하는 사람을 만날 때, 자녀가 숙제를 잘 할 때, 우리 축구팀이 경기에서 이길 때, 적임자가 선거에서 당선될 때, 우리가 학창 시절 이루었던 성공을 회상할 때 일어난다. Ekman은 재미, 만족 그리고 샤덴프로이데 같은 상태를 기본 정서로 설정해야 한다고 주장했는데, 이 시점에서 긍정 정서 상태에 대한 Ekman(2003)의 혼란으로 잠시 되돌아갈 필요가 있다. 우리는 그런 접근을 반박하면서 우리가 여기서 정의한 대로, 이런 정서들이 행복이라는

---

3) 역자 주: '진정한 자아'라는 뜻의 그리스어로, 자아를 실현하고 잠재력을 최대한 발휘하여 가치 있는 목표를 성취하는 것을 의미한다.

기본 정서에서 다음과 같이 파생되었다고 주장한다.

재미(amusement)는 영화를 보면서 경험하게 될 슬픔이나 공포와 같이, 전형적으로 심미적 정서다. 다음에서는 이를 이용해 위험천만한 농담으로 변명하는 예를 통해 왜 그것이 (바라는 대로) 재미를 유발하는지 살펴보고자 한다.

> 한 젊은 여성이 만원 버스에 앉아 있는데 연약한 할머니가 버스에 타서 그녀 앞에 섰다. 젊은 여성이 할머니에게 자리를 양보하는 것이 당연하고 또 그렇게 하리라 기대했지만 그녀는 일어서지 않았다. 결국 할머니가 그녀에게 "내가 너무 늙어서 서 있기 힘든데, 미안하지만 자리를 양보해 줄 수 있나요?"라고 말을 건넸다. 젊은 여성은 "아, 죄송해요. 그런데 보시다시피, 제가 임신을 해서 무리하면 안 된다는 말을 들었어요. 그래서 계속 앉아 있어야 해요."라고 대답했다. "저런, 정말 미안해요. 그렇게 보이지 않아서 임신한 줄 몰랐어요." "아니에요, 할머니 말씀이 맞아요! 2시간쯤 지났으니까 사실 그렇게 표가 나지 않지요."라는 대답이 이어졌다.

재미있는 이야기는 전형적으로 예상을 벗어나 일련의 기대가 충족되지 않은 가상의 시나리오로 구성된다. 인용된 이야기의 경우, 실제 성취된 것이 아닌 바라는 목표가 언급되고, 이 때문에 다시 예상을 벗어난 요소가 포함되어 있어 확실히 재미있지만, 기대된 행동은 뜻밖의 재미있는 이유로 인해 일어나지 않았다(할머니가 자리에 앉지 못했음). 물론, 누구도 유머를 분석하느라 애쓰지 않겠지만 그런 가상의 시나리오에 대한 간접적 또는 공감적 참여가 광범위한 짧은 정서 상태를 유발하는데, 이런 것이 드라마 제작자의 성공을 좌우한다.

〈표 2-1〉에서 우리가 고려하고 있는 세 번째 기본 정서는 분노(anger)다. 분노를 생성하는 데 우리와 다른 사람들이 제안한 핵심 평가는 지각된 행위자에 의한 목표, 계획 또는 역할의 차단이다. 예를 들어, 당신이 보조금 신청 마감을 앞두고 일을 하고 있다. 복사기로 갔는데 거기서 두 사람이 잡담을 하면서 느긋하게 복사를 하고 있다. 당신은 짜증이 증가하는 것을 느끼고 결국 상당한 분노를 느낀다. 그들의 행위가 당신의 목표 완수를 차단하고 있고, 그들이 당신의 목표를 자각하지 못할지라도 다른 행위로 당신의 목표 완수를 방해하고 있다. 이런 예시는 심지어 생명이 없는 사물이 왜 당신의 목표 완수를 의도적으로 막는 행위자로 평가될 수 있는지를 강조한다. 다음에 보조금 신청 마감을 불과 몇 분 남겨 두고 복사기에 갔는데 복사기가 고장 났다는 것을 발견하면 화가 나고 좌절해서 그것을 걷어찰 것이다. 우리는 복사기, 컴퓨터, 제때 열리지 않는 찬장 같은 무생물이 모두 우리 삶을 일부러 문제투성이로 만들고 있다고 확신한다!

이 시점에서 이전에 분노에 관한 비평가(non-appraisal) 이론이 제기한 몇 가지 이슈에 주목할 만한 가치가 있다. 가장 영향력 있는 이론 중 하나는 Leonard Berkowitz(1999)의 좌절-공격성 가설이다. Berkowitz는 사람을 더욱 공격적으로 만드는 수많은 추동 또는 상태가 있다고 주장했다. 예를 들어, Berkowitz와 다른 연구자들은 사람이 너무 덥고 통증을 느끼고 목이 마르고 또는 다른 불편한 상태에 있다면, 분노, 좌절 및 공격성이 일어나기 더 쉬움을 보여 주는 상당한 증거를 축적하였다. 그러나 최근 DiGiuseppe와 Tafrate(2007)가 주장했듯이, 이런 자료는 또한 SPAARS모델 안에서 정서 생성에 이르는 자동적 경로에 대한 증거로 간주될 수 있다. 복사기와 말을 안 듣는 찬장에 화가 나는 것과 유사하게, 우리는 개인적 환경(너무 덥고, 너무 바람이 부는 등)과 신체 상태(너무 덥고, 너무 땀에 젖은 등)에도 화가 날 수 있다. 그런 반응이 자동적 경로를 거쳐 의도적인 의식적 평가 없이 일어날 수 있음은 의심의 여지가 없지만, 여기서 이런 반응은 의식적 평가 때문에 수정될 수 있다. 예를 들어, 여름 휴가에 뜨거운 해변을 여행하는 데 당신이 수천 달러를 지불했다면 덥고 땀나는 것을 느끼며 해변에 누워 있는 동안 분노하고 좌절하기보다는 유쾌함을 느끼기 쉽다. 이는 단순히 체온이 아니라, 상황의 맥락과 의미가 결정적으로 중요하기 때문이다.

다음 기본 정서는 공포(fear) 또는 불안(anxiety)이다. 몸에 대한 신체적 위협을 평가할 때 일차적으로 공포가 발생한다. 따라서 숲 속에서 당신을 공격해 오는 곰이 너무 무서워서 당신은 자신이 할 수 있다고 생각한 것보다 훨씬 빠르게 나무 위로 올라간다. 하지만 불행하게도, 당신을 쫓아오던 곰이 나무를 오를 수 있는 희귀종인 것으로 판명되었다. 아니면, 당신의 상사가 당신을 만나자고 요구했다. 당신은 직장에서 실적이 저조한데 회사가 어렵다는 소문이 난무하고 곧 감축이 있을 것임을 알고 있다. 이런 경우, 당신의 신체적 자기는 어떤 직접적 위험에 있지 않지만 사회적 자기와 주요 업무 역할과 목표는 위협을 받고 있다. 면담 전날 밤, 아침에 있을 상사와의 면담에 대한 불안 때문에 당신은 전혀 잠을 이룰 수 없다. 불안의 세 번째 예시는 당신 자신보다 당신에게 중요한 누군가가 불안의 근원인 경우다. 당신의 자녀가 원인을 알 수 없는 복통으로 응급 검사를 받으러 병원에 실려 갔다. 당신은 너무 불안하고 걱정이 되어 일을 할 수 없고 자녀의 안녕과 결과가 어떨지 외에는 다른 생각을 할 수가 없다. 사실, 이런 예는 외상 후 스트레스 장애(Post-Traumatic Stress Disorder: PTSD)의 발달에서 외상의 원인에 관한 최신 분류와 관계 있다. 따라서 DSM-IV(1994)는 우리 자신에게 일어난 외상적 사건뿐만 아니라 부모, 배우자, 자녀와 같이 우리에게 중요한 사람에게 일어난 외상적 사건을 포함한다.

불안의 평가에서 이런 예시는 모두 우리에게 중요한 또는 가치 있는 어떤 것을 위협한다. 그것은 우리의 신체적 생존, 사회적 지위 또는 핵심 관계일 수 있다. 다른 상황에서 이런 불안의 기능은 우리로 하여금 우리에게 소중한 것을 보호하기 위해 어떤 것을 변화시키도록 동기화하는 것이다. 이런 보호적 또는 방어적 행동은 달리는 차를 피해 점프하는 것처럼 1/1000초의 문제일 수도 있고, 아니면 미래의 자녀 건강을 염려하기 때문에 자녀에게 비타민 보충제를 먹게 하거나 환경에 대한 걱정 때문에 무연 휘발유로 바꾸는 것처럼 좀 더 장기적인 성질을 띨 수도 있다.

〈표 2-1〉에 나열된 마지막 기본 정서는 혐오(disgust)다. 적어도 Darwin 시대 이래로 혐오의 기원은 음식에 기초한 신체 산물에 대한 반응이라는 평을 얻었다(Rozin & Fallon, 1987). 이처럼 주로 음식에 대한 강조는 몇몇 초기 이론가들로 하여금 핵심 평가를 미각 중심으로 정의하도록 하였으나(Oatley & Johnson-Laird, 1987), 신체 산물 중 가래와 성적 분비물을 포함해서 혐오를 유발하면서도 음식과 관련 없는 산물이 많음을 고려할 때 우리는 혐오라는 정서에 대한 이런 협소한 관점을 반대한다(Power & Dalgleish, 2008). 흥미롭게도 혐오를 유발하지 않는 유일한 신체 산물은 눈물인데, 다른 동물들은 정서 표현의 일부로서 눈물을 흘리지 않는다는 점에서 눈물은 인간에게 고유한 것이

기 때문인 것 같다. 따라서 눈물은 모든 신체 산물 중 가장 '동물 같지 않은' 것으로 인식된다(Power, 1999). 우리가 음식과 음식 폐기물에서 혐오의 중요성을 인식하고 있지만, 그럼에도 불구하고 우리는 자기와 중요한 타인에게 불쾌한 것으로 간주되는 대상이나 사람, 생각에 대해 좀 더 일반적인 혐오의 측면에서 관련 평가를 고려하는 것을 선호한다.

음식이나 체형과 신체 크기를 역겨워하는 일부 섭식장애에서 보이는 혐오에 기초한 반응은 이 시점에서 논의하기에는 간단하지 않은 것 같다. 우리는 이후 장에서 이런 장애를 다룰 것이다. 우울증, 몇몇 종류의 공포증, 강박장애, PTSD에서 우리가 제안한 혐오가 담당하는 역할은 어쩌면 명백하지 않다. 이 모든 예에는 원하지 않고 오염된 것으로 간주되는 자기 또는 세상의 측면이 존재한다. 따라서 강박장애에서는 세상의 어떤 측면이 더러운 또는 오염된 것으로 보일 수 있는 반면, 우울증에서는 자기의 일부가 싫고 원치 않는 것이 되며, 그들은 그것을 제거하고자 한다. 우리는 이후에 이런 예시를 상세하게 고려할 것이다.

요약하면, 우리는 이런 다섯 가지 기본 정서가 우리의 정서적 삶을 위한, 그리고 전체 범위의 정서장애에 대한 구성요소를 제공한다고 생각한다. 그러나 이런 장애를 상세하게 보기 전에, 정서에 관한 이런 접근의 두 가지 측면을 고려하는 것이 필수적이다. 첫째는 모든 다른 정서가 하나 이상의 기본 정서에서 파생된다는 생각이다. 둘째는 정서가 일부 해로운 정서장애의 토대를 형성할 수 있는 방식으로 서로 '결합'될 수 있다는 제안과 관련이 있다.

복합 정서

기본 정서 접근의 중심 원리 중 하나는 모든 복합 정서가 다섯 가지 기본 정서에서 파생된다는 것이다. 정서의 부가적인 인지적 정교화를 통해, 다른 정서와의 혼합을 통해, 또는 앞서 언급한 결합 과정을 통해 이런 파생이 일어날 수 있다. 〈표 2-2〉에 나타난 인지적 정교화의 예는 미래에 대한 반추가 있는 공포의 정교화인 걱정과 스스로 실행한 행동에 대한 혐오의 한 형태인 죄책감을 포함한다. 정서 혼합의 예는 경멸과 향수를 포함한다. 따라서 〈표 2-2〉에는 경멸이 분노에 열거되어 있지만 이는 경멸의 대상 또는 사람을 향한 분노와 결합된 혐오를 포함한다. 유사하게, 향수는 행복에 열거되어 있지만 이 또한 향수의 대상인 사람이나 상황에 향해진 슬픔을 포함한다.

〈표 2-2〉는 또한 정서의 복합성의 또 다른 특징을 보여 주는데, 이는 일상 용법에서 동일한 정서 용어가 다른 정서 상태를 나타낼 수 있다는 것이다. 따라서 표에서 당혹감의 사례가 보여 주듯이, 첫 번째 형태는 주로 공포에서 비롯되고(예: 부정적인 사회적 평가 불안), 두 번째 형태는 혐오에서 파생되며(예: 경미한 형태의 수치심), (제시되지 않았지만) 긍정적인 형태인, 적어도 하나의 다른 당혹감이 존재한다(예: 대중 앞에서 칭찬을 받을 때). 일상 언어에서 동일한 단어의 다중 사용에 관한 또 다른 예는 '혐오'라는 단어인데, 이는 역겨운 상태를 언급하는 것에 더해 '나는 당신이 지각하는 것이 혐오스럽다'에서처럼 화가 난 것을 언급할 때에도 사용되곤 한다(Power, 2006). 세 번째 범주, 즉 결합은 인지적 정교화와 혼합에 대한 생각과 유사한 방식을 따르지만

〈표 2-2〉 기본 정서에서 파생된 복합 정서의 예

기본 정서	복합 정서의 예
공포	당혹감(embarrassment) (1) 걱정(worry)
슬픔	비탄(grief)
분노	시기(envy) 질투(jealousy) 경멸(contempt)
행복	기쁨(joy) 사랑(love) 향수(nostalgia)
혐오	죄책감(guilt) 수치심(shame) 당혹감(embarrassment) (2)

출처: Power & Dalgleish (2008).
주: 괄호 안의 숫자는 다른 형태의 당혹감을 나타냄.[4)]

우리는 그것을 다음 절에서 따로 고려할 것이다. 왜냐하면 그것이 정신병리에서 어떤 역할을 할 것이라 추정되기 때문이다.

기본 정서와 파생된 복합 정서에 관한 이러한 접근에서 주목해야 할 다른 특징은 언어에 비유하여 설명할 수 있다. 언어는 글자, 단어 또는 기호와 같은 제한된 수의 상징에 기초하지만, 제한된 수에서 무한한 수의 다른 조합이 생성될 수 있다. 유사하게, 제한된 수의 원색이 결합하여 수없이 많은 색상과 색조, 혼합색을 만들 수 있다. 따라서 다섯 가지가 처음에는 큰 수인 것 같지 않지만 일단 다양한 범위의 미묘한 개인적 · 대인관계적 · 문화적 정교화와 두 가지 이상 기본 정서의

4) 역자 주: 동일한 당혹감이라 하더라도 맥락에 따라 정서적인 뉘앙스가 다를 수 있음.

무한한 잠재적 혼합을 허용한다면 정서체계는 보편적 정서 상태뿐만 아니라 무수히 많은 독특한 정서 상태를 생성할 가능성이 있다. 역사적으로 그리고 범문화적으로 의심할 여지없이 어떤 독특한 정서는 명백히 존재했다. 이러한 독특한 정서의 고전적인 예는 신의 존재에 대해 느끼는 종교적 정서인 중세의 '경외심(awe)'과 정신적 피로의 형태로 경험되는 '무관심(accidie)' 상태를 포함한다(Harre, 1987; Oatley, 2005). 다양한 '문화 관련 증후군(culture-bound syndrome)'은 또한 몇몇 독특한 정서와 신념을 통합한다. 예를 들어, 코로(koro)는 필리핀 남자들이 그들의 성기가 몸 안으로 들어간다고 느끼는 특정 문화의 상태로, 여기에는 많은 불안과 고통이 전형적으로 동반된다.

정서의 결합

SPAARS 접근을 발달시키면서 우리가 제안한 것 중 하나는 어떤 정서 단위는 정신병리를 유발하는 방식으로 서로 '결합'된다는 것이다(Power & Dalgleish, 1997, 2008). 정신병리 문헌에 한두 가지 관련 개념이 언급되었는데, 예컨대 영향력 있는 '공포에 대한 공포'(Goldstein & Chambless, 1978) 개념과 '우울에 대한 우울' 같은 유사 개념을 들 수 있다. '공포에 대한 공포' 개념은 공황발작과 같은 극단적으로 혐오스러운 상태를 경험한 사람이 미래의 그런 경험을 회피하기 위해 어떻게 상당한 노력을 기울이게 되는지를 이해하는 것과 특히 관계가 있다. 즉, 그들은 지속적인 회피를 통해 또 다른 공황발작 경험을 성공적으로 회피하지만, 그럼에도 불구하고 불안 상태에 살게 된다. 이 예시에서처럼 유사한 결합은 같은 정서 범주 안에서만 일어나는 것이 아니라 다른 정서 범주 간에도 일어나며, 〈표 2-3〉이 보여 주는 것처럼 이런 결합이 종종 정신병리와 연결된다고 생각된다.

〈표 2-3〉에 나타난 '결합된' 정서의 예는 조증 상태에서 종종 나타나는 행복-불안과 행복-분노, 일부 공포증과 강박장애, PTSD에서 나타나는 불안-혐오, 그리고 애도에서 나타나는 슬픔-분노를 포함한다(Power & Dalgleish, 2008). 다음 장의 사례 연구에서 살펴보겠지만, 개별 사례에서 각각의 예는 단순히 결합하는 것보다 더 복잡하다. 그럼에도 불구하고 이들은 다른 유형의 결합 기제의 사례를 제공한다. 예를 들어, PTSD에서 피해자는 자신의 불안 경험을 거부적 자기혐오 방식으로 평가할 수 있는데, 이는 폭행을 당하기 이전에 스스로를 거칠고 강하다고 간주한 몇몇 남성 폭행 피해자에게서 일어날 수 있다. 예를 들어, 그들은 공황과 불안을 느낀 후 지금 자신을 약하고 감상적이라고 평가하는데, 이는 불안뿐만 아니라 자기혐오의 느낌을 유발한다. 이 PTSD의 사례에서 결합은 정서를 약하고 수용할 수 없는 것으로 평가함으로써 발생했고, 이는 이차 정서를 유발했다. 또한 우울증에서, 특히 일부 남성의 우울증에서 자기혐오의 결합은 슬픔과 함께 직접 발생할 수 있지만, 자기혐오가 다른 특정 정서에 더해 자기에게로 향하는 것이 더 전형적이다. 예를 들어, 애정 관계가 깨진 후 여성은 상실로 인해 슬픔을 느끼고 혼자 살아야 하는 것에 불안을 느끼지만 동시에 관계를 필요로 하고 완전히 자족할 수 없는 자신에 대한 경멸 또한 느낀다. 그런 사례에서 슬픔 자체가 아니라 슬픔의 원인(관계를 필요로 하는 것)이 자기혐오의 초점이 된다는 측면에서 결합은 직접적이면서 간접적일 수 있다(Power & Tarsia, 2007).

〈표 2-3〉 기본 정서와 정서장애

기본 정서	결합된 정서	정서장애
공포	—	공황
	—	공포증 (1)
	—	강박장애 (1)
	—	범불안장애
	—	외상 후 스트레스 장애 (1)
	혐오	외상 후 스트레스 장애 (2)
슬픔	분노	병적 애도
	혐오	우울증
분노		병적 분노
		병적 질투
행복		지나친 낙천주의(pollyannaism)/병적 낙천주의
		경조증/조증
		상사병(love sickness)
		드 클레랑보(de Clérambault) 증후군[5]
혐오	?공포	공포증 (2)
	?공포	강박장애 (2)
		자살
		섭식장애 등

주: 괄호 안의 숫자는 각 장애의 다른 유형을 나타내며, '?'는 공포의 가능성을 나타냄.

SPAARS모델이 제시한 것처럼 정서 결합의 제안은 주로 임상적이고 일화적 증거에 의한 지지를 받았다. 그러나 최근에 나의 박사과정 학생 가운데 하나인 John Fox는 폭식 학생집단을 대상으로 점화 패러다임을 사용해서 폭식증에서 분노와 혐오가 결합될 것이라는 예측을

5) 역자 주: 대상이 자신을 사랑한다는 강렬한 망상적 신념을 갖고 있는 현상으로, 환자는 망상적 대상과 거의 혹은 전혀 접촉한 사실이 없을 수도 있음. 증후군의 명칭은 이를 처음 발견한 드 클레랑보라는 정신과 의사의 이름에서 유래하였음.

검증하였다. 폭식증의 임상적 기준을 충족시키는 여학생 집단은 물론, 짝지은 건강한 통제집단에게 분노 유도 과제를 시행하였다. 그들의 분노와 혐오 수준이 과제 전후로 측정되었다. 결과는 두 집단 모두 점화 절차 이전에는 유사한 수준의 혐오와 분노를 보였지만 이후에는 분노가 유의하게 증가하였음을 보여 주었다(비록 폭식집단에서 약간 더 많이 증가하였지만). 그러나 가장 흥미로운 결과는 폭식집단에서는 혐오 수준이 유의하게 증가하였으나 통제집단에서는 혐오 수준의 변화가 없었다는 것이다(Fox & Harrison, 2008). 반복 및 확장 연구가 필요하지만, 이러한 연구는 폭식증에서 제안된 분노와 혐오 결합(이 관계의 상세한 배경 정보를 얻기 위해서 7장 참조)에 대한 약간의 지지와 우리가 사용해 온 자기보고식 방법에 더해 다른 장애에서 예측된 결합을 검증하기 위해 점화 방법을 어떻게 사용할 수 있는지를 보여 준다.

요약 및 결론

이 장은 정서라는 대륙의 윤곽을 매우 빠르게 제시하였다. 어떤 이론가들은 이 대륙이 두 차원으로 가장 잘 기술될 수 있다고 말하는데, 지리학의 비유를 계속하자면, 차원은 지표가 해면보다 얼마나 높거나 낮은지, 지형이 얼마나 완만한지 혹은 험한지에 해당된다. 이러한 차원이란 개념이 유익하긴 하지만, 정서라는 대륙을 온전히 이해하려면 판구조론, 즉 다섯 개의 기본 판 사이의 상호작용을 이해해야 한다. 이러한 판의 힘은 정서 대륙의 높이와 깊이를 다르게 만들고 정서의 수많은 다른 특성을 만든다. 우리가 제안한 바에 따르면, 다섯 가지 정서

중 하나 또는 그 이상에서 복합 정서가 만들어지고 정서장애 또한 만들어지는데, 다섯 가지 기본 정서는 이런 방식으로 우리의 전체 정서적 삶의 토대를 제공한다. 그러나 우리가 이러한 정서장애와 치료에서 작업하는 방법을 상세하게 다루기 전에, 다음 장에서는 치료가 정서에 초점을 맞추는지 여부와 상관없이 모든 치료와 관련된 몇 가지 기본 원리를 개관할 것이다.

03 치료

다음 장에서 정서중심인지치료(Emotion-Focused Cognitive Therapy)의 특성을 고려하기 전에, 우리는 이 장에서 개개의 치료가 공통요인에 대해 인정하고 있는지 여부와 상관없이 모든 유형의 치료에서 작동하는 공통요인에 대해 몇 가지 예비적인 언급을 하고자 한다.

대부분의 사람은 사회적 관계망 내에 대화하기 편하고 건전한 충고를 해 주는 한두 명의 친구를 가지고 있다(물론 당신이 맺는 대부분의 사회적 관계가 전문 치료자들로 구성된 것이 아니라면 말이다—불행하게도!). 이러한 사람들은 좋은 치료자가 갖추었을 것이라고 기대할 수 있는 몇 가지 능숙한 전문적 자질을 가지고 있다(Frank, 1982). 따라서 이 장은 이러한 치료와 치료자의 공통요인에 관한 개관을 제공한다. 우리는 치료가 다음의 세 단계로 간주될 수 있다고 주장하면서 시작할 것이다(Power, 2002;

Power & Freeman, 2007).

첫 번째 단계는 치료자와 내담자 간에 신뢰할 수 있는 관계 형성이다. 예를 들어, 당신이 기차에서 낯선 사람을 만난 지 얼마 되지 않았지만, 이 낯선 사람이 당신 삶의 대부분을 알고 지냈던 것처럼 느껴져서 당신을 괴롭히는 가장 개인적인 문제를 털어놓을 수 있을 것 같다. 이런 경우가 가능하다면 치료를 시작할 때 좋은 치료 동맹을 구축하는 것과 관련된 요인과 자질은 무엇일까? 그리고 치료자는 휴가로 초래되는 동맹의 갈등, 내담자의 요구를 충족시키지 못하는 것, 성공적이지 못한 도전이나 치료에서의 여러 걸림돌을 어떻게 다루어야 하는가? 물론, 치료를 시작할 때 많은 부수적인 과제가 발생한다. 치료자는 내담자의 현재 문제를 평가하고, 내담자의 개인력에서 핵심을 이해하며, 문제에 초점을 맞춘 개입 가능성을 판단하는 개념화를 발달시켜야 한다. 그러나 이런 모든 과제가 내담자와 치료자 간에 신뢰할 수 있는 관계의 맥락에서 일어나지 않는 한, 다른 모든 과제가 약화되기 쉽다.

치료의 두 번째 단계는 우리가 '작업 단계'라고 명명한 것인데, 이 단계에서 단기치료의 실제 작업이 수행된다(그리고 매우 장기적인 치료에서 계속해서 진행되는 단계이기도 하다!). 실제 작업은 문제의 초점과 치료 유형의 혼합에 따라 다르며, 따라서 이 단계는 대부분 다른 치료들을 서로 구분한다. 예를 들어, 우울증의 인지치료에서 내담자는 과제로 활동 계획표와 구조화된 일지를 작성해서 치료 회기에 들고 오며, 부정적인 자동적 사고(NATs)와 사고의 논리적 오류를 확인하여 결과적으로 좀 더 기능적인 방식으로 그것들을 재해석하는 작업을 한다. 앞으로 살펴보겠지만, 정서중심인지치료에서의 초점은 인지(NATs와 CATs)에서 실제 문제가 되는 정서, 즉 이들이 어떻게 경험되거나 회피되는지, 이것이 중요한 타인(치료자를 포함해서)에게 어떤 영향을 미치는지, 그리고 이런 정서가 어떻게 좀 더 적절하게 표현되거나 조절될 수 있는지로 전환된다. 이런 정서 초점이 인지적 요인을 무시하는 것은 아니지만, 이들은 SPAARS모델의 측면에서 정서를 생성하는 적절한 평가, 그들이 발생하는 대인관계 맥락, 자기와 중요한 타인에 관한 정서와 정서조절에 대한 신념과 가정으로 간주된다. 모든 작업에 걸쳐 연결된 주제는 문제가 되는 기분과 정서에 초점을 맞춘다.

세 번째 단계는 '종결 단계'다. 인지행동치료(CBTs)와 다른 많은 단기 심리치료에서 가장 빈약하게 다루었던 단계인데, 최근의 대인관계 심리치료는 예외다(Klerman et al., 1984; Weissman et al., 2000). CBT에서 종결 이슈에 대한 이런 회피는 특히 놀랍다. 왜냐하면 휴가와 같은 치료 휴식에 대한 내담자의 반응을 평가할 기회가 없는 단기치료에서는 종결에 대한 이슈가 시작부터 존재하기 때문이다. 많은 우울한 내담자를 위한 치료의 초점이 중요한 관계의 상실이나 예측 불가능성일 수 있다는 것을 감안한다면 CBT가 이 단계를 다루는 것이 너무 부족하다는 것은 두 가지 이유에서 놀랍다. 최근에서야 CBT 치료자들은 재발 방지 전략을 고려하게 되었지만(Segal et al., 2001), 여기에서조차 곧 끝날 치료자와의 관계에 대한 감정이 아니라 내담자가 앞으로의 어려움을 어떻게 다룰 것인지에 초점을 맞추고 있다. 사람들은 정형화된 CBT 치료자가 정서 회피적이며, 인지에 대한 강조가 치료자에게 향할 수 있는 고통스러운 정동을 부정하는 데 사용된다고 의심하기 시작했다.

우리는 이런 세 단계를 상세히 고려하기에 앞서, 치료의 공통요인 이슈와 치료의 통합 가능성에 대한 몇 가지 생각에 대해 먼저 언급할 필요가 있다(이 이슈에 대해 Holmes & Bateman, 2002 참조).

치료의 공통요인

심리치료의 통합적 접근을 탐색하는 추진력의 일부는 결과의 주요 차이를 발견하고자 하는 많은 치료 효과성 연구가 실패했다는 것에서 비롯된다. Stiles 등(1986)은 이런 역설을 '내용의 비등가성과 대비된 결과의 동등성'이라고 명명하였다. 이것은 학파마다 치료자들이 고수하는 치료 유형과 광범위하게 일치하는 행위를 한 치료 회기에 관한 내용 분석에서 명백해진다(DeRubeis et al., 1982; Luborsky et al., 1985). 그렇지만 내용의 차이에도 불구하고 광범위한 연구 결과는 어떤 치료도 다른 것보다 우세하지 않다는 제안과 일치한다. 따라서 여러 다른 연구에서 초래된 연구 결과를 통계적으로 결합한 메타분석 연구에서 내려진 일반적인 결론은 모든 치료가 치료를 받지 않는 것보다 더 효과적이지만 치료 간에는 차이가 없다는 것이었다. 메타분석 연구 중 한 가지를 예로 들면, Robinson 등(1990)은 적어도 한 가지 유형의 심리치료를 대기자 통제집단 또는 '위약' 통제집단과 비교하여 평가한 58개의 우울증 심리치료 연구 결과를 종합하여 발표하였다. 그 결과, 심리치료를 받은 집단이 통제집단보다 치료 직후 평가와 추수 평가 모두에서 상당히 좋은 효과를 보였다. 더욱이, 역동적 치료나 대인관계 치료보다 인지행동치료에서 초기에 확실하게 나타난 우월성은 일단 치료를 담당한 치료자의 충실도가 통계적으로 설명되고 나면 사라졌다.

Stiles 등(1986)은 더 나아가 결과 동등성이 우울증과 같은 영역뿐만 아니라 '임상적 지혜'가 제안되는 다른 영역에도 적용된다고 주장하였다. 예를 들어, 공포증의 치료에서 행동치료 및 인지행동치료가 다른 유형의 치료보다 더 효과적이라고 제안된 바 있다. 그러나 이런 제안의 증거는 준임상적 전집(주로 대학생)에서의 유사 연구에서 비롯되었는데, Stiles 등에 따르면 그런 연구들은 임상적 시도라기엔 덜 명확한 연구라 할 수 있다.

미국 국립정신보건원(National Institute of Mental Health: NIMH)에서 시행한 우울증 협동(Collaborative Depression) 연구는 이런 종류 중 가장 큰 규모의 연구인데, 치료 결과의 차별적 효과성을 찾고자 하는 일반적 실패에서 비롯된 문제점을 보여 주는 구체적인 예로 간주된다(Elkin et al., 1989). 세 지역에서 일하는 28명의 치료자 가운데, 8명이 인지행동치료자, 10명은 대인관계치료자였으며, 추가로 10명의 정신과 의사가 2개의 약물치료 조건을 관리했는데, 하나는 이미프라민과 '임상적 관리', 다른 하나는 위약과 '임상적 관리'였다. 주요우울장애의 진단기준을 충족시키는 환자들 가운데, 250명이 네 가지 조건 중 하나에 무작위 할당되었다. 치료는 매뉴얼화되었고 각 치료에 대한 선도적인 권위자가 시행 전후와 전반에 걸쳐 상당한 훈련과 슈퍼비전을 제공하였다(Shaw & Wilson-Smith, 1988 참조). Elkin 등(1989)은 네 집단 모두 주요 증상의 결과 측정치에서 거의 똑같이 호전되었다고 보고하였다. 아마도 가장 놀라운 결과는 위약과 임상적 관리 집단에서 보인 호전의 정도인데, 사후 분석은 더 심각한 우울장애가 있는 환자에게는 덜 효과적임을 보여 주었으나 이는 대부분의 다른 연구에서 통제집단의 호전 정도를 상당히 능가하였다. 더 나아가, Imber 등(1990)은 인지치료 조건이 다른 치료보다 더 영향력 있을 것이라 기대한 역기능적 태도척도(Dysfunctional Attitude Scale) 같은 측정치에서 전반적으로 치료의 특정 효과가 없었음을 보여 주었다.

요약하면, 치료의 수가 빠르게 증가하는데, 언어에 비유하면 이들은 많은 공통요인 또는 기본적인 근본 원칙을 공유한다. 이 제안은 다른 학파의 치료자들이 말하는 것과 치료에서 행하는 것이 다를 수 있다는 것을 부정하지 않는다. 막대한 심리치료 결과, 연구에서 발생한 의문은 그들의 기술적 다양성에도 불구하고 치료의 차별화된 효과성이 일반적으로 부족하다는 것이다. 앞서 논의한 것처럼, 이런 효과의 가장 극적인 예시 가운데 하나는 모든 치료 중 가장 '효과적'이지 않은 위약 및 임상적 관리 조건도 다른 조건과 거의 유사하게 효과가 있었던 NIMH 연구다. 이 같은 결과는 어떤 치료 효과가 존재하든, 그것을 압도하는 강력한 공통요인 및 개별 치료자 효과가 작동한다는 사실을 시사한다. 이 책의 나머지에서 우리는 그런 요인을 어떻게 볼 것인지 살펴볼 것이며, 먼저 CBT 또는 정서 중심 관점에서 이론적 통합을 위한 조망을 살펴보는 것으로 시작할 것이다.

치료 통합

치료적 수행의 다양성과 다른 접근들 사이에 존재하는 적대감을 고려할 때 통합적 치료 틀이 존재할 수 있다는 제안은 언뜻 보기에 터무니없는 것처럼 보일 수 있다. 예를 들어, 행동주의의 노출이 전이 해결과 어떤 점에서 유사하다고 말할 수 있을까? 여기서 추구하는 주장은 이것이 문제를 적절한 수준에서 진술하지 못한다는 것이다. 대신, 앞에서 '낮은 수준'과 '높은 수준' 의미에 대한 논의에 비유하면 구체적인 기법 또는 특정 유형의 개입에 초점을 맞추는 것은 더 높은 수준의 의미를 무시하도록 할 수 있는데, 이런 점에서 다양한 기법과 개입 유형은 공통의 목적과 목표를 공유한다. 첫째, 치료가 일어나는 공통의 맥락, 즉 치료적 관계가 존재한다는 것이 제안될 것이다. 둘째, 공통적인 변화의 기제, 의미의 변형이 존재한다는 것이며, 이를 통해 모든 개입이 진행된다. 물론, 치료에 관한 수많은 각기 다른 단계 이론이 존재한다(예: Beitman, 1992; Prochaska & Diclemente, 1992; Stiles et al., 1990). 현재의 요약은 세부적으로는 다르지만 이러한 이전 이론의 광범위한 관점과 일치한다.

〈표 3-1〉에 개관된 틀은 앞서 언급된 것처럼, 어떤 유형의 치료든 3단계 측면에서 살펴볼 수 있음을 보여 준다(Power, 2002 참조). 첫 번째 단계에서 주요 과제는 내담자 또는 환자와의 동맹 형성이다. 따라서 평가와 개념화 같은 다른 부수적인 과제에도 불구하고, 치료적 동맹이 발달하지 않는다면 치료 작업이 실패하기 쉽기 때문에 치료 작업

〈표 3-1〉 치료의 3단계

	1단계	2단계	3단계
일차적 과제	동맹	작업	종결
이차적 과제	문제 평가	과제 수행	재발 방지
	일반적 평가 개념화	해석 도전	자가 치료 사회적 관계망의 활용
	치료 근거의 공유	전이 발달 문제의 재개념화	전이 해결

에 들어가는 것이 무의미할 수 있다. 두 번째 단계 또는 작업 단계에서 치료들 간에 대개 극적인 차이를 보인다. 세 번째 단계는 치료의 종결이다. 다시, 치료와 치료자들마다 종결을 다루는 방식이 상당히 다르지만, 우리는 이 이슈와 문제가 치료 유형과 상관없이 동일하게 존재한다고 주장하곤 한다.

이 단계의 세부 사항들을 자세히 설명하기 전에, 잠깐 본론에서 벗어나 심리치료에서 공통요인에 대한 더 전통적인 접근을 고려하고자 한다. 전통적인 접근은 Garfield와 Bergin(1978, 1986; Lambert, 2004)이 수년에 걸쳐 편집한 핸드북 시리즈에 가장 잘 요약되어 있는데, 거기에는 치료자, 내담자 및 치료 요인에 관한 매우 상세한 연구가 포함되어 있다. 치료자 요인에 대한 연구는 내담자 중심 치료(Rogers, 1957)와 모든 치료자가 갖추어야 할 것으로 제안된 온정성, 공감 및 진실성의 3요소(Truax & Carkhuff, 1967)에 관한 연구에 가장 잘 나타나 있다. 그러나 '이상적인' 치료자조차 잘 지내기 어려운 환자가 존재하고 단지 그런 요인들이 있다고 해서 치료적 변화가 반드시 일어나는 것이 아님을 깨닫게 되면서 결과적으로 이 연구의 특징인 초기 낙관주의가 무너졌다. Stiles 등(1986)이 내린 결론처럼, "치료자의 개인적 자질 또는 행동에서 공통적인 핵심을 발견하고자 했던 초기의 희망은 사라진 것처럼 보인다."(p. 175)

과거, 내담자 변인에 관한 연구의 특징은 사회통계학적 변인과 성격 변인의 목록을 검토하는 것이었는데(Garfield, 1978 참조), 그로부터는 결론을 내릴 수 있는 것이 거의 없었다. Beutler(1991)는 이런 이슈를 재검토하여 내담자 변인에 대한 우리의 이해에 여전히 발전이 거의 없다고 결론을 내렸다. 그는 검토한 몇 가지 주요 변인을 요약한 후, 다음과 같이 지적하였다.

> 치료 유형 간에 적절한 차이를 배제하기 위해 연구해야 할 치료, 치료자, 단계 그리고 환자 유형의 가능한 조합은 거의 150만 개다(p. 229).

이러한 상호작용을 검증하기 위해 수행된 방법론적으로 건전한 연구는 100개도 안 된다! 그러나 내담자 태도와 기대에 관한 연구에서 나온 몇 가지 훌륭한 단서는 그런 변인들에 관한 더 정교한 관점을 제공한다. 예를 들어, Caine 등(1981)은 내담자가 자신의 문제에 대해 가진 모델의 유형(예: 의학 대 심리학)과 그들의 주요 관심 방향('내부지향적' 대 '외부지향적')이 심리치료에서 중도탈락률과 결과를 예측함을 발견하였다.

또한 특정 치료 요인에 관한 연구는 차별적인 효과를 발견하는 어려움에 의해서 좌초되었다(Stiles et al., 1986). 다양한 장애에서 심리치료의 결과 동등성의 양상을 개관한 '서론'에서 일찍이 이런 몇 가지 문제들이 제기되었다. 이 영역에서 미래의 진보는 어떤 치료에서 잠정적으로 '효과적인' 구성요소 중 하나 또는 그 이상을 어떤 조건에서 제외하는, 소위 분해를 사용해서 일어날 수 있다. 또한 논의되고 있는 치료가 실제로 진행되고 있는지를 보장하고자 치료 프로토콜 준수를 측정하면서 치료를 매뉴얼화한다. 그러나 NIMH의 우울증 협동 연구가 보여주듯이('치료의 공통요인' 참조), 치료 유형과 상관없이 일부 치료자는 극히 잘 치료하고 일부는 그렇게 잘하지 못한다는 사실은 주 효과가 아니라 치료자와 내담자 변인이 상호작용하여 치료 요인이 나타난 것임을 보여 준다. 이것의 구체적인 예는 David Shapiro와 그의 동료들이 수행한 Sheffield 심리치료 프로젝트에서 도출된다. 이 프로젝트에서 초기에 발표된 분석은 스트레스를 받은 관리자들의 치료에서 탐색적(즉, 정신역동적) 치료보다 지시적(즉, 인지행동적) 치료가 이점이 있음을 보여 주었다. 그러나 이후의 재분석(Shapiro et al., 1989)은 연구에 포함된 주 치료자가 치료를 했을 때만 이러한 이점이 나타났고 부 치료자는 두 유형의 치료에서 똑같이 효과적이었음을 밝혔다. Shapiro 등(1989)은 어떤 학파의 치료가 더 나은가에 관한 초기 질문을 다음과 같이 완전히 뒤집어 생각하며 흥미로운 결론을 내렸다.

> 현재의 결과는 새로운 치료자들이 자신에게 가장 효과적인 접근을 발견하기 위해 다른 접근들을 시도해야 한다는 임상적 지식과 광범위하게 일치한다(p. 385).

치료자, 치료 그리고 내담자 요인의 목록을 개별적으로 검토하기보다 우리는 모든 치료에서 고려해야 하는 개념틀(〈표 3-1〉 참조)로 돌아가서 상호작용하는 요인들을 검토할 것이다.

동맹과 반동맹

치료자와 환자 간 동맹의 중요성은 일찍이 정신분석 문헌에 등장했다. Freud(1912)는 동맹을 전이의 건강한 부분으로 간주하였고, 이런 제안은 나중에 다른 정신분석가들에게까지 확장되었다. 비록 내담자

중심 관점과 정신분석이 다르긴 하지만, Carl Rogers(1957) 또한 치료적 관계의 중요성을 강조하였다. 그 개념의 기원은 미친 다양한 영향력과 CBT에서 그 중요성의 인식 증가(예: Safran & Segal, 1990)다. 그것은 전 세계적인 개념이 되어 다른 이론적 관점의 치료자들이 공통 언어를 가지고 서로 대화를 시작할 수 있게 되었다. 다행히 Wolfe와 Goldfried(1988)가 언급한 것처럼, 이 문제는 극복할 수 없는 것은 아니다.

> 치료 동맹은 아마도 본질적으로 통합적 변인인데, 그 중요성이 어느 한 학파의 사고 특성 안에 머무르는 것이 아니기 때문이다(p. 449).

그 개념을 이해하는 데 있어 Bordin(1979)이 제안한 세 가지 요인이 합리적인 시작점을 제공하는데, 이들은 치료자와 환자 간의 유대감, 목표에 대한 합의 그리고 과제에 대한 합의가 존재해야 한다는 것이다. 더욱이 Jerome Frank(1982)의 연구는 심리치료에서 공통요인에 관한 전체적인 질문과 치료적 관계를 보는 더 일반적인 개념틀을 제공한다. 이를 인용하면 다음과 같다.

> 모든 절차의 효능은…… 환자와 치료자 간에 좋은 치료적 관계의 형성에 좌우된다. 이러한 관계가 결여되면 어떤 방법도 효과가 없다(p. 15).

Frank는 환자와의 관계를 강화하고 환자가 더 긍정적인 기대를 가질 수 있도록 돕는 여러 공유된 구성요소에 대해 계속해서 기술하였다. 이런 구성요소 몇 가지를 강조하면 다음과 같다.

신뢰할 수 있는 관계

환자는 치료자를 신뢰하고 치료자에게 평가받고 있다는 느낌 없이 고통스러운 이슈에 대해 이야기할 수 있어야 한다. 이러한 이슈는 환자가 난생 처음 '고백'하는 것일 수도 있다. 물론, 신뢰의 이런 특징은 치료적 관계에서만 독특하게 나타나는 것이 아니라 신뢰할 수 있는 어떤 관계에서도 나타날 수 있는 특징이다(Power et al., 1988). 빈약한 치료적 관계에서 확인된 문제는 환자가 부정적 감정을 털어놓고 표현할 때 치료자가 적대감으로 반응하는 것이다. 그런 치료는 결과적으로 대부분 성공하지 못한다(Henry et al., 1986).

> H씨는 28세의 독신 여성인데, 첫 회기를 시작한 지 몇 분 안 되어 그녀 옆에 벽과 의자 팔걸이를 주먹으로 치고 소리를 지르기 시작하였다. 사실, 이런 행동은 몇 회기에 걸쳐 돌발적으로 발생하였고, 점진적으로 감소하였다. 나의 첫 반응은 충격과 공포였으며 피해야 한다는 생각이 들었다. 비록 회기가 끝난 후 인접 사무실의 내 동료들이 당황해서 빤히 쳐다보는 것에 대처하기가 더 어려웠지만, 다행히 나는 도망가지 않고 맹공을 견디어 내었다. H씨는 무엇보다 여자 치료자를 원했는데 남자 치료자를 만나게 된 것 때문에 화가 나 있었다. 과거 그녀는 여자 치료자를 만난 경험이 있었는데, 그 치료자가 그녀를 너무 두려워해서 H씨는 치

료자에게 어떤 존경심도 가지지 못했고, 그래서 어떤 치료적 진전도 일어나지 않았음이 판명되었다. 나는 적대감을 되돌려 주거나 공포에 얼어붙지 않고 그녀의 적대감을 받아들일 수 있었기에 차후 동맹이 발달하게 되었다.

물론, H씨와의 동맹의 발달은 치료 효과에 핵심 부분이다. 왜냐하면 환자는 어느 한쪽이 지배하지 않으면서 자신에게 압도적이거나 해가 되는 것으로 경험되곤 하던 충동과 정서가 치료자에 의해 안전한 방식으로 억제되는 관계를 경험하기 때문이다. 따라서 환자는 그런 정서가 안전하고 견딜 수 있음을 배울 수 있다.

이론적 근거

치료 이면의 원리와 실제적인 관점에서 치료에 포함된 것에 관한 개요와 더불어, 자신의 고통을 이해할 수 있는 개념틀을 환자에게 제공해야 한다. 그런 이론적 근거를 제공하지 못하면 일어난 것 또는 일어나지 않은 것에 관한 오해와 함께 내담자를 어리둥절하게 또는 불안하게 만들 수 있다. 그 결과, 내담자가 치료에서 조기에 중도탈락할 위험이 있다. CBT는 그런 이론적 근거를 제공하는 것에 특히 강점이 있다. 예를 들어, 『우울에 대처하기(Coping with Depression)』와 『불안에 대처하기(Coping with Anxiety)』 책자는 전형적으로 한두 회기의 인지치료를 한 후에 환자에게 과제로 제공된다. 실제로, Fennell과 Teasdale(1987)는 『우울에 대처하기』에 대한 긍정적 반응이 인지치료에서 긍정적 결과의 좋은 지표라고 보고하였다.

치료에서 다루어야 할 또 다른 측면 중 하나는 실제 생활에서와 마찬가지로, '반동맹'의 발달 가능성이다. 이러한 반동맹 중 일부는 일시적이어서 잘 다룬다면 해결할 수 있는 반면, 또 다른 대리인이나 다른 과감한 조치가 필요한 경우도 있을 수 있다. 반동맹을 고려하는 시작점으로, 우리는 Bordin(1979)의 치료 동맹의 3요소, 즉 유대감, 목표, 과제에 대해 다시 생각해 볼 수 있다. 이것 전부 혹은 일부가 반동맹에 포함될 수 있다. 잘 알려져 있듯이, 어떤 환자는 다른 환자들보다 동맹을 형성하기가 더 어렵다. 따라서 성격장애가 있는 개인과의 작업으로 인지치료를 확장시킨 것은 몇 가지 정신역동적 관련 이슈를 재검토하도록 했을 뿐 아니라, 인지치료자들 사이에서 치료적 관계에 대한 자각을 높이는 데 도움이 되었다(Beck et al., 2004; Linehan, 1993). 몇몇 다루기 힘든 반동맹의 예는 환자가 다른 누군가, 즉 배우자나 파트너, 주치의 같은 전문가를 달래기 위해 치료에 참여할 때나, 환자가 심리치료보다 신체적 치료를 기대하거나, 법원의 명령 때문에 참여하고 있을 때 발생한다. 치료자는 관련 이슈에 대한 세심한 논의를 통해서 이런 유형의 반동맹을 확인할 수 있어야 한다.

만족스러운 동맹이 형성되었을 때조차 고통스러운 치료 작업이 '균열'을 초래할 수 있다(Gaston et al., 1995). 예를 들어, 뭔가 잘못되어 너무 심한 불안을 유발한 행동적 노출 회기는 관계에 걸림돌이 될 수 있으며, 이는 치료 작업을 계속하기 전에 다룰 필요가 있다. 휴가로 인한 치료의 중단 기간이나 치료 종결이 다가오는 것 같은 다른 요인들 또한 동맹에서의 문제를 초래할 수 있으며, 이는 명시적이고 민감하게 다루어야 한다.

물론, 이런 설명을 읽은 정신분석 치료자는 "그래서—우리는 줄곧 이것을 알고 있었다."라고 반응할 것이다. 요점은 최근까지 CBT 치료자들이 단지 2단계, 즉 작업 단계(〈표 3-1〉 참조)에 집중하느라 1단계, 즉 동맹을 간과했다는 것이다. 더 다루기 힘든 문제를 작업해야 하는 임상적 현실과 CBT 접근의 확장은 이런 근시안적인 부분을 재평가하도록 하였다.

작업 단계

〈표 3-1〉에 구분된 치료의 두 번째 단계는 작업 단계다. 이 단계에서 치료 학파 간의 차이가 가장 명확하지만 여기서조차 이런 다양성을 연결하는 공통요인이 존재할 수 있다. 아마도 가장 극적인 차이는 Carl Rogers가 내담자 중심 치료에서 주장한 것인데(Rogers, 1957), 그는 치료자의 무조건적인 긍정적 관심을 통해서 변화(즉, 1단계에서 모든 것)가 일어나기 때문에 작업 단계가 존재하지 않는다고 주장하였다. 그러나 이런 주장은 치료자가 비지시적일 때조차 작업이 일어난다는 사실을 무시한다. 앞서 언급하였듯이, 다른 유형의 치료 간에 교과서 차이는 치료 그 자체를 실행할 때 반영되고, 더 나아가 동일한 치료자가 다른 환자에게 또는 치료 중인 동일한 환자에게조차 시기에 따라 작업을 달리한다는 것은 의심의 여지가 없다(Luborsky et al., 1982). 예를 들면, 우울증에 대한 인지치료의 전형적인 순서는 [그림 3-1]에 제시된 것과 유사한 어떤 것으로 구성된다. 우울한 개인의 활동 수준과 일상의 성공 경험을 증가시키기 위해 초기에 행동 과제가 설정된다. 두 번째 단계는 NATs의 파악 및 그들의 기분을 악화시키는 결과를 사전에 제거

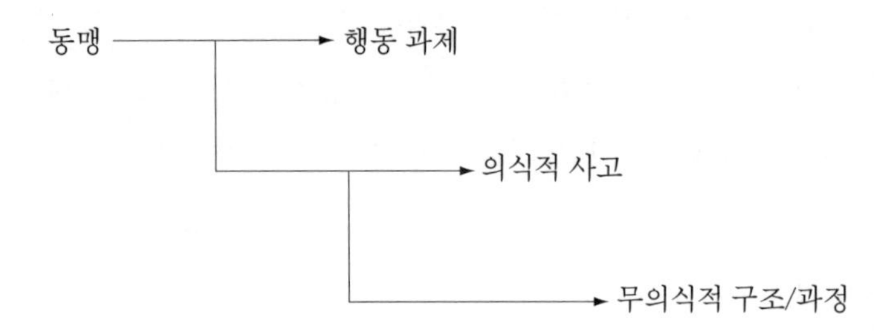

[그림 3-1] 우울증에 대한 인지치료의 전형적인 순서

하기 위한 합리적 반응의 형성으로 구성된다. 세 번째 단계는 근본적인 역기능적 가정을 파악하는 것으로, 실제 노출과 같이 잘못된 가정을 검증하는 다양한 기법을 통해 이의가 제기된다. 이런 명확한 순서는 교육 목적에서 매우 유용하고 가끔은 임상적으로도 유용할 수 있지만, 앞서 주장했듯이 일관된 심리 모델이 이런 다양하고 독립적인 처리체계가 함께 작동할 수 있다는 것은 믿기 어렵다(Power & Dalgleish, 2008). 변화 기제가 이 순서의 세 '단계' 모두에서 동일한 것일 수 있다. 따라서 행동 과제를 성공적으로 수행하는 개인에게 변화는 의식 및 무의식 수준 모두에서 필수적이다. 사람들은 이전에 수행하였던 과제를 단순히 수행하고 있음을 기억하라. 따라서 결정적인 요인은 우울증에서 전형적인 '긍정성의 상실(긍정적 사고와 행동의 억제)'을 감소시키는 것이다. 이런 주장의 요점은 근본적인 인지적 변화 없이 행동적 변화가 일어날 수 없다는 관점이며, 특히 개인이 행동적 변화를 보고할 수 없지만 근본적으로 자동적 또는 무의식적 인지 수준에서 변화가 일어났음을 의미한다.

아마도 작업 단계에서 차이점보다 유사점을 분석하기 위한 좀 더 극적인 시도는 〈표 3-2〉에 묘사되어 있다. 이 표는 행동치료, 정신분석

〈표 3-2〉 심리치료 기법 요약

치료 기법	문제의 기원	절 차	추정된 변화 기제
노출	학습, 전형적으로 아동기의 학습(외상적, 관찰적, 정보의 이동)	치료자 존재하에 관련 대상/상황에 대한 고조된 정서	소거 재학습 대처
전이	중요한 타인과의 관계에서 아동기 경험	대상으로서 치료자에 대한 고조된 정서 반응	치료자를 현실적으로 지각하기 위한 노력
역기능적 가정의 도전	중요한 타인과의 관계에서 아동기 경험	사람, 상황 또는 대상에 대한 고조된 정서	재해석 재구성

및 인지치료에서 각 기본 기법들, 즉 행동 노출, 전이 해결 그리고 역기능적 가정의 도전을 가지고 와서 각각에 대해 유사한 질문을 제기한다. 〈표 3-2〉에 나타난 첫 번째 측면을 고려하면, 세 가지 접근이 아동기에 초점을 맞추는 정도에 차이가 있지만 그것이 주요 보호자로부터 공포 반응의 학습이든, 금지된 소망과 충동의 억압이든, 아니면 자기비판적 태도의 발달이든, 아동기에서 문제의 근본 원인을 확인하는 것이 공통이다. 이런 이슈가 탐색된 절차는 놀랍게도 전통적으로 이 접근들이 적대적이고 경쟁적이었음을 감안하였을 때 서로 유사성이 있다는 것이다. 각 사례에서, 환자는 특정 대상이나 사람, 상황에서 고양된 정서 반응을 하도록 권장된다(이후 장들 참조).

정신분석 치료자는 자신을 향해 이런 반응을 하도록 격려하지만 원칙적으로 그 기제는 유사한 것처럼 보인다. 인지치료자들은 정서반응보다 인지적 신념에 접근한다고 주장하지만, 2장에서 논의하였듯이 인지와 정서 간의 관계에 관한 더 최근의 관점은 인지와 정서를 상호 의존적인 것으로 간주한다는 측면에서 단순화된 선형적 인과적 관점을 거부한다(Power & Dalgleish, 2008). 따라서 더 정확하게는, 그 주장은 치료가 과거 및 현재의 중요한 대상과 중요한 타인(치료자 포함)과 관련된 인지-정서 구조 및 과정에 대한 접근성을 높인다는 것이다. 이런 접근성 상승의 맥락에서 공통적인 치료 목표는 환자가 재학습하고 더 성공적으로 대처하며 더 현실적으로 바라보고 재해석 또는 재구성하게 하는 것이다. 즉, 그들의 고통이나 갈등의 근원이었던 대상이나 사람, 상황을 어떤 방식으로든 더 건설적으로 보는 것이다.

이런 논의에 관한 흥미로운 추가사항은 Goldsamt 등(1992)이 보고한 연구에서 도출되었는데, 이는 Beck(즉, Beck식의 인지치료), Meichenbaum(즉, Meichenbaum식의 CBT), 그리고 Strupp(정신역동치료)의 치료적 접근을 보여 주고자 제작된 비디오에 관한 내용 분석으로 이루어졌다. 이 비디오에서 이 세 명의 유명한 치료자는 자신의 치료적 접근을 보여 주기 위하여 '리차드'라는 이름의 동일한 환자를 각각 면담하였다. 내용 분석 결과, Beck과 Meichenbaum 간에 유사성이 있을 것이라는 예측과 달리, Beck보다는 Meichenbaum과 Strupp이 뜻밖에 서로 더 유사한 것으로 나타났다. 요컨대, 결과적으로 Meichenbaum과 Strupp이 환자가 타인에게 미치는 영향에 초점을 맞추었다면, Beck은 타인이 환자에게 미치는 영향에 더 초점을 맞추었음을 보여 주었다. 여기서 교훈은 치료 문헌에서 오랫동안 잘 알려진 사실을 재강조한다. 즉, 치료에서 의도한 차이는 치료자들이 행했다고 말하는 것이 아니라 실제로 행한 것에 기초해야 한다는 것이다. 정반대도 고려할 수 있다(Sloane et al., 1975).

종결 단계

종결 단계는 종종 치료에서 가장 회피되고 가장 어려운 단계일 수 있으며, 수련 중인 치료자들에게는 특히 그렇다. 예를 들어, 이 단계는 치료자의 전능한 치유 환상이 작은 치료적 이득만을 가져온 현실에 직면하는 단계일 수 있다. 또한 치료의 유해성과 마찬가지로, 시기상조의 종결에 대한 죄책감 때문에 치료자와 환자가 회피하는 단계이며, 친밀한 관계의 상실에 대한 슬픔과 분노가 너무 고통스러워서 회피하는 단계이기도 하다. 따라서 어떤 이유에서든, 치료적 관계보다는 기법에 대한 전통적인 강조 때문에 CBT 문헌에서 이 단계를 적절하게 다루지 못했음을 인정하는 건강한 정직성이 필요하다.

역설적으로, 장기치료보다 단기치료에서의 종결 단계가 다루기 더 어려울 수 있다. 앞서 언급한 것처럼, 이런 어려움의 한 가지 이유는 장기치료의 경우 환자가 종결에 어떻게 대처할지에 관한, 예를 들면 환자가 다가오는 휴가기간에 대해 논의하기를 회피하는지 여부와 휴가기간 이후 동맹이 손상되는 정도와 같은 중요한 정보를 제공하는 수많은 휴가기간을 경험할 수 있다는 것이다. 단기치료에서는 어떤 휴가기간도 경험되지 않으며, 치료자는 종결 이슈를 다룰 수 있는 충분한 시간이 없다고 잘못 생각할 수 있다. 사실, 인지치료가 우울증의 단기치료로 고안되었음을 고려한다면(Beck et al., 1979), 우울증에서 의존성과 상실에 관한 주요 주제는 다가오는 종결이 이런 영역의 갈등을 일깨울 것이다. 따라서 치료자가 적극적이고 명료하게 이를 다루어야 함을 의미한다.

환자가 치료를 순조롭게 종결할 수 있는지를 결정하는 데 도움이 되는 정보가 필요할 때, CBT 치료자가 특별히 사용하는 다양한 평가 척도가 있다. 이런 척도의 대부분은 잘 알려져 있으며, 증상 수준, 역기능적 태도, 자동적 사고, 활동 수준, 치료 목표의 성취와 같은 광범위한 자기 보고식 지표를 포함한다. 그러나 앞서 언급하였듯이, 전통적인 행동주의에서 자기보고에 대해 양가적임을 고려할 때 CBT 치료자들이 다양한 자기보고 편향이나 치료자를 기쁘게 하려는 욕구 등과 같은 요인에 영향받기 쉬운 (자기보고) 척도에 지나치게 의존하는 것은 놀랍다. 심박과 피부전도 반응 같은 정신생리적 측정치와 행동수행 측정치가 더 크게 발달하지 못했다는 것 또한 놀랍다(Power, 1991). 그러나 자기보고나 행동적 · 정신생리적 측정치에 더해, 치료자가 치료 종결에 대한 환자의 준비도를 가늠할 수 있는 몇 가지 다른 방법이 있다. 이들 중 하나는 환자가 치료자를 긍정적 모델로 내재화할 때다(Casement, 1985). 그런 모델에 대한 증거는, 예컨대 회기의 사이사이에 환자가 치료자와 지속한 상상의 대화를 보고한 것에서 찾을 수 있다. "완전히 공황 상태에서 슈퍼마켓 계산대를 뛰어넘으려는 순간 멈춰서 그런 상황에서 선생님은 나에게 뭐라고 하실까 궁금했어요……." 이러한 상상의 대화는 치료 작업이 회기 밖에서도 활발하게 지속되고 있다는 신호다. 그들은 또한 치료자에게 환자가 내재화한 치료자 모델의 유형에 대한 단서를 제공한다(Power, 2007). "이러이러할 때 내가 무엇을 해야 한다고 생각하시나요?"와 같은 환자의 질문에 반응하여 치료자가 환자에게 "글쎄요, 이 질문에 대한 제 대답이 무엇일 것이라 생각하나요?"에 답변을 하도록 격려하는 회기에서 이런 내재화 과정이 촉진될 수 있다.

두 번째 대인관계 측정치는 환자가 자신의 사회적 관계망에서 중요한 타인과 관계를 맺는 방식을 평가하는 것이다. 예를 들어, 집수(물이 모이는) 지역의 대규모 역학조사(Bourdon et al., 1988; Myers et al., 1984)에서 나온 다양한 보고서에서 볼 수 있듯이, 대다수의 신경증 및 정신증 문제가 지역사회에서 치료를 받지 않은 채 남아 있는 것으로 알려져 있다. 의뢰된 사례와 그렇지 않은 사례 간의 핵심 차이는 그 개인의 관계망에서 이용 가능한 지지의 질에 있다는 것이 합리적인 가설인데(Frank, 1982), 이것은 또한 선진국보다 개발도상국에서 조현병 양상이 더 양호하다는 당초 예기치 않은 결과를 설명하는 요인이기도 하다(World Health Organization, 1979). 치료 결과에서 대체로 탐색되지 않은 영역 중 하나는 치료에서 호전된 이후에 환자가 자신의 사회적 관계망을 더 잘 활용할 수 있는지, 자신의 관계망에서 중요한 사람과 더 건강한 방식으로 관계를 맺고 있는지, 그리고 중요한 역할을 하는 관계가 별로 없는 경우 새로운 건강한 관계를 형성할 능력이 있는지에 관한 것이다. 이런 유형의 평가는 사회적 지지의 질에 관한 기존의 측정치를 사용하거나(Power et al., 1988), 환자에게서 비공식적으로 얻을 수 있다. 따라서 핵심 질문은 '치료적인' 중요한 타인이 있든 없든, 환자가 치료자와의 관계를 대체하게 될 건강한 관계를 새롭게 형성할 능력과 동기를 가지고 있는가 하는 것이다.

다음은 중요한 타인과 맺는 관계의 변화 및 환자가 자신의 관계망에서 타인과 어떻게 관계를 맺는가에 대한 지속적인 효과를 보여 주는 예다.

> 앞서 언급되었던 H씨는 모든 사람에게 지속적인 분노 상태에 있었고 그렇게 보였다. 이런 분노는 그녀의 어머니 외에 모든 사람에게 표출되었는데, 그녀는 단언컨대 어머니에게 한 번도 화를

> 낸 적이 없다고 한다. 알고 보니, 그녀의 어머니는 심장병과 다양한 다른 증상을 자가 진단하였고, 이것으로 여러 해 동안 가족들을 조종하고 강요하였다. H씨는 자신이 어머니에게 화를 내면 어머니가 죽게 될 것이라고 확고하게 믿었다. 누군가를 죽일 것 같은 이런 분노 상태에서 H씨의 믿음은 먼저 치료적 관계를 시험하였고 나는 그럭저럭 그녀의 분노를 수용하고 살아남았다. 치료 6개월 후, 그녀는 전전긍긍하면서 결국 난생 처음으로 어머니에게 화를 냈다. 결과적으로, 밀린 분노를 심하게 표출하자 그녀는 다른 사람들에게 분노를 덜 느꼈다. 그녀가 처음 친하게 된 사람들 중 한 명은 자신과 유사한 관점과 어려움을 가지고 있음을 알게 된 그녀의 여동생이었다. 또한 어머니가 가족들에게 이런 사실을 언급한 적이 없지만, 어머니의 '심장병'은 전문가에게 진단받은 적이 없다는 것이 판명되었다.

내담자와 치료를 종결할 수 없는 자신을 발견한 치료자들에게 마지막 유해성 경고가 제기되어야 한다. Stieper와 Weiner(1959)는 특정 클리닉에서 장기간 치료를 받아 온 소위 종결 없는 환자에 관한 연구를 보고하였다. 그들은 이러한 환자들이 몇몇 치료자에게 제한되는 경향이 있고, 관련 치료자들은 환자가 성취해야 할 것에 대해 비현실적인 목표를 가지는 경향이 있으며, 또한 그들은 치료자로서 자신의 역할과 사적인 삶에서 인정받고자 하는 과도한 욕구를 갖고 있음을 발견하였다. 이 연구에서 클리닉의 행정직원이 치료자의 소망에 반하여 관련 환자를 퇴원시킨 것은 극적인 개입이었다! 추적 조사는 그들이 이후에 다른 어느 환자들보다 더 악화되지 않았음을 보여 주었다. 아무튼, 당신 지역의 심리학 서비스 관리인에게는 언급할 수 없는 연구다.

최종 논평과 결론

다양한 유형의 치료 간에 중요한 차이가 없다는 결론은 영가설(null hypothesis)을 입증한 시도이며, 통계를 아는 사람들이라면 이것은 연구를 진행하는 방법이 아니라고 당신에게 말할 것이다. 사실, 메타분석 연구나 NIMH 우울증 협동 연구처럼 대규모 효과 연구들의 결과로 '모두가 승자'라든가 '누구든 뭔가 할 수 있다'는 결론이 도출되려면 여러 중요한 기준이 필요하다. 가장 중요한 기준 가운데 하나는 치료적 동맹을 형성하는 치료자의 기술과 관계가 있다. 온갖 종류의 치료자들이 치료에 부정적이며 적대감을 표현하는 환자에게 특히 어려움을 겪는다는 것을 제시하는 증거가 있다. 동맹을 형성하지 못하는 것은 치료의 부정적 결과, 즉 환자들이 호전되기보다 악화될 것이라는 사실에 기여하는 가장 중요한 요인이다. 그러나 치료 동맹이 형성되었을 때만 특정 문제에 대한 특정 기법의 부가적인 효과가 나타날 수 있다. 치료 매뉴얼을 만들고 치료자가 이런 치료를 고수하는지 평가하는지에 대한 연구조차 일반적으로 동맹의 질 같은 요인이나 모든 치료에 공통적인 다른 요인을 평가하지 못한다.

좀 더 일반적 수준에서, 물리학처럼 언젠가 거대한 통합이론이 나올 것이라는 희망은 아직 먼 이야기다. 그럼에도 불구하고 긍정적인 신호가 있는데, 광범위한 인지모델은 자신의 한계를 극복하면서 전통적인 학습 접근과 정신분석의 강점을 통합하는 것처럼 보인다는 것이다

(Power & Dalgleish, 2008). 그런 인지모델은 현대 학습 이론과 역동적 무의식에 대한 인지적 버전을 통합하고자 하는 욕구 때문에 우리가 이전에 주장했던 CBT 접근을 지지하는 현재 모델과 상당히 달라졌다. 또한 이론은 큰 다양성과 계속해서 증가하는 심리치료를 바라보는 개념틀을 제공해야 한다. 그런 다음에야 우리는 나쁜 행동 치료자와 좋은 수중 마사지 치료자를 구분하고 각각이 적소에서 왜 유용할 수 있는지를 이해할 것이다.

마지막으로, 심리치료의 통합 운동의 역사적 측면에서 공통요인과 이론적 통합 관점의 예시라는 것에 주목해야 한다(Norcross & Goldfried, 1992). 많은 치료자가 현재 특정 이론을 채택하지 않고 다양한 접근으로부터 기법과 절차를 사용할 수 있다는 측면에서 소위 기술적 절충주의를 채택하였지만, 우리의 접근은 이론적 통합 가능성을 강하게 주장한다(Power & Dalgleish, 1997, 2008). 이 장의 전반에 걸쳐 언급하였듯이, CBT 접근은 과거에 때때로 서로 갈등 중이었던 행동적 · 인지적 관점의 통합을 이미 보여 주었다. 이런 통합의 일부는 임상가들이 몇 가지 초기 이론적 주장을 무시하기 때문에 발생한다. 바라건대, 더 최근의 통합적 이론은 풍부한 임상적 경험에 이르고 더 나아가 호전의 희망을 제공할 것이다. 그러나 이런 통합에서 우리는 세 번째 놓친 요소, 즉 정서를 제안한다. 정서에 초점을 맞춘다면 우리는 CBT가 다음의 주요 진전에 이를 것이라고 믿는다. 따라서 이 책의 나머지 부분에서는 정서를 추가함으로써 임상적 실제가 어떻게 발달할 수 있는지를 보여 주고자 한다.

04 정서의 평가

임상의 세계는 정서와 기분을 측정하기 위한 척도와 측정도구로 가득 차 있다. 우리는 내담자들에게 우울, 불안, 강박장애, 외상 후 스트레스 장애(PTSD) 혹은 문제가 무엇이든, 측정도구를 정기적으로 제공하고, 그것이 문제 상태를 측정하는 합당한 임무를 수행한다고 가정한다. 왜냐하면 그것은 우리가 항상 사용해 온 방법이고 그것이 임상가 집단에서 측정의 전통이기 때문이다. 아마도 임상가로서 우리는 측정도구가 개념과 관련이 없는 '동떨어진(stray)' 문항을 포함하고 있거나, 특정 진단 범주를 검토한 위원회의 변덕에 따라 새로이 개정된 『정신질환 진단 및 통계 편람(Diagnostic and Statistical Manual: DSM)』과 더불어 문항들이 변경되어야 한다는 것에 대해서도 별로 우려하지 않는다. 물론, DSM은 이론보다 합의에 기초하기 때문에, 진단 범주에는 이론적 토대라는 것이 없다. 아마도 임상가로서 우리는 가장 최신의 임상적 유행을 따라잡고 있다고 간주하는 한 기꺼이 그런 모순된 세상에 살려고 할 것이다.

그러나 우리가 왜 그래야 하는가? 확실히 우리가 뭔가를 사용할 때 임상가로서 우리는 그것이 신뢰할 수 있고 타당하다는 것을 알고자 한다. 여러분이 A에서 B로 데려다줄 믿을 만한 자동차를 원하는 상황이라고 해서, 자동차 엔진의 내부 작동까지 알 필요는 없다. 자동차의 바퀴 중 하나가 떨어지거나, 브레이크 등이 차 뒤편이 아니라 보닛 아래에 있거나, 혹은 B가 아니라 C라는 장소에 데려다준다면, 우리가 왜 자동차를 원하겠는가? 그런데 임상가들이 현재 사용하는 측정도구와 평가는 분명히 이런 문제를 가진다. 우리는 이 장에서 이것을 보여 주는 데 약간의 시간을 할애할 것이다. 또한 우리는 더 나은 것이 나타날 때까지 최선의 것을 사용하면서 정서와 정서조절에 기초한 이론에서 나온 평가 시스템으로의 전환을 제안할 것이다. 자동차 비유를 계속하자면, 세상에 휘발유가 떨어진다면 가솔린 엔진을 개선하는 것이 아무 소용이 없다.

문제의 예

우리가 처한 몇 가지 문제의 사례를 고려해 보자. 우리는 DSM의 우울장애 범주와 그에 상응하는 국제질병분류체계(International Classification of Diseases and Related Health Problems: ICD)의 우울 삽화 범주를 간략하게 검토하는 것으로 시작하고자 한다(〈표 4-1〉 참조).

Bebbington(2004)은 '우울증'이라고 불리는 문제를 설명할 때 DSM

〈표 4-1〉 우울증의 DSM 및 ICD 진단 준거

DSM-IV	ICD-10
핵심 증상 • 우울한 기분 • 무쾌감증	핵심 증상 • 우울한 기분 • 무쾌감증 • 피로감 또는 에너지 상실
부가 증상 • 피로감 또는 에너지 상실 • 체중 또는 식욕의 상실이나 증가 • 불면증 또는 수면과다 • 초조 또는 지연 • 낮은 자아존중감 또는 죄책감 • 손상된 사고 또는 집중력 • 자살 사고	부가 증상 • 체중 또는 식욕 변화 • 수면장애 • 초조 또는 지연 • 낮은 자아존중감 또는 자신감 • 자기비난 또는 죄책감 • 손상된 사고 또는 집중력 • 자살 사고
준거 • 한 가지 핵심 증상과 전체 다섯 가지 증상 • 고통 또는 사회적 손상	준거 • 두 가지 핵심 증상과 전체 네 가지 증상

출처: Bebbington (2004), p. 6.

에서는 〈표 4-1〉에 열거된 '핵심' 증상 중 하나를 포함해서 전체 다섯 가지 증상이 필요한 반면, ICD에서는 '핵심' 증상 중 두 가지를 포함해서 '경도 삽화'에는 전체 네 가지 증상, '심도 삽화'에는 여덟 가지 증상이 필요하다고 지적하였다. 여기에 우울증으로 진단된 증상 프로파일의 두 가지 사례가 있다.

우울증 1(DSM): 우울한 기분, 식욕 상실, 불면증, 죄책감, 자살 사고

우울증 2(ICD): 무쾌감증, 피로감, 지연, 집중력 손상

두 명 모두 '우울한' 것으로 분류될지라도, 그들은 공통 증상이 하나도 없다. 사실, 우리는 두 명 모두에게 우울증의 주요 자기보고 검사인 Beck 우울검사 II(Beck Depression Inventory II: BDI-II; Beck et al., 1996)를 완성하도록 했다. DSM의 우울증 사례는 총점 36점이었고, ICD 사례는 28점이었다. 이러한 BDI 점수는 모두 우울증의 심각성을 시사한다. 그러나 BDI가 DSM에 기초한 측정도구이고 DSM-IV에서 우울증의 변화를 반영하기 위해 고안되었지만, 두 반응자에 걸쳐 완전히 다른 점수 프로파일을 보여 준다.

만일 이 상황이 더 악화되어서는 안 된다고 생각한다면, 좌석 벨트를 꽉 조여라! 두 가지 주요 진단체계는 공통된 증상이 하나도 없는 사람들에게 동일한 진단을 내릴 뿐만 아니라, 정서에 관해서 완전히 잘못 생각하고 있다! 즉, DSM과 ICD 모두 우울증에서 **죄책감**(guilt)의 역할을 강조했지만, 우울증에 관한 최근 분석은 **수치심**(shame)이 더 중요할 수 있는데 죄책감의 역할이 지나치게 중시되었다고 제안한다(Andrews, 1995; Power & Dalgleish, 1997; Tangney, 1999). BDI가 DSM에 기초한 측정도구이기 때문에 그것은 또한 잘못된 분석을 야기한다. 즉, 가장 광범위하게 사용되고 있는 우울증 평가도구에 '수치심' 문항은 하나도 없고 '죄책감' 문항만 있다. 우울증의 대인관계 요소를 적절하게 평가하는 우울증 척도가 거의 없다는 점 또한 언급할 가치가 있다.

죄책감과 수치심의 잠재적인 역할을 탐색하기 위해서 우리는 우울이나 불안, 혹은 두 가지 모두를 가지고 심리클리닉에 나타난 집단에 대한 연구를 수행하였다(Power & Tarsia, 2007). 많은 절차 가운데, 그들은 이 장의 후반에 상세하게 제시된 기본정서척도(Basic Emotions Scale: BES; Power, 2006)를 완성하라는 요청을 받았다. 통계 분석에서 우리는 최근에 자기보고식으로 측정한 죄책감과 수치심(혹은 자기혐오)이 분석에 개별적으로 포함될 때는 모두 우울증의 심각도와 상관이 있었지만 중다회귀분석에서 두 가지가 함께 포함될 때는 수치심의 예측력만이 유지됨을 발견하였다. 즉, 죄책감보다는 수치심이 우울증과의 관계에서 통계적으로 그리고 개념적으로 더 중요하다. 물론, 수치심은 죄책감보다 더 많은 것을 아우르는 혐오 정서다. 하지만 DSM과 ICD가 우울증과 다른 형태의 정신병리에서 그 중요성을 간과했다는 사실은 애석하게도 실패 목록에 추가된다.

여기서 확인된 문제는 우울증의 사례에만 국한되지 않는다. 여러 해 동안, Richard Bentall(2003)과 다른 이들은 '조현병(정신분열병)'의 진단 범주가 유사한 신뢰도와 타당도의 문제를 지니고 있고, 완전히 다른 증상 프로파일을 가진 두 사람에게 그 진단을 내릴 수 있다고 주장해 왔다. 그들은 앞으로 최선의 방법은 다음을 고려하는 것이라고 설득력 있게 주장하였다. 즉, 사람들은 환청이나 망상적 신념체계의 군집처럼 중요한 증상 군집을 공유하며, 그런 군집에 요구된 개입은 그것이 약물학적인 것이든, 아니면 심리학적인 것이든, 주요 문제가 환각 혹은 망상에 집중되어 있는지에 따라 매우 다를 수 있다는 것이다. 여담으로, 이런 기록을 바로잡는 것이 이 책의 범위를 벗어나기는 하지만, 우리는 조현병 유형의 장애의 병인과 경과에서 정서의 역할이 상당히 과소평가되어 왔다는 것에 주목한다.

다시 말해, 우리는 다음 사례들이 보여 주는 것처럼 진단체계의 문제점이 우울증이나 조현병에 한정된 것이 아니라는 것을 강조해야 한다.

프랭크는 불안 문제로 일반의에 의해 의뢰되었다. 그는 Spielberger

의 상태-특성불안검사(Spielberger State-Trait Anxiety Inventory: STAI)의 특성 불안에서 32점을 받았고, 이는 그가 불안의 낮은 범위 안에 있음을 시사한다. 그러나 프랭크는 직장에서 공황발작을 경험하기 시작했고, 그것이 극도로 고통스러움을 알게 되었다. 왜냐하면 그는 항상 차분하고 매우 침착한 사람이었으며, 다른 사람들이 불안해하는 것을 이해할 수 없다고 말해 왔기 때문이다.

빅터는 일반의에 의해 PTSD로 의뢰되었다. PTSD는 DSM에서 불안장애로 분류되지만,[1)] 빅터는 Beck 불안검사(Beck Anxiety Inventory: BAI)에서 6점을 받았으며, 이는 정상 범위 이내였다. 그는 이라크 참전군인이었고 미국과 영국의 정책에 반대해 왔다. 그는 군인들을 이라크에 보낸 조지 부시와 토니 블레어에게 분노했다. 사실, 그는 그가 만난 모든 사람에게 분노했다. 불안은 그의 문제가 아니지만 분노는 확실히 그의 문제였다.

이리나는 BDI-II에서 38점(즉, 앞서 고려한 두 명의 '우울한' 사례보다 더 높은 점수)을 받았지만 자신이 어렸을 때 우울증이 어떤 것인지를 알았기 때문에 특별히 우울한 것은 아니라고 말했다. 그녀는 BAI에서 16점을 받았고, DSM에서 '불안장애'로 분류되는 강박장애 때문에[2)] 의뢰되었다. 이리나는 AIDS 감염에 대한 공포 때문에 자기 몸을 씻고 아파트를 소독하는 데 상당한 시간을 보냈으며, 그녀를 오염시킬 수 있는 어떤 방문자도 허락하지 않았다.

1) 역자 주: DSM-5(2013)에서 PTSD는 외상 및 스트레스 관련 장애 범주에 포함됨.
2) 역자 주: DSM-5(2013)에서 강박장애는 강박 및 관련 장애 범주에 포함됨.

메리는 BDI-II에서 29점이라는 높은 점수를 받았는데도 우울하지 않다고 말했다. 메리는 현재 폭식증으로 고통받고 있고, 과거에는 거식증과 자해 삽화를 포함한 다른 장애를 경험하였다. 불행하게도 섭식장애에서 정서의 역할 또한 매우 과소평가되며, 이는 이후의 장에서 우리가 다시 살펴볼 문제이기도 하다.

이러한 예들은 현재 진단 및 분류체계에 존재하는 다양한 문제와 전형적으로 그런 분류체계에 기초하고 광범위하게 사용되는 평가척도로 인해 파생된 문제를 보여 주기 위해 제공되었다.

마지막 예로서, 정신의학과 분류체계만 잘못된 것이 아니라는 것을 보여 주기 위해 우리는 긍정 및 부정 정서 척도(Positive and Negative Affect Scale: PANAS; Watson et al., 1988)를 고려하고자 하는데, 이는 심리학에서 현재 기분을 평가하기 위해 광범위하게 사용되는 척도다. 〈표 4-2〉는 PANAS를 구성하는 20개의 문항과 각 문항이 어떤 정서를 평가하고자 한 것인지를 최대한 추정한 것을 함께 보여 준다. 매우 관대했음에도 불구하고, 20개 문항 중 15개만이 정서와 관련이 있으며, 〈표 4-3〉에서 요약한 것처럼 몇몇 기본 정서의 범위는 최소한이고 부적절하다. 그럼에도 불구하고, 긍정적 측면에서 적어도 PANAS는 하나의 수치심 문항을 포함하고 있으며, 이것은 BDI에 비해 한 가지 이점을 제공한다.

우리는 임상가와 임상 연구자들이 사용하는 양적이고 질적인 평가 중 일부를 고려하기 전에, 먼저 메타-정서적 기술과의 관계에서 정서를 고려할 것이다. 우리는 모두 다양한 형태로 정서를 경험하는데, 이것은 정서의 보편성의 일부다. 따라서 평생에 걸쳐 우리가 이러한 정

〈표 4-2〉 PANAS 척도 문항

PANAS 문항	기본 정서
흥미로운(interested)	행복(?)
괴로운(distressed)	슬픔
신나는(excited)	행복
혼란스러운(upset)	슬픔, 분노
강인한(strong)	?
죄책감이 드는(guilty)	혐오
겁먹은(scared)	불안
적대적인(hostile)	분노
열정적인(enthusiastic)	행복(?)
자랑스러운(proud)	행복
화를 잘 내는(irritable)	분노
기민한(alert)	?
수치스러운(ashamed)	혐오
의욕 넘치는(inspired)	행복(?)
신경질적인(nervous)	불안
확신에 차 있는(determined)	?
주의 깊은(attentive)	?
초조한(jittery)	불안
적극적인(active)	?
두려운(afraid)	불안

'?' 는 불확실함을 의미함.

〈표 4-3〉 PANAS 문항들의 정서 범주화

PANAS 문항	기본 정서
요약	
• 행복	5
• 슬픔	2
• 분노	2
• 혐오	2
• 불안	4

〈표 4-2〉에서 ?로 분류된 다섯 문항은 본질적으로 정서적이지 않으며 인지적 혹은 다른 상태를 나타냄.

서를 처리하는 것, 또는 처리하지 못하는 것이 그들을 문제로 만든다. 따라서 정서를 충분히 평가하기 위해 우리는 또한 사람들이 정서를 조절하거나 정서에 영향을 미치기 위해 사용하는 정서조절전략을 평가해야 한다(Gross, 2007).

정서, 정서조절 그리고 메타-정서적 기술

1995년 Daniel Goleman의 저서 『정서지능(Emotional Intelligence)』의 출판은 Salovey와 Meyer(1990)가 제안한 소위 정서지능(Emotional Intelligence: EI)의 급작스러운 인기를 초래하였다. 이런 제안은 Gardner(1983)의 사회지능 개념처럼 더 초기의 것에 기초하였다. 이러한 인기는 비록 이론적이기는 하지만 직장과 학교에서 정서적 기술의 평가와 교육을 초래하였고, 그것은 계속해서 논란이 되고 있다. 제안에 대한 주요 반대 주장(Davies et al., 1998; Roberts et al., 2001)은 그것이 기존의 성격 이론과 지능에 관한 접근에서 이미 다루었던 것과 별반 다르지 않다는 것이다. 우리의 관점은 '정서지능'이란 용어가 가치판단적이고 엘리트주의적인 의미를 담고 있기 때문에 회피해야 할 것이지만 무시해서는 안 되는 정서적 기술의 차이가 분명히 존재한다는 것이다.

정서적 기술의 발달은 아동기에 걸쳐 분명하게 나타나고(Izard, 2001), 마음이론(Theory of Mind; Frith, 2003)의 결함과 관련이 있다. 따라서 정의상, 정서적 기술에 결함이 동반되는(Hobson, 1995) 자폐증 같은 발달장애가 존재한다. 그러나 우리는 Flavell(1979)이 처음 제안한 인지 및 발달에서 '메타인지(metacognition)'라는 용어의 사용에 상응하여 그런 기술을 **메타-정서적 기술**(meta-emotional skills)로, 그리고 연관된 **메타-정서적 표상**(meta-emotional representations)으로 언급하기를 선호한다. 이러한 메타-정서적 기술은 정규분포 곡선에 접근하는 인지적 지능과 다른 양상의 전집 분포를 나타낼 가능성이 있다. 왜냐하면 자폐증과 정신병질과 같은 장애에 영향을 주는 결함과 문제는 역치 효과에서 비롯되기 때문이다. 우리는 '메타-정서적 기술'이 정서지능과 동일한 대중적인 매력과 울림을 가질 수 없고 Daniel Goleman이 이 새로운 제목으로 책을 썼을 것 같지도 않다는 점을 인정한다.

메타-정서적 기술과 표상에서 중요한 핵심 영역은 자기와 타인의 정서에 관한 지각과 이해, 그리고 자기와 타인의 정서조절을 포함한다. 자폐 스펙트럼 장애에서 보이는 결함은 그런 장애가 여성보다 남성에게서 더 많이 발생한다는 추가적인 복잡성과 더불어, 자기와 타인의 정서에 관한 인식에서 확실한 문제를 초래한다(Baron-Cohen, 2004). 정서 표현이 젠더와 관련된 강력한 문화적 압력과 관계있다는 일부 대중적 관점과 달리, 그런 성비가 모든 남성이 메타-정서적 기술에 결함이 있음을 의미하지 않지만, 다른 정서를 경험한다는 보고에서 성비가 나타날 수 있다(Ekman, 1999; Scherer et al., 2001).

메타-정서적 기술 중 가장 중요한 영역 가운데 하나는 정서조절에 관한 것으로 정서조절에 관한 수많은 개념화가 존재해 왔다(Carver & Scheier, 1990; Gross, 1998; Larsen, 2000; Philippot & Feldman, 2004). Gross(2007)는 자신의 접근에 대한 최근 요약에서 정서반응 과정의 다른 시점에 다른 조절 전략이 어떻게 적용될 수 있는지를 보여 주는 연구를 한데 모았다. 정서가 시작되기 이전조차 그것이 정서적일 것임을 알기 때문에 상황을 회피할 수 있으며, 정서가 일단 시작되면 표현을 억제함으로써 정서를 중단시킬 수 있다. 아니면 표현한(혹은 표현하지 않은) 정서의 결과를 변화시킬 수도 있다. Gross의 영향력 있는 접근에서 정서는 일련의 시간적 단계로 분해되는데, 각 단계에는 다른 전략을 적용할 수 있다.

Gross의 접근과 달리, 우리는 정서조절에 좀 더 전체론적 접근을 취하며, 사람들이 정서의 모든 측면을 유사한 방식으로 조절하는 경향이 있다고 믿는다. 예를 들어, 당신이 강렬한 시험 불안을 가지고 있다면 가능한 시험을 회피할 것이고, 시험을 회피할 수 없다면 약을 먹는 것과 같이 실제 불안 경험을 회피하기 위해 뭔가를 할 수 있다. 여기서 공통된 특징은 상황과 정서 경험에 대한 **회피**(avoidance) 시도다.

우리의 접근(Phillips & Power, 2007)은 대부분의 정서가 대인관계의 맥락에서 주로 파생되고 경험되는 것처럼, 많은 정서조절 전략 역시 보다 친숙한 개인 **내적**(intrapersonal) 전략에 덧붙여 **대인관계적**(interpersonal) 전략이라는 점을 고려하였다. 대인관계적 전략의 예시는 친구에게 말을 하거나 충고를 얻는 것을 포함하지만 본질적으로 대인관계적이지 않은 다른 외부 전략, 예컨대 쇼핑이나 스포츠처럼 유쾌한 일을 하는 것 또한 존재한다. 내부적 정서조절 전략의 예시에는 정서 경험을 억제하는 것과 정서에 대해 반추하는 것이 포함되는데, 이들은 그렇게 하지 않는 것보다 정서가 더 오랫동안 지속되도록 한다. 따라서 정서조절에서 고려해야 하는 한 가지 중요한 차원은 전략이 **내부적**(internal) 혹은 **외부적**(external)인가 하는 것이다. 흥미로운 여담으로, 내부-외부 차원은 또한 아동과 청소년의 **내현화**(internalizing, 예 우울증) 및 **외현화**(externalizing, 예 품행장애) 장애 간의 구분을 아주 잘 보여 주는데 (Casey, 1996), 이는 또한 십대까지 추적하였을 때 아동의 초기 기질 차이와 관련이 있는 것으로 밝혀졌다(Caspi et al., 1995).

정서조절 전략을 분류할 수 있는, 우리가 제안한 두 번째 차원은 전략이 기능적(functional)인가 혹은 역기능적(dysfunctional)인가 하는 것이다. Gross(2007)와 같은 저자들은 한 문화나 하위집단, 가족, 개인에게 역기능적인 것으로 보일 수 있는 것이 또 다른 상황에서는 기능적일 수 있다는 것을 근거로, 범주화를 사용해서 일부 전략이 다른 것보다 더 부정적이라 평가하는 것을 반대하였다. 그러나 우리는 Sigmund Freud(1926)와 그의 딸 Anna(Freud, 1937)로 거슬러 올라가는 강력하고 잘 지지된 전통이 있다고 믿는데, 여기서 어떤 방어기제의 습관적 사용은 개인에게 신체적 · 심리적으로 문제 있는 결과를 초래하는 것으로 간주된다. 퇴행과 해리 같은 일부 방어기제는 좀 더 역기능적인 반면, 승화와 억제 같은 방어기제는 좀 더 기능적인 경향이 있다. 더욱이, 현재 이런 범주화를 지지하는 다양한 영역의 광범위한 연구가 존재한다. 한 가지 예를 언급하면, 하버드 대학생 집단을 평생 추적한 George Vaillant의 고전적 연구(Vaillant, 1990)는 그들이 대학생 때 사용한 전형적인 방어기제가 건강과 심지어 조기 사망을 어떻게 예측하는지를 극적으로 보여 주었다. 어쩌면 Pierre Philippot(2007)가 강조하였듯이, 그것은 또한 정서조절 전략이 사용된 유연성(flexibility)에 관한 것이다. 예를 들어, 어떤 상황이나 맥락에서 회피가 적절할 수 있지만 그것을 과도하고 경직되게 사용한다면 문제가 된다. 따라서 우리의 메타-정서적 기술은 우리가 정서 전략을 적절하게 변화시키도록 도울 수 있다.

요약하면, 우리는 내부-외부 및 기능-역기능의 차원에 따라 정서조절 전략들을 유용하게 분류할 수 있다고 제안하였다. 우리는 심지어 가장 명백하게 역기능적인 전략이 어떤 상황에서는 기능적일 수 있음

〈표 4-4〉 정서조절 전략의 2×2 요약

	내부적	외부적
역기능적	정서 거부 부인 이인증	괴롭힘 타격 소리 지름 문화예술에 대한 파괴행위
기능적	정서로부터 배움 재평가	타인에게 이야기함 감정의 공유 블로그에 글쓰기

을 물론 인정한다. 예를 들어, 과도한 신체적 통증이 있을 때 무감각해지는 것처럼 외상적 사건을 경험하는 동안 해리는 불안과 공황에 압도되지 않고 개인이 제대로 기능할 수 있도록 돕는 것이라 할 수 있다. 그러나 Vaillant(1990)의 연구가 보여 준 것처럼 해리를 습관적으로 사용하는 것은 명백하게 역기능적이다. 이러한 두 가지 차원의 조합은 〈표 4-4〉에서 예시한 2×2 분류체계를 야기한다.

지금까지 기능적인 내부 및 외부 전략과 역기능적인 내부 전략의 예시를 보여 주었지만, 〈표 4-4〉는 또한 네 번째 조합, 즉 우리가 아직 언급하지 않은 역기능적인 외부 전략의 예시를 보여 준다. 다시 말해, 대부분의 정서가 대인관계 상황에서 생성되고 경험된다는 사실을 고려하면, 외부적 대인관계 전략의 사용이 항상 기능적이어야 할 이유가 없다. 사실, 타인을 향한 공격은 광범위한 정서 상태를 조절하려는 개인이 사용할 수 있으며(DiGiuseppe & Tafrate, 2007), 이는 관련된 모든 사람에게 역기능적일 수 있다. 따라서 우리는 몇 가지 외부적 대인관계 전략(예: 괴롭힘, 신체적 및 언어적 공격) 및 기타 외부적 전략(예: 무생물에 대한 공격) 또한 잠재적으로 역기능적이며, 특히 습관적으로 사용될 때 그렇다고 생각한다(Phillips & Power, 2007). 이런 전략과 정서의 다른 측면들이 어떻게 평가되어야 하는지에 관한 세부 사항은 다음 절에 제시될 것이다.

메타-정서적 기술

앞 절에서 우리는, 예를 들어 정서조절질문지(Regulation of Emotions Questionnaire: REQ)에 대해 언급할 때 직·간접적으로 메타-정서적 기술에 관한 정보를 제시하였다. REQ에서 '기능적' 범주로 분류되든 혹은 '역기능적' 범주로 분류되든, 많은 정서조절 기술은 다른 조절 과정과 마찬가지로 자동적 수준에서 작동한다. 그러나 우리 자신이 가진 낮은 수준의 정서적 기능을 대상으로 하여 결론을 도출하고, 미래의 정서적 기능을 위한 목표와 계획을 수립하도록 하는 반성적 의식이 명확한 메타 수준의 기술 중 하나다. 사실, 치료 작업의 많은 부분이 일상 기능에서 그런 메타-정서적 기술의 발달 및 반성적 의식의 역할을 강화하는 것으로 보일 수 있다(Power, 2007). 우리는 메타-정서적 기술을 체계화하기 위해 1장과 2장에서 제시한 우리의 SPAARS 접근 내에서 다른 체계와 수준을 사용하여 그런 기술을 고려하는 틀을 제공할 것이다.

유추체계

낮은 수준의 감각 및 운동 체계가 유추체계를 구성한다. 따라서 이 체계는 메타-정서적 기술의 일부가 아닌 것처럼 보일 수 있다. 그러나 일부 메타-정서적 기술이 유추체계에서 낮은 수준의 감각 및 운동 문제를 확인하고, 이 체계에서 느리지만 변화를 일으키는 데 적절한 행위가 있다면 그것이 무엇이든 해야 한다고 주장한다. 스포츠 기술로 비유하자면, 프로 테니스 선수는 자신의 백핸드 문제가 경기 도중 문제를 초래할 것임을 확인하였다. 그 선수는 의식적 통제하에서 새로운 구성요소를 통합하고 이들이 자동화되어 백핸드가 좋아질 때까지 백핸드를 재학습해야 할 것이다.

이런 스포츠 기술을 재학습하는 것과는 대조적으로 의식적 통제를 하는 동안 의식이 기술의 자동적 기능을 방해하기도 한다. 실제로 유추체계에서 정서에 적절한 감각 및 운동 기술은 그런 운동 기술에 상응한다. 예를 들어, 치료자가 미세하게 조율하여 정서의 사소한 표현을 탐지할 수 있다면 이런 기술은 치료 회기에 관한 강력한 통찰을 제공할 수 있지만, 치료자가 스쳐 지나가는 그러한 정서 표현을 무시하거나 인식하지 못한다면 치료자는 이런 기술을 학습해야만 한다. 이는 이 장의 후반에서 상세하게 기술할 것이다.

유추와 관련된 메타-정서적 기술의 또 다른 예는 정서의 지표인 낮은 수준의 내부적 반응을 스스로 인식하는 것과 더불어, 자신의 미세얼굴표정, 즉 우리의 정서 상태를 타인에게 전달하는 생리적·행동적 징후를 인식하는 것이다. 예를 들어, 비판에 과도하게 민감하며 우울한 경향이 있는 내담자와 작업하는 치료자가 치료 과정에서 미세한 혐오 표현을 보인 후, 이를 부인했을 경우, 치료 관계에서 문제를 유발할 가능성이 높다. 그럴 경우 치료자가 미세표정을 먼저 인식하고 난 다음 내담자와 작업에 도움이 될 수 있도록 자동적 반응을 승인된 이슈로 전환해 볼 수 있다. 요약하면, 우리는 치료자가 자신과 내담자의 유추체계 반응을 인식할 필요가 있음을 매우 강력하게 주장한다. 미세표정으로 알려진 스쳐 지나가는 정서의 표정은 매우 중요한 예시이며, 우리는 모든 치료자가 그것을 탐지할 수 있도록 훈련되어야 한다고 믿는다.

연합체계

연합체계에서의 문제는 우리가 개관한 유추체계와 많은 공통점을 공유한다. 왜냐하면 연합체계는 대개 자각 없이 자동적이고 노력 없는 수준에서 작동하기 때문이다. 이 체계는 아기에게 관찰할 수 있는 초기의 기질 차이를 포함한다(Kagan, 1994). 이러한 기질은 애착 대상과 상호작용하면서 다른 측면의 성격과 정서성(emotionality)의 특징을 가지게 된다. 반성적 의식과 메타-정서적 기술의 발달은 다시 개인에게 이 체계의 기능에 약간의 변화를 일으킬 수 있는 기회를 제공한다. 임상적 사례를 들면, 불안한 기질을 가진 아이가 어릴 때 개를 무서워했고 나중에 공포증 환자가 되었다. 성년기에 그녀는 개 공포증이 자신의 삶을 불필요하게 제한한다는 것을 깨닫고, Rachman과 de Silva (1996)가 쓴 자가치료 서적을 구입하여 혼자서 점진적 노출 위계를 사용해서 작업하였다. 현재 그녀는 떠돌이 개를 위한 쉼터를 운영한다.

지금 인용한 예와 달리, 많은 사람은 혐오적으로 경험하는 대상이나 상황, 감정을 회피한다. 불안에 관한 초기의 2요인 학습 이론에서 우리가 알 수 있듯이(Rachman, 1990), 두려워하는 결과가 일어나지 않을 것을 알 수 있는 기회가 없기 때문에, 그런 인지적 · 행동적 회피는 상황이나 감정의 회피를 불가피하게 더욱 악화시킨다. 초기에 언급한 것처럼, 이런 주장은 모든 회피가 건강하지 못하다는 의미가 아니다. 몇몇 상황은 진짜 위험하며, 그래서 사람들은 암벽 타기나 수심이 깊은 곳에서 수영하는 것을 회피한다. 그런 상황이 위험을 초래하기 때문이다. 그러나 더 큰 위험에서 벗어나기 위해 절벽을 올라가야 하는 상황이 발생한다면 그들은 자신의 연합 수준 반응과 상관없이, 가능한 긴장을 풀고 성공적 도주의 확률을 높일 수 있는 방법을 알아야 할 것이다.

명제체계

SPAARS 내에서 명제체계는 (Beck의 인지치료 접근과 달리) 직접적으로 정서를 생성하지 않지만 도식모델체계 또는 연합 경로를 통해 정서를 생성한다. 그럼에도 불구하고 명제체계는 정서의 생성에 중요한 역할을 담당하며, 이후에 몇 가지 예가 이를 증명할 것이다.

사회 인지에서 중요한 발달 가운데 하나는 암묵적(vs. 명시적) 태도의 개념이었다(Wittenbrink & Schwarz, 2007). SPAARS 개념틀 측면에서 암묵적 태도는 저장된 명제적 표상으로 나타낼 수 있거나 적어도 그런 명제적 표상으로 직접 그릴 수 있다. 그런 암묵적 태도는 인종, 성, 젠더, 나이 또는 그 무엇이든, 그것에 기초하여 다른 사람에 대한 편견과 고정관념을 나타낼 수 있으며, 인내심, 존중 및 평등에 대한 명시적 태도와 직접적으로 상충될 수 있다. 그러면 메타-정서적 기술은 이 체계에서 어떤 부분을 담당하는가? 먼저, 그런 암묵적 태도가 우리 안에 존재하며, 그것은 우리가 선호하는 명시적 태도와 상충될 수 있다는 자각이 중요하다. 따라서 메타-정서적 기술의 한 가지 측면은 이러한 암묵적 편견을 보완하고 자각할 수 있으며 사회적 관계망의 일부로 다른 인종이나 민족 집단의 사람과 관계를 맺는 것처럼 암묵적 태도와 정반대 경험을 얻도록 할 수 있다.

또한 암묵적 태도는 정서 경험과 정서 표현에 관한 문화적 관점, '남자는 울지 않는다.'와 같은 유형의 문제를 예로 들어 설명하기 쉽다. 예를 들어, 치료자들이 젠더와 정서에 대한 자신의 암묵적 태도를 자각하지 못한다면 치료 도중 그들은 무의식적으로 남자는 공포와 슬픔으로부터, 여자는 분노로부터 멀어지게 이끌 수 있다. 이런 암묵적 태도는 두 성별에서 모든 정서의 중요성에 대해 명시적으로 유지해 온 신념과 모순될 수 있으며, 그런 정서가 수용될 수 있는지 여부에 관해 내담자와 갈등을 일으킬 수 있다. 많은 내담자는 불안과 슬픔 같은 문제 정서를 제거할 것을 요구하는 치료를 받게 되고, 어떤 정서는 '약하고' '비합리적인' 반면, 어떤 정서는 '강하고' '좋다'는 잘못된 관점을 유지하게 된다. 정서에 관해 명제로 표현할 수 있는 이런 신념은 치료의 초점이 될 수 있으며, 이는 이후 장에서 상세하게 설명할 것이다.

우리는 또한 정서 상태를 잘못 명명하거나 명명하지 못하는 문제를 명제 수준의 문제에 포함시킬 것이다. 왜냐하면 명칭은 '이 상태는 불안이나 그 비슷한 무엇으로 불린다.'라는 형태의 명제를 대표하기 때문이다. 정서 상태를 경험할 수는 있지만 그런 상태에 대해 명명하지 못하는 '감정표현불능증(alexithymia, Taylor et al., 1997)'은 상당한 관심을 받았던 영역이었다. 대부분의 아동이 발달하는 동안 학습하는 기본적인 메타-정서적 기술은 정서 상태의 표현 및 조절의 규칙과 더불어 다른 정서 상태에 대해 명명하는 것이다. 지적 장애가 있는 사람과 작업할 때 정서 상태에 대한 그런 지식을 평가하고 적절한 정서 훈련을 포함하는 것이 점차 일반화되고 있다(Baron-Cohen, 2004). 그러나 Taylor 등(1997)이 보여 주었듯이, 정상적인 지적 능력을 가진 많은 사람이 그런 정서 지식이 부족하며, 따라서 내담자가 자기 자신이나 타인의 정서 상태를 논의하는 동안 어려움을 겪을 때에는 이런 지식이 평가되어야 한다.

또한 이 절에서 정서를 표현하기 위한 욕설 사용에 대해 간략하게 언급하고자 한다. 욕설에 사용된 단어와 구절은 즉각적으로 정서를 표현하고 영향을 주는 것에 더해 명백한 명제적 구조를 가진다. 사실, 욕설은 빈번하게 반복된 명제의 내용이 어떻게 연합 경로를 통해 자동적으로 정서를 유발하는지에 관한 흥미로운 예시를 제공한다. 언어나 문화는 그런 '금기' 단어를 만들 수 있다. 서구 문화에서 교회가 정치적으로 더 강력했던 중세 시대의 욕설은 역사적으로 신성모독을 포함하지만('god blind me!'에서 나온 'blimey' 또는 'god's wounds!'에서 나온 'zounds'처럼), 오늘날에는 어떤 신체 기능과 부분이 욕설로 더 일반적으로 사용된다(Allan & Burridge, 2006). 사용된 표현은 종종 하나의 단어이지만, 전형적으로 함축된 주체와 객체를 가진 암묵적인 명제적 구조가 존재하며, 이는 우리가 '명제'라는 제목하에 그들을 포함시킨 이유다. 욕설은 정서의 강렬함이나 갑작스러움을 표현하기 위해 혹은 다른 누군가의 정서반응을 유발하기 위해 전형적으로 사용된다. 그러나 '사용 규칙', 예를 들어 그것의 사용이 관계에서 지위나 친분을 어떻게 나타내는지를 아는 것이 메타-정서적 기술이다(Allan & Burridge, 2006). 욕설의 남용은 과도하게 공격적이고 부적절한 것으로 보일 수 있으며, 욕설의 감소가 분노 관리 개입의 일부일 필요가 있다. 그러나 그것은 또한 뚜렛 증후군에서 분뇨기호증(coprophilia) 또는 일부 신경퇴행성 상태에서 욕설을 억제하는 능력의 상실처럼, 다른 문제를 시사하는 것일 수 있다(Jay, 2000).

도식모델체계

도식모델체계는 메타-정서적 기술의 작동을 볼 수 있는 가장 명백한 체계다. 이 체계는 이런 기술이 생애 전반에 걸쳐 발달(또는 발달하는 데 실패)하기 때문에 경험에 대한 전반적인 집행 통제, 정서의 조절과 표현을 포함한다. 메타-정서적 기술의 발달은 성인기에도 계속되고 노년의 '지혜'의 중요한 구성요소를 제공한다. 역동적으로 창조된 도식모델을 통해 생성된 정서는 의식적이고 노력이 필요한 평가체계에 따라 좌우되며, 이러한 평가체계는 광범위한 개인 내 및 개인 간 정보를 결합하여, 최선일 때는 창의적이고 통찰력 있고 심지어 종교적 영감으로 축복을 받은 것처럼 보이지만 최악일 때는 특이하고 괴팍하고 매우 역기능적인 것처럼 보일 것이다. 그러므로 가장 높은 수준의 통합 범위는 어이없게 잘못된 것에서부터 놀라울 만큼 정확한 것을 아우르며, 따라서 우리는 다른 사람들과 우리의 정서, 그리고 우리의 정서를 유발한 사건에 대해 이야기하는 데 많은 시간을 할애할 필요가 있다. 그러나 우리는 추상적 수준에서 논의하기보다는 이 체계의 잠재적인 범위를 증명하는 몇 가지 구체적인 예시를 제공할 것이다.

첫 번째 예시로, 소위 '도구적' 공격성과 '반응적' 공격성 간의 차이를 고려해 보자(Blair et al., 2005). 두 유형의 공격성은 전형적으로(항상은 아니지만) 분노의 결과로 일어나는데, '반응적' 공격성은 자동적이고 즉각적인 '걷어차기(킥아웃)'인 반면, '도구적' 공격성은 이 시점에 이 사람을 공격하는 것이 이로울 것이라는 선택과 결정을 포함한다. 물론, 그런 도구적 공격성이 긍정적 또는 부정적으로 사용되는지 여부는 또 다른 문제지만(Blair et al., 2005), 여기서 요점은 개인이 이런 식으로 분노를 표현하는 것이 자신에게 이득이라고 판단해서 표현을 고도로 조절했다는 것이다.

메타-정서적 기술 사용의 두 번째 예시는 그것을 표현하는 것이 부적절하거나 불리하기 때문에 그 상황에서 정서 표현을 억제하지만 나중에 더 적절한 맥락에서 정서를 표현할 수 있는 능력이다. 정신역동적 문헌에서 이런 기술을 '억제'라고 하는데, 이는 습관적으로 사용될 때 문제가 되고 무의식적으로 작동하는 '억압'과 구별된다. 따라서 초기에 고려했던 Vaillant(1990)의 고전적인 종단 연구는 억제가 수명 연장에 기여하지만 억압은 그렇지 않음을 보여 주었다. 또 중요한 요점은 도구적 공격성과 마찬가지로, 억제가 과잉 또는 과소 조절된 정서 없이 정서를 경험하는 개인에게 보호적인 미묘한 형태의 집행 통제를 요구한다는 것이다.

대인관계 맥락

대부분의 정서는 대인관계 맥락에서 일어나거나 대인관계 맥락의 회고를 포함한다. 우리가 정서에 관한 워크숍을 하면서 참여자들에게 정서 일지를 완성하도록 요구하였을 때 거의 모든 사람이 어떤 유형의 정서가 포함되었든 관계없이 최근의 대인관계 일화를 보고하였다. 이런 일반화의 예외는 무생물에게 화가 났다고 보고한 극히 일부의 사람들이었다. 예를 들어, 컴퓨터와의 테더링(무선연결)이 안 되자 소리를 지르고 컴퓨터를 치기 시작한 참여자의 경우다. 흥미롭게도 다른 대부분의 분노 일화와 달리, 이 참여자는 자신이 화가 났다는 것이 기뻤고, 특히 이후에 컴퓨터가 더 잘 작동하기 시작하자 기분이 좋아졌다!

따라서 정서와 정서 중심 치료에서 대인관계 맥락에 관한 주요 이슈는 개인의 사회적 지지와 사회적 관계망과 관계가 있다. Myrna Weissman과 동료들이 개발한 대인관계치료 접근(Weissman et al., 2000)의 큰 강점 중 하나는 소위 대인관계검사를 사용하는 것이다. 이 검사는 내담자와 함께 현재의 모든 관계와 과거의 중요한 관계를 검토하는 것으로 한 번의 평가 회기에서 비교적 비공식적으로 완성될 수 있다. 그러나 우리는 중요한 타인척도(Significant Others Scale: SOS; Power et al., 1988)를 사용해서 중요한 타인의 사회적 지지에 대한 더 상세한 분석과 전통적인 사회적 관계망 분석을 결합함으로써 그 방법을 좀 더 공식적으로 적용하는 것을 선호한다. 이 평가는 이 장의 후반에서 상세하게 제시한다. 그러나 메타-정서적 기술의 관점에서 대인관계 평가의 일부로 초점을 맞추어야 할 한두 가지 핵심 영역은 내담자가 중요한 타인이 자신에게 미치는 정서적 영향을 얼마나 잘 이해하는지, 그리고 그 결과로서 내담자가 그런 관계를 얼마나 잘 혹은 잘못 다루는지에 관한 평가를 포함한다. 예를 들어, 우울한 내담자는 어머니가 자신에게 아주 비판적이고 그가 앞으로 나아갈 때마다 후퇴하는 것처럼 느껴진다고 보고하지만 어머니가 그와의 만남 횟수와 형태를 완벽하게 통제하도록 그가 허용하고 있었다면, 내담자는 건강하지 않은 관계의 관리에 메타-정서 및 대인관계 기술을 사용하지 못하고 있는 것이다. 반면에, 동일한 내담자가 이야기를 나눌 좋은 친구가 있고, 그렇게 할 때 기분 좋게 느끼지만 우울해지면 친구를 짜증나게 하지 않으려고 친구를 회피한다면, 이 관계를 다루기 위해 메타-정서 및 다른 대인관계 기술을 사용한다는 점에서 반대 방향으로 동일한 실패가 있는 것이다. 메타-정서 및 다른 대인관계 기술은 사회적 관계망의 건강한 구성원과의 접촉을 최대화하지만, 그 관계망에서 정서적으로 까다롭거나 해로운 구성원과 의 접촉을 관리하고 최소화하기 위해 사용되어야 한다.

이 절에서 마지막 구체적인 요점은 거짓말을 하는 것과 타인의 거짓말을 탐지하는 능력이 두 가지 측면의 흥미로운 메타-정서적 대인관계 기술이라는 것이다. 거짓말하는 능력은 아동이 적어도 두 가지 도식모델, 즉 정보를 숨기는 표상과 더불어 거짓된 상황을 제시하는 표상을 동시에 유지해야 한다는 측면에서 아동 발달에 중요한 이정표다. 따라서 아동은 마음이론 기술을 소유해야 하는데, 이 기술은 타인이 거짓 정보를 믿을 때 선호하는 결과와 비교하여 타인이 진실된 정보를 알게 된 결과를 고려하도록 한다. 물론, 아동은 매우 능숙한 거짓말쟁이는 아니며(Talwar et al., 2007), 초콜릿 아이스크림이 묻은 채로 "나는 초콜릿 아이스크림을 먹지 않았어요!"라고 주장하는 것처럼 진실을 '누설'하는 경향이 있다. 성인들은 거짓말에 보다 능숙하지만, 얼굴 표정 연구에 따르면 대부분의 성인 또한 누설을 보인다. 예를 들어, 미소를 사용해서 부정적 감정을 더 숨기려고 할 때 웃는 동안에도 전형적으로 슬픔, 혐오, 분노 또는 불안의 미세얼굴표정이 존재하며, 거짓 미소에서는 눈 주위 근육이 덜 관여한다(Ekman et al., 2005). 다시 말해, 거짓말하고 속이는 능력은 좀 더 부정적인 메타-정서적 기술인 것처럼 보이지만, 긍정적인 측면에서 일부 성인은 타인의 거짓말을 탐지하는 데 능숙하고 비언어적 표현, 특히 얼굴의 미세표정을 잘 알아차리는 것처럼 보인다(Ekman & O'Sullivan, 1991). 이 장의 후반에 상세하게 설명한 것처럼 우리의 신념은 모든 치료자가 이런 얼굴의 미세표정을 분석하는 훈련을 받아야 한다는 것이다.

정서와 정서조절의 측정

증상의 측정

물론, 광범위한 정서, 스트레스, 증상, 정서조절, 대처 전략에 관한 수백 가지 측정도구가 이용 가능하며, 이들은 내담자가 제시한 문제에 대한 철저한 평가에 임상적으로 유용하다. 우리는 이미 이 장의 전반부에서 이런 몇몇 측정도구에 비판적이었다. 왜냐하면 그들은 비이론적 분류체계에 관련되거나 우울증과 같은 영역을 빈약하게 또는 부정확하게 개념화하기 때문이다. 일반화하자면, 측정된 개념이 더 간단할수록 측정도구가 대개 더 양호해진다. 예를 들어, 불안의 측정도구는 제목에서 그들이 말하는 것을 정확하게 측정하는 경향이 있으며, Beck 불안검사(Beck Anxiety Inventory: BAI; Beck et al., 1988), Spielberger 상태특성불안검사(Spielberger State Trait Anxiety Inventory: STAI; Spielberger, 1983), 병원불안 및 우울척도(Hospital Anxiety and Depression Scale: HADS; Zigmond & Snaith, 1983)의 불안 하위척도와 같은 포괄적인 측정도구도 평가에 극히 유용하다. 공포증, 사회 불안, 건강 불안 또는 적절하다면 그 무엇이든, 좀 더 구체적인 평가가 수반될 수 있다.

반면에, 앞서 언급했던 Beck 우울검사(BDI)가 대인관계 문제를 빈약하게 다루고 수치심보다는 죄책감에 초점을 맞추었던 것처럼, 우울증과 같이 좀 더 복잡한 개념에 관한 측정도구는 뚜렷한 약점을 지니는 경향이 있다. 그러나 이런 BDI의 제한점은 HADS의 결함보다 상대적으로 경미하다. HADS의 우울증 하위척도는 쾌감 상실(anhedonia)을 잘 다루지만(7개 문항 중 4개가 쾌감 상실의 측면을 다룸), 슬픔이나 죄책감에 관한 것을 묻지 않고 수치심이나 심지어 자살 가능성에 대해 명확하게 묻지 않는다. 그것은 BDI가 최고급 자기보고식 측정도구인 것처럼 보이도록 한다. BDI와 HADS와 같이, 일반적으로 사용되는 우울증 측정도구에 대해 약술한 문제로 인해 우리는 지금 우리 나름대로 우울증 측정도구, 소위 새로운 다차원적 우울척도(New Multidimensional Depression Scale: NMDS; Power & Cheung, 준비 중)를 개발하였다. NMDS는 인지, 정서, 신체 및 대인관계 영역의 문항을 포함한 4개의 하위척도를 가지는데, 이것은 대인관계 영역을 적절하게 다루고 죄책감뿐만 아니라 수치심을 평가한다는 특별한 이점을 지닌다. 계속해서 개발 중인 이 척도의 가장 최신판은 '부록 1'에 제시되어 있다.

부분적으로는 우울증의 개념이 복잡하기 때문에, 광범위하게 사용되는 반구조화된 면담이 훈련받은 임상가와 임상 연구자들에 의해 실시될 수 있다. 이들 중 가장 광범위하게 사용되는 것은 17문항 형식의 원판 해밀턴우울평정척도(Hamilton Depression Rating Scale: HDRS; Hamilton, 1960)다. 이 측정도구는 수면 문제에 너무 큰 비중을 두었고 BDI처럼 수치심보다는 죄책감에 초점을 맞추었다. 그러나 죄책감에 대한 실제 문항은 죄와 벌의 언급을 통해 수치심의 암묵적 측면을 포함하고 있으며, 그 문항의 최고점 보기에는 망상 및 비난 환청이 포함된다. 따라서 임상가와 연구자는 이 항목에서 수치심과 죄책감을 모두 평가할 가능성이 있으며, 실제 측정도구는 서류상 보이는 것보다 더 양호할 수 있다. 따라서 우울증의 평가를 위해 임상가들은 HDRS를 사용하는 훈련을 받아야 한다.

정서에 관한 자기보고식 측정

스트레스와 증상을 측정하기 위한 완전한 척도 연구와 대조적으로, 좀 더 소규모의 연구가 정서 측정을 위한 척도를 개발해 오고 있다. 우리는 이전 문항에 비정서 문항이 상당수 포함되어 있고, 기본 정서를 빈약하게 다루며, 정서의 이차원 모델(긍정 및 부정 정서 차원이 서로 독립적이라는 제안)이 다른 다차원 정서 이론가들(Russell & Carroll, 1999)에 의해 반박되었다는 것을 근거로 Watson 등(1988)의 PANAS 사용을 반대한다.

차별적 정서척도(Differential Emotions Scale: DES)는 기본 정서에 관한 생각에 기초한 것이다(Izard et al., 1993). 그것은 정서 연구에 사용되어 왔지만 임상적 연구나 임상적 평가에서는 좀처럼 사용되지 않았다. 이 척도는 개별 정서에 대한 11개 척도와 내부로 향한 적대감 1개 척도를 포함하여 36문항으로 구성되었다. 개별 척도는 즐거움, 흥미, 놀람, 분노, 경멸, 혐오, 공포, 죄책감, 슬픔, 수치심 및 수줍음이다. 개별 정서로 흥미와 놀람이 포함된 이유는 확실치 않은데, 임상적 목적으로 평가할 때 그런 정서는 별로 유용하지 않다. 우리는 이미 혐오에서 죄책감과 수치심을, 공포의 한 형태로서 수줍음을, 그리고 혐오와 분노가 결합된 경멸을 분리하였다(Power & Dalgleish, 2008).

이런저런 이유로, 우리는 기본정서척도(BES; Power, 2006)를 개발하였다. 이 척도는 7점 Likert 척도('전혀 아니다'에서 '항상 그렇다')로 평정되는 20개의 문항으로 구성되었다('부록 2' 참조). 문항들은 분노, 슬픔, 공포, 혐오 및 행복을 측정하는 5개의 하위척도로 구분된다. 즉, 우리와 다른 이들이 이전에 주장했던 것처럼, 다섯 가지 기본 정서가 모든 기본 정서의 핵심 세트를 구성한다(Oatley & Johnson-Laird, 1987; Power & Dalgleish, 1997, 2008). 우리는 이 척도가 특히 전 영역의 정서에 걸친 정서 범위와 함께 다른 척도들이 제공하지 않는 의미심장한 임상적 정보를 제공한다고 생각한다. 연구에서 이 척도를 사용할 뿐만 아니라(Power & Tarsia, 2007), 우리는 임상적 평가에서도 일상적으로 사용하는데, 그 이유는 이 척도가 초기에 의뢰되었을 때 보고되지 않았거나 임상적 면담에서 체계적으로 검토되지 않았던 정서에 관한 이슈를 빈번하게 탐지하기 때문이다.

우리는 또한 정서조절질문지(REQ; Phillips & Power, 2007)를 개발하였는데, 초기에 언급한 것처럼 이것은 네 가지 주요 범주, 즉 내부적-기능적, 내부적-역기능적, 외부적-기능적, 외부적-역기능적으로 분류된 다른 정서조절 전략 중 내담자가 일상적으로 사용하는 전략에 대한 통찰을 제공한다('부록 3' 참조). 다시 말해, 연구에서 척도를 사용하는 것에 더해, 우리는 그것이 매우 가치 있는 임상적 통찰을 제공하고 치료에서 정서를 강조하는 풍부한 정보를 제공한다고 믿는다.

비록 임상적으로 덜 사용되지만, 정서의 광범위한 영역에서 많은 자기보고식 측정도구가 존재한다. 수많은 자기보고식 및 수행 기반 측정도구가 개발된 소위 정서지능의 영역을 예로 들 수 있다. 우리(Power & Dalgleish, 2008)는 정서지능에서 '지능'이라는 명칭이 실수이고 정서적 기술에 대해 잘못된 엘리트주의 메시지를 제공한다고 생각한다. 대신 우리는 '메타-정서적 기술'이라는 용어를 제안하였고, 기술의 개념이 지능에 담긴 특질의 많은 의미를 피할 수 있기 때문에 지능이란 개념보다 더 선호된다고 생각하였다. 그럼에도 많은 자기보고 및 수행 기반 측정도구는 정서지능 개념의 일부로 개발되었거나 원래 정서지능의 일부로 개발되지는 않았지만 그것과 관련 있다. 그런 유용한 측정도구 중 하나는 토론토 감정표현불능증척도(Toronto Alexithymia Scale: TAS-20; Taylor et al., 1997)로, 이는 응답자가 자신의 감정을 확인하고 기술하는지 여부에 초점을 맞춘 자기보고식 측정도구다('감정표현불능증'은 글자 그대로 '정서에 대한 언어가 없음'을 의미한다). 더욱이 Taylor와 다른 이들(예: Taylor, 2001)은 그런 개인들에게 과도한 외부 초점과 빈약한 환상생활을 발견하였고, TAS-20은 외부적 초점 척도를 포함한다. 정서지능에 관한 더 광범위한 자기보고식 척도는 Bar-On(1997)의 정서적 지수검사(Emotional Quotient Inventory: EQ-i)로, 12개의 하위척도를 포함하는데, 그중 공감, 정서적 자기자각 및 충동 통제와 같은 일부 하위척도가 유용하다. 그러나 많은 하위척도가 자아존중감, 외향성 및 주장성의 영역으로 이탈하여 정서지능을 별개의 개념으로 확인하려고 할 때 존재하는 가치가 무엇이든 그 의미를 상실하였다. 우리는 현재 우리의 정서조절질문지(REQ)를 넘어서는 '메타-정서기술(Meta-Emotional Skills: MES)' 질문지를 개발 중인데, 이는 다른 수준에서 최적으로 기능하는 데 필수적인 다른 기술과 SPAARS모델에 직접적으로 관련된다.

마지막으로, 이 절은 치료 회기 간에, 그리고 한 주 동안 핵심 정서가 일어날 때 내담자가 사용할 수 있는 정서 일지의 중요성을 언급한다. 한 페이지에 세 칸 및 다섯 칸짜리 일지가 광범위하게 사용되는데([그림 4-1] 참조), 그들은 내담자의 고통스러운 경험에 대한 유용한 요약 및 회기 간 메모를 제공할 수 있다. Pennebaker(1982)의 연구에서 알 수 있듯이, 일지를 쓰는 것은 어려운 이슈와 정서에 대처하고 이를 해결하는 데 도움이 된다.

우리는 또한 Oatley와 Duncan(1992)에서 차용한 더 상세한 정서일

상황	생각	감정

[그림 4-1] 세 칸짜리 일지의 예시

지('부록 4')를 사용하고자 한다. 비록 연구 도구로 개발되었지만, 우리는 특히 치료를 시작할 무렵 정서가 일어났을 때 제공된 자료가 한 페이지에 세 칸 및 다섯 칸짜리 일지에서 얻은 것보다 더 많은 정보가 있음을 발견하였다. 예를 들어, 정서일지는 동시에 발생하거나 일차 정서와 결합될 수 있는 다른 정서를 파악하는 것으로 시작해서 그 사람이 정서를 회피 또는 억제하려고 하는 정도를 평가하며, 내담자가 자신의 정서 경험에 더 잘 귀 기울이도록 도울 수 있다.

정서에 관한 수행 기반 측정

이 장에서 우리는 내담자에게 제공된 자기보고식 측정도구의 사용에 전통적인 초점을 맞추었지만, 또한 우리가 암시한 것처럼 치료자들은 내담자의 정서 표현을 파악하기 위한 공식적인 훈련을 받아야 한다고 생각한다.

기본 정서의 표정은 [그림 4-2]에 제시되었다. 우리는 모든 치료자가 분노, 혐오, 공포, 슬픔 및 행복의 다섯 가지 기본 정서를 쉽게 확인할 수 있다고 가정하는데, 당신은 '얼굴 표정에 대해 배울 것이 뭐가 있는가? 나에게 왜 훈련이 필요한가?'와 같은 궁금증이 생길 것이다. 모든 치료자는 잠깐 스쳐 가는 정서 표현, 순식간에 지나가서 그 존재가 미소를 짓거나 얼굴을 돌리고 손으로 입을 가림으로써 은폐된 미세얼굴 표정을 탐지하는 데 전문가가 되어야 하기 때문에 훈련의 필요성이 제기된다. Ekman 등(2005)은 개인이 의도적으로 기만하려고 시도하는 법정 및 유사 장면에서 특별히 사용하기 위한 훈련을 개발하였지만, 임상적 내담자들이 종종 경험하는 감정의 혼란과 불확실성은 치료에서 중요한 단서를 제공한다. 지금까지 치료자들은 이런 미세표정의 전

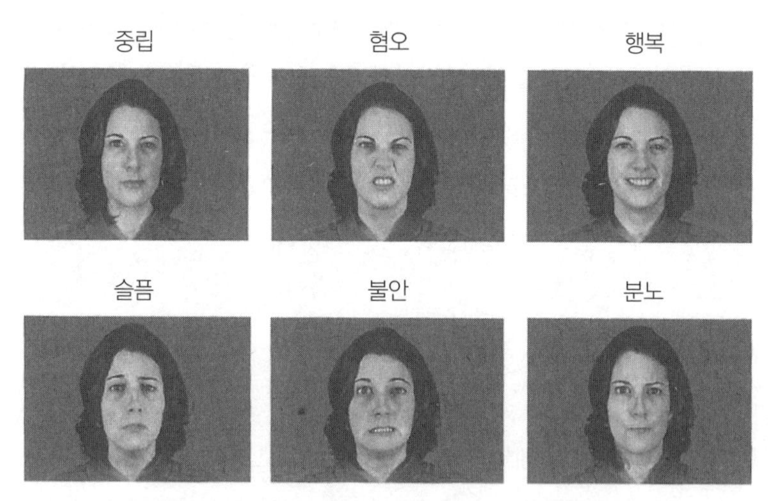

[그림 4-2] 중립 및 다섯 가지 기본 정서에 대한 표정

문가가 될 기회를 갖지 못했는데, 우리는 치료자들이 그들의 무기고에 이런 기술을 추가할 것을 권한다.

얼굴 표정에 더해 대부분의 치료자가 공식적으로 주의를 거의 기울이지 않는 다른 비언어적 · 생리적 단서가 존재한다. 다시 말해, 치료자들은 기만을 탐지하려는 법정 장면에서만 이를 학습하는 것이 필수적이라고 믿을 수 있다. 그러나 우리는 기만 탐지의 훈련이 치료자가 내담자의 비언어적 표현 측면에 귀 기울이는 데 또한 유용하다고 믿는다. 비록 대부분의 치료자가 다채널 폴리그래프에 접근하지 못하고 그들의 연구에 그것을 사용하고 싶어 하지 않겠지만, 많은 이가 얼굴이나 다른 부위의 홍조, 발한, 호흡률, 경련, 초조와 같은 정신생리적 변화에 대해 자주 눈에 띄는 외부 징후를 훌륭하게 언급한다. 요약하면, 광범위한 장비가 갖추어진 정신생리학 실험실에서 치료 회기가 수행되어야 하는 것은 아니지만, 얼굴 및 비언어적 분석을 사용하는 데 전문성을 함양하는 것은 치료자의 훈련에 필수요건임을 제안하고 있는 것이다. 예전에는 이런 훈련이 흥미롭긴 하지만 치료와 관련 없는 것이라 여겼을지라도 말이다.

05 너무 많은 정서

그런 시도를 한 자들은 제정신이 아니다
그 지점에 도달하려고 하다니,
그것을 넘어선 자들은
고통에 마음이 찢어질지니
– 안나 아흐마토바(Anna Akhmatova)[1)]

많은 내담자는 치료자가 원치 않는 또는 압도적인 정서를 제거해 줄 것이고, 불안이나 우울 또는 그와 같은 괴로운 감정을 없앨 수 있는 몇 가지 마술과 같은 수술 기법을 소유했을 것이며, 자신들은 영구히 평온한 행복 상태에 머물 수 있을 것이라는 희망을 가지고 치료에 온다. 물론, 자사 제품에 대해 그런 기적을 주장하는 제약 산업이 존재한다는 것을 고려한다면, 그런 요구가 출현하는 것이 터무니없는 것은 아니다. 그리고 심리학적 치료에 결국 참여하는 대부분의 내담자가 많지는 않더라도 적어도 한 가지 제약 산업의 마술적 치료제를 시도할 것이다. 일부 내담자들은 심지어 그들이 복용한 약물로부터

1) 역자 주: 러시아의 여류시인.

적당한 이득을 발견할 수도 있다. 우리의 목적은 제약 산업에 대해 공격하는 것이 아니라, 단지 일부 현실과 사람들의 기대에 보조를 맞추려는 것이다.

> 존은 자신에 대해 보통 때는 차분하고 침착하다고 말하는 30대 회사원이었다. 최근에 그는 불안에 압도된 느낌을 경험하기 시작했고, 이로 인해 일하는 동안 식은땀이 나고 질식해서 죽을 것처럼 느꼈다. 그는 서둘러 화장실에 가서 느낌이 사라질 때까지 문을 잠그고 있으면서 그가 일하는 탁 트인 사무실의 동료들에게 이런 삽화를 숨겼다. 그러나 그는 지금 그 느낌이 너무 심해져서 동료들이 결국 눈치를 채고 자신이 화장실에서 나오지 못할까 봐 걱정한다. 그는 일반의를 방문해서 약을 처방 받았지만 그 약이 불쾌한 부작용을 유발했기 때문에 약을 먹지는 않았다. 그의 주된 요구는 그가 다시 평소의 차분한 자신으로 되돌아갈 수 있도록 이 끔찍한 느낌이 사라지는 것이다.

많은 정서장애의 내담자가 존처럼 너무 많은 정서(too much emotion)를 경험한다고 호소하면서 치료 장면에 나타난다. 치료자는 몇몇 사례에서, 예를 들어 사랑하는 사람의 상실에 뒤따르는 압도적인 슬픔과 비탄의 사례에서 지속적인 슬픔과 다른 정서로 내담자의 삶이 완전히 붕괴된다는 점에 동의할 것이다. 그런 사례에서 합의된 목표는 내담자가 감정을 완전히 제거하지 않고 다룰 수 있다고 느끼면서 자신의 감정을 떠올리도록 돕는 것일 수 있다. 존과 같은 사례에서는 내담자의 정상적인 정서 수준이 지나치게 과잉 억제되어서, 불쾌한 정서가 경험되면 그것이 어떤 감정이든 받아들여지지 않는 배경으로 설정되어 수용받지 못하게 된다. 우리는 다음 장에서 너무 부족한 정서(too little emotion)를 살펴보고 이런 극단적인 사례를 상세하게 검토할 것이다. 그럼에도 불구하고, 진짜 너무 많은 정서가 존재하거나 혹은 보통 너무 부족한 정서가 존재하기 때문에 너무 많은 경험이 있을 수 있다는 것을 염두에 두어야 한다.

우리는 공포, 슬픔, 분노, 혐오 및 행복의 기본 정서를 사례와 함께 각각 살펴볼 것이다. 그전에 먼저 우리는 다른 정서와 장애에 걸쳐 나타나는 몇 가지 공통적인 쟁점 또는 문제를 고려할 것이다.

- 정서는 압도적으로 경험되지만 대부분의 시간 동안 존재하지 않는다. 공황발작은 이런 범주의 고전적인 예다. 공황발작은 아주 드물게 경험되지만 그럼에도 불구하고 광범위한 회피전략 때문에 개인의 삶을 완전히 붕괴시킬 수 있다. 그러나 정서의 실제 경험은 결정적이다. 따라서 개인은 자신이 죽어 가고 있고 미쳐 가고 있으며 통제력을 상실한 나머지 당황스럽거나 굴욕적인 뭔가를 하게 될 것이고 자기나 타인을 해칠 것이라 생각할 수 있다.
- 어떤 정서의 경험이나 표현에는 가족의 영향뿐 아니라 문화 및 종교의 영향이 있을 수 있다. 우리가 이미 언급한 고전적인 서구 문화의 압력으로는, 남성이 공포와 슬픔 같은 '연약한 여성'의 정서를 경험해서는 안 되고 여성은 분노 같은 '강한 남성'의 정서를 경험하거나 표현해서는 안 된다는 전통을 포함한다. 그러나 수많은 다른 문화적 · 종교적 영향, 예를 들면 성(性)에 대한 가톨릭의 양가감정과 쾌락을 제거하기 위한 칼뱅파 집단의 더 극단적인 시도

가 존재한다. 다른 이데올로기의 관점에서는 지극히 자연스럽고 정상적인 것인데도, 그런 종교적 배경을 가진 내담자들은 금지되고 사악한 쾌락에 대한 집착 때문에 끊임없는 죄책감과 수치심으로 압도될 수 있다.

- 정서를 경험하는 동안 '자기의 상실' 감각을 느낄 수 있다. 아동의 사회화 일부가 특정 정서의 경험과 표현을 제거하기 위한 것이라면, 아동은 발달하고 있는 자기 개념의 일부로 그런 정서를 경험하지 않는 것을 배운다. 만약 그렇다면 정서가 경험될 때 정서 상태는 자아 이질적이다. 즉, 정서는 '자기'가 아닌 방식으로 경험되며, 내담자는 정서를 경험하는 동안 그런 느낌을 이인증과 비현실감으로 보고할 수 있다. 예를 들어, 어릴 때 분노의 느낌을 제거하도록 사회화된 여성은 자기 자신이 아닌 다른 누군가로 대체된 것처럼 분노 상태를 경험하게 된다. 그것이 이런 식으로 발생할 때 그런 자기 상실의 경험은 극단적으로 끔찍할 수 있다.
- 허용되지 않는 정서를 사회화된 정서로 전환하는 것은 흔한 문제다. 예를 들어, 남성에게 허용되지 않는 불안이나 슬픔은 뚜렷한 분노와 공격성의 문제로 표현될 수 있다. 분노와 공격성은 연약하고 수용하기 어려운 감정을 제거하고 좀 더 수용할 수 있는 감정으로 대체한 것이다. 이와 유사하게 분노를 경험하지 않도록 사회화된 여성의 경우, 초기 평가가 분노를 유발할 때 그것을 고통과 슬픔으로 전환하여 표현할 수 있다. 이러한 정서 전환은 개인에게 명확한 기능이 있지만, 종종 의뢰 시 엉뚱한 문제로 의뢰되는 상황을 초래한다. 상세한 예시는 이 장의 후반에 제시된다.
- 정서가 만성적으로 출현한다. 앞에서 언급한 것처럼 만성적으로

출현하는 몇몇 정서와 기분 상태가 존재하며, 개인은 전형적으로 정서나 기분 상태에 의해 마모되고 피로감을 느낀다. 예를 들어, 불안에서 자유롭지 않은 만성적으로 걱정을 달고 사는 사람, 수개월간 누워 지낸 심한 우울증 환자, 끊임없이 오염된 느낌 속에 살고 광범위한 의례가 간신히 위안을 제공하는 강박장애 환자 등이다. 우리가 치료 중에 다루는 많은 문제는 만성적 정서 또는 기분 상태에 관한 것이다. SPAARS 접근 내에서 우리는 2장에서 개관하였던, 다른 정서의 결합(예: 일부 만성적인 애도 상태에서 슬픔과 분노), 정서에 관한 신념의 영향(예: 친구를 속상하게 만들기 때문에 우울할 때는 친구와의 대화 회피), 그리고 자기 개념의 '모듈화(modularization)'(예: 양극성 장애에서 정서 상태가 지나치게 긍정적이거나 지나치게 부정적인 자기 상태를 유발하여 조절하기 더 어려운 것)를 포함해서 그런 만성적인 상태에 기여하는 몇 가지 요인을 확인했다.

이런 요인들은 각각 이 장의 나머지 부분의 임상적 사례로 제시되는데, 너무 큰 공포, 슬픔, 분노, 혐오 및 행복과 관련된 정서를 검토할 것이다.

너무 큰 공포

불안장애에는 두 가지 극단이 있고 그 사이에 수많은 결합이 있다. 한 극단에는 공황발작의 단일 경험이 있는데, 이것은 특정 대상이나 상황에 기인하는 것으로, 지속적인 인지적 · 행동적 회피를 야기한다. 또 다른 극단은 감히 집을 떠나지 못할 정도로(적어도 혼자서는 못함) 만성적으로 걱정을 안고 사는 사람 또는 범불안장애 환자, 광장공포증 내담자, 그리고 앞으로의 외상에 대한 공포로 과경계와 과각성의 영구적 상태에 있는 PTSD 환자다.

공황발작은 흔히 일어나는 증상으로, 전체 인구에서 40% 이상의 사람들이 그런 발작 경험을 보고한다는 증거가 제시되었다(Rachman, 2004). 공황발작을 경험한 사람 중 적은 비율만이 도움을 요청한다. 우리는 David Clark(1996)의 연구로부터 도움을 요청하는 사람들 중 대다수가 공황발작이 심장마비나 뇌출혈, 통제력 상실과 정신 이상 같은 파국적 결과를 나타내는 것으로 잘못 귀인한다는 것을 안다. 따라서 인지치료에서 두 가지 핵심은 공황발작이 무엇인가에 관해 교육하고, 개인이 실제 공황발작을 경험하는 동안 이런 새로운 도식모델을 적용하도록 돕는 것이다.

이 시점에서 Joseph Wolpe(예: 1958)의 공포증 치료에 관한 초기 행동주의 치료가 Wolpe의 체계적 둔감법 절차에서처럼 상상을 통해, 혹은 이후에 발달한 점진적 실제 노출을 통해(Marks, 1969) 불안 상태를 활성화하여 개인이 그런 상태를 훈습하는 것의 중요성을 강조했음에 주목할 만한 가치가 있다. 우리는 Wolpe가 치료적 변화의 근거로 둔 오래된 행동주의 원칙에 더 이상 동의하지 않는다. 그럼에도 불구하고, 인지치료에서 더 많은 대화와 더 적은 정서로의 전환은 역설적으로 오늘날 접근에서 직접 정서를 다루는 작업을 더 많이 사용하기보다 더 적게 사용하도록 이끌었다. 한마디로 너무 많은 대화와 충분하지 않은 정서다.

따라서 기저율이 낮은 공황과 같은 회피된 정서를 다룰 때 행동주의에서 정서적 각성을 반복해서 활용하는 것은 원칙상 옳으며, 정서에 관한 교육과 회피 이외에 정서조절전략 활용 훈련을 결합할 때 특히 그렇다. 정서중심인지치료(Emotion-Focused Cognitive Therapy: EFCT)의 주요 목표는 자기(self)가 압도되지 않고 현실적 도식모델 또는 경험에 대한 이해를 가지고 경험에 대한 자각을 유지할 수 있는 자아의 자원을 지닌 채 정서를 경험할 수 있도록 돕는 것이다. 그러나 David Clark와 대조적으로, 우리는 모든 공황발작을 단순히 부정확한 도식모델(Clark의 용어로 '파국적 오해석') 때문이라고 여기지 않을 것이다. 많은 공황발작은 신체 증상에 대한 파국적 오해석에 원인이 있는 것이 아니라 그것을 경험한 사람들에게 자발적으로 일어난 것으로 묘사된다. 야경증(night terror)은 공황 발생의 '자발적' 또는 비도식모델의 사례이지만, 이들은 SPAARS 접근에서 자동적 경로를 통해 공황발작의 생성으로 발생한다.

> 해미쉬는 야경증이 시작되었지만 군복무를 하는 동안 너무 수치스러워서 도움을 청할 수 없었기 때문에 최근에 군대를 떠났다. 그는 주변 사람들보다 자신이 더 '강인하다'고 항상 생각했기 때문에 많은 다른 분쟁 및 전쟁 지역에서 비밀첩보 활동을 했다. 뭔가 그를 괴롭힐 때는 술을 마셨고, 그것을 극복할 때까지 계속 마셨다. 몇 년 전 야경증으로 잠에서 깼을 때를 제외하고 그가 군대에 있는 동안 그런 접근은 대부분 효과가 있었다. 그는 북아일랜드에서 비밀첩보 활동을 했던 시절의 꿈을 주로 반복해서 꾸었다. 꿈은 그가 차를 타고 이동해야 했는데 몇몇 동료가 대신 당한

사고에 관한 것이었다. 그들은 폭파당했고 그는 땅에 흩어져 있는 친구와 동료들의 시신을 수습했다. 때때로 이런 꿈을 꾸지만, 또 어떤 때에는 똑같이 섬뜩한 다른 꿈을 꾸고, 또 어떤 때에는 꿈을 기억하지 못한 채 공황에 사로잡혀 잠에서 깬다. 그가 술과 마약을 사용해서 그런 경험을 다루었던 평상시 방법이 지금은 소용이 없어졌고, 그래서 그는 다른 모든 것에 더하여 문제성 음주를 발달시켰다. 그는 항상 침대 곁에 위스키 병을 두고 야경증으로 잠에서 깨면 즉시 술을 마시기 시작했다.

해미쉬가 가진 문제의 일부는, 수용하기 어려운 연약하고 여성적인 정서로서 불안을 거부하도록 사회화되었고, 그런 수치스러운 정서를 고백하기보다 차라리 군대를 떠나야 할 정도로 불안에 대한 관점을 강하게 강요한 군대 문화에서 성인기 삶의 대부분을 보냈다는 것이었다. 우리는 그가 깨어 있는 동안 술이나 마약에 의존하지 않으면서 공황발작을 경험하고 그 영향을 완화하기 위해 회기 중과 낮 동안에 해미쉬와 작업할 수 있도록, 반복되는 최악의 꿈 중에서 세 가지에 대한 녹음테이프를 만들었다. 이것은 PTSD로 고통받는 사람들과의 노출 작업에서 흔한 작업이다(Richards et al., 1994). 자신의 평상시 정서조절전략을 사용하지 못하게 했기 때문에 그는 초기에 공격적이었지만 지속적인 불안과 공황의 반복 경험으로 그것을 회피하는 것보다 자신이 뭔가를 경험하도록 허용하는 데 더 많은 용기가 필요하다는 것을 알게 되었다. 단순히 공포를 회피하기보다 그것을 경험하는 동안의 용기가 결과적으로 해미쉬에게 자신과 같은 남자에게 수용 가능한 정서 범위에 관해 더 현실적인 관점과 더 큰 성취감을 제공했다. 실제로, 해미쉬는 용병

이 되어 언급했던 것보다 더 많이 아프리카를 비롯한 다른 분쟁 지역에 출정할 정도로 자신에 대한 새로운 자신감을 얻었다. 사람들은 이것을 치료의 의도치 않은 나쁜 결과로 보며, 나도 이에 동의하는 바다.

심상과 실제(in vivo) 노출은 공황발작 같은 낮은 빈도의 급성 현상에 유용하지만, 만성 장애를 가진 사람은 상당 시간 그 정서 또는 그 기분 상태에 있으며 치료에 다른 도전을 초래한다. 만성 걱정과 만성 불안 상태는 노출 기반 접근이 그야말로 적절하지 않은 고전적 사례다. 응용된 이완 같은 초기 행동주의 기법은 종종 문제를 호전시키기보다는 악화시킬 수 있다. 그러나 Tom Borkovec과 동료들(예: Borkovec & Roehmer, 1995)의 생각은 SPAARS 개념틀과 아주 잘 맞고 그런 상태에 흥미로운 정서중심인지치료(EFCT)의 적용을 제공한다. 즉, 비교적 사소한 이슈에 대한 끊임없는 걱정은 실제로 연합 또는 자동적 수준에서 일어나는 더 많은 주요 걱정을 억제하는 방법 또는 방어로 작용할 수 있다. 따라서 치료목표는 더 사소한 걱정의 표피층을 벗겨 근본적인 주요 걱정에 이르도록 하는 것이다. 우리는 이 모델이 항상 만성적인 걱정에 적용된다는 것을 주장하고 있는 것이 아니다. 왜냐하면 이 장의 전반부에 더 요약해서 언급했지만 만성적인 상태에 기여할 수 있는 많은 요인이 있을 수 있기 때문이다. 그러나 우리는 만성 걱정과 범불안장애의 치료에서 이런 가능성을 검토하는 것이 필수적이라고 생각한다. 왜냐하면 재귀 분노(retroflective anger)라는 Freud의 개념이 일부 우울증에 적절하지만 우울증의 일반 이론에는 해당되지 않는 것처럼, 그것이 적어도 일부에게만 적절하기 때문이다(Power & Dalgleish, 2008).

유안은 만성 걱정과 불안 상태에 있었고, 치료 회기의 길이는 두 시간으로 증가되었다. 그보다 더 짧은 시간으로는 치료 작업을 할 수 없었기 때문이다. 치료와 일상에서 중요한 어떤 일을 잊어버리거나 놓치고 있다는 불안 때문에, 유안은 모든 상황을 수첩에 적느라 그의 모든 시간을 보냈으며, 아파트에 쌓아 둔 노트박스 때문에 그 안에 들어가기 어려울 정도였다. 유안은 내과와 외과에서 수련 중이었는데 왕립대학 회원이 되기 위한 몇 번의 시험에 실패하면서 처음 의뢰되었다. 따라서 그는 시험 검토 방법에서 도움받기를 원했다. 치료 초기에는 여기에 초점을 맞추었고, 재시험에서 성공함으로써 유안이 좋은 작업 관계를 발달시켰지만 그 외 문제는 시험 불안과 검토 방법보다 더 복잡한 것으로 판명되었다. 휴식 후 그는 치료에 돌아왔고 우리는 좀 더 근본적인 이슈에 대해 작업할 수 있었다. 그의 배경을 요약하면, 유안은 출생 당시 명망 있는 가문에 입양되었고, 그의 양아버지는 유명한 외과의사였다. 유안은 항상 시험을 보고 있는 것처럼 느꼈고, 자신이 충분히 잘하지 못하면 다시 버림받을 것이라고 느끼면서 가족으로서 자격이 없다고 생각했다. 알고 보니 그는 외과를 전공하기 싫어했으며 내과의 몇몇 측면, 특히 일반 내과를 가르치는 것에 대한 생각을 즐기는 것처럼 보였다. 흥미롭게도 그의 아버지는 확실히 '가르치는' 역할을 경시하고 '진료하는' 역할을 가치 있게 여겼다. 유안이 아버지가 인정하는 것보다 자신이 원하는 것을 계획했을 때 아버지의 초기 경멸 반응을 다루는 것은 유안이 호전되는 데 결정적이었다. 실제로, 치료가 끝날 무렵에는 회기가 한 시간으로 감소했고, 가끔씩 뭔가를 기록하고자 하는 유안의 충동은 조절할 수 있었다. 그는 불안을 느끼기보다 웃기 시작했다.

유안의 사례에서 아주 복잡한 근본적인 갈등이 있었는데 좀 더 표면적인 걱정의 지속적인 상태는 그가 그러한 갈등을 회피하도록 돕는 것처럼 보였다. 그러나 즉각적 걱정(그가 한때 실패했던 시험)을 다룬 직후에만 근본적인 이슈가 탐색될 수 있는 치료적 관계를 형성하는 것이 가능했다. 유안의 불안을 다루기 위해 단지 그의 기록 행동과 다른 전략에 곧장 다가가서 이를 공격하는 것은 3장에서 개관했던 이유로 인해 치료의 조기 종결과 치료 실패를 초래하였을 수도 있다. 치료가 유안과 그의 아버지 간에 근본적인 관계의 이슈로 옮겨 간 후에야 기록 행동에 대한 가끔씩의 논평이 건설적으로 다루어졌다. 특히 그가 뭔가 강하게 느낀 것에 대해 회기의 흐름을 중단하고 기록을 시작할 때 그 일련의 사건들, 즉 아버지를 향한 강한 감정에 대처하기 위해 기록을 하는 행동에 대해 정확하게 피드백을 줌으로써 고통스러운 감정을 즉시 제거하려고 시도하기보다 서서히 그 감정에 머무르도록 도울 수 있었다. 유안의 자기 및 정서 발달은 그의 입양 상태와 아버지가 원하는 것을 하지 않으면 버림받을 것이란 두려움 때문에 심하게 왜곡되었다. 유안은 실망시킨 자신에 대한 아버지의 반응 중 하나가 경멸일 것이고, 유안의 설명에 따르면, 아버지가 우리의 치료적 관계도 똑같이 경멸할 것이라는 그의 생각은 비록 정확했지만, 장기적으로 그의 아버지는 그의 선택에 대해 그를 존중하게 되었다. 그들의 관계는 어른스러운 것이 되기 시작했는데, 그는 이전까지 항상 어머니를 통해 아버지와 관계를 맺었지만 지금은 아버지와 직접 관계를 맺게 되었다. 사실,

유안의 아버지는 '항상 부모를 탓하는' '망할 놈의 심리학자'를 확실히 덜 경멸하게 되었다.

너무 큰 슬픔

슬픔과 관련된 문제들은 우울과 문제성 애도 반응 같은 좀 더 만성적인 상태와 관련되는 경향이 있지만, 심지어 그런 만성 상태 내에서도 도움을 요청하는 사람에게 드물게 급성으로 압도적인 슬픔이 발생할 수도 있다.

> 로렌스는 60대 글래스고 남자(Glasgowen male)로, '남자는 절대 울지 않는다'는 가풍을 가진 강인한 노동자 계층 가문 출신이었다. 그는 초등학교에서 괴롭힘을 당했던 일로 6세 때 울음을 터뜨렸고 그로 인해 할아버지에게 매를 맞고 다시는 괴롭힘을 당하지 않도록 수년간 권투 도장에 가게 되었던 것을 회상했다. 십대 때 첫 사랑이었던 그의 아내는 불행하게도 2년 전에 사망하였고, 그 이후로 로렌스는 이전에는 알지 못했던 통제할 수 없는 우울과 강렬한 고통의 삽화를 종종 경험했다. 그는 이런 슬픔의 시기를 통제할 수 없다고 느꼈기 때문에 자신이 미쳐 가고 있다고 생각했다. 장성한 자녀들은 그에게 자신들뿐만 아니라 손주들을 만날 기회를 주지 않았다. 왜냐하면 그가 가족들과 만날 때마다 매우 공격적이 되어 사위들 가운데 두 명과 불화를 겪었기 때문이다.

로렌스는 다른 사람들이 주위에 있을 때 화를 내고 공격적이 되는 정서전환전략을 사용하였는데, 그렇게 함으로써 자신이 정말로 어떻게 느끼고 있는지를 숨기고자 했다는 것이 판명되었다. 그러나 그는 자신의 주요 문제가 갑작스럽고 압도적인 슬픔이라는 것을 충분히 자각하였다. 실제로, 이 시기에 '미쳐 가고 있다'는 로렌스의 느낌은 공황 내담자가 때때로 '미쳐 가고 있다'는 느낌을 기술하는 것과 매우 유사하다. 즉, 공황이든, 슬픔이든, 강렬한 정서는 자기(self)에 의해 너무나 수용할 수 없고 인정하기 어려워서 사람들은 그 정서가 지배적일 때 자기가 상실되는 것처럼 느낀다.

회기 중에 로렌스의 슬픔과 작업하기 위한 초기 시도들은 강한 공격성 및 강렬한 수치심과 마주쳤으며, 이것들은 내가 뒷걸음질하도록 만들었다. 로렌스는 자신이 울고 싶다고 느낄 때 내가 '정말로' 그를 연약하고 부적절하게 볼 것이라 생각하면서 나를 자신의 할아버지에 비유했는데, 내 생각은 그렇지 않았다. 초기의 몇몇 경우에 그는 울음이 나오려는 사실을 너무 부끄럽다고 느꼈기 때문에 치료실을 박차고 나갔다. 비록 그럴 때마다 15분쯤 지나면 그는 자신의 행동에 매우 당황스러워하면서 되돌아왔다. 치료에서 그의 행동이 너무 수용되기 어려워 내가 자신을 치료하지 않을 것이라는 것이 그의 초기 반응이었고, 그는 그렇게 생각했다.

로렌스와의 치료에서 가장 중요한 변화의 시기는 그가 치료실을 뛰쳐나가지 않고 내 앞에서 우는 것을 처음으로 허용했던 때였다. 자신이 불안을 느끼도록 허용한 내담자와 마찬가지로, 정서 상태를 거부하려고 시도하지 않고 원하지 않는 상태에 자신을 유지하고 거기서부터 그 정서 상태를 더 친숙하고 덜 혐오적이며 더 자신의 것으로 여기도록 돕는 것이 중요하다. 내가 슬픔은 부끄러운 감정이 아니라 매우 자연스럽고 경험하는 데 용기가 필요한 감정이라고 본다는 것을 로렌스가 인정하기 시작하자 그는 슬픔을 더 수용하게 되었고, 자신이 미쳐 가고 있다는 느낌이 감소했다.

여기서 로렌스는 이따금씩 압도적인 정서를 경험하는 급성 문제를 가진 사례로 제시되었지만, 그는 또한 소위 비전형적 또는 만성적 애도라 불리는 만성 상태의 여러 중요한 측면을 보여 준다. 로렌스가 설명한 것처럼, 그는 첫사랑이자 유일한 사랑이면서 그의 가장 친한 벗을 상실했다. 아내가 사망한 지 2년 후 그는 그녀가 사망한 날만큼이나 강렬하게 그녀를 계속 그리워했기 때문에 미래의 어떤 관계도 결코 원하지 않았다. 로렌스는 그녀가 특히 좋아했던 헤어브러시, 스카프, 보석 같은 유품과 사진으로 집 안에 그녀를 위한 기념비를 세웠다. 그는 그녀의 옷을 보관하였고, 매일 밤 그녀의 잠옷을 입고 잠들었다. 그렇게 하면 그녀와 더 가까이 있는 것처럼 느껴졌기 때문이었다. 아내의 사망이 자신에게서 그녀를 빼앗아 간 신에게 분노를 느끼도록 했지만 그는 매우 종교적이었다. 때때로 아내와 재회하기 위해 그가 할 수 있는 것은 자살뿐이라고 느꼈지만, 그는 종교적 신념 때문에 자살을 하지 못하였다. 그는 그녀를 위한 기념비를 세운 장소와 같이 집 안의 어떤 곳에서, 특히 아내와 정기적으로 이야기하고 그에게 답하는 그녀의 목소리를 들었다.

로렌스와 같은 장기간의 만성 애도를 다룰 때, 그런 문제를 다루는 최상의 방법에 관한 애도 연구로 돌아간다면 치료자들은 이해할 수는 있지만 혼란감을 느낄 것이다! John Bowlby(1969)의 연구부터 줄곧 상실한 사람을 결국 떠나보내기 위해 훈습하는 일련의 애도 단계가 있다는 명백한 관점이 있는 것처럼 보였다. 그러나 더 최근의 연구는 그런 단계의 필연성에 대한 의문을 제기하였고, 슬픔과 다른 '부정' 정서를 표현하도록 하는 것에서 더 빈약한 결과가 초래되었고 '흘려보내는 (letting-go)' 개념은 어떤 상실에서는 불필요하고, 심지어 부적절한 목표임을 시사한다(Stroebe et al., 2001). 특정 개인과 임상적으로 작업할 때 그런 대규모 연구와 그들의 집단 또는 '평균화된' 통계가 항상 매우 신중하게 취급되어야 하지만, 임상적 애도 작업을 위해 몇 가지 주의사항을 강조하는 현재 연구에서 한두 가지 조언을 찾을 수 있다.

로렌스의 사례에서처럼 애도에서 '부정' 정서를 탐색하거나 부추기는 것이 잘못임을 보여 주는 집단 통계는 완전히 오해의 소지가 있다. 로렌스는 그런 '근거 기반의' 난센스를 분별없이 적용하기보다 개별 맞춤식 개념화를 할 필요성을 보여 준다. 슬픔을 느끼는 것이 궁극적인 연약함이라 믿도록 사회화되었고 60세에 평생 처음으로 그런 감정에 압도되었기 때문에 자신이 미쳐 가고 있다고 확신하게 된 로렌스처럼, 어떤 집단 통계도 노동자 계층의 글래스고 남성의 개인적 역경을 강조하지 않을 것이다. 로렌스가 자신이 정신 이상이 되어 간다는 느낌, 즉 치료에서 수치심 없이 슬픔을 경험할 수 있도록 돕는 것이 전적으로 필요하다. 그러나 로렌스의 사례에서 상실한 사람을 떠나보내는 목표가 적절하지 않을 수 있다고 제시하는 최근의 연구는 옳다. 내세에서 아내가 그를 기다리고 있다는 로렌스의 강한 종교적 신념과 확신은 그에게 있어 십대부터 계속된 아내의 중요성과 결합되어 '흘려보내는' 것이 치료목표가 아니라는 것을 의미하였다. 대신에, 치료목표는 이번 생애에서 남은 시간 동안 더 많은 것을 어떻게 얻을 것인가가 되었다. 왜냐하면 그의 아내는 그가 그녀를 대신해서 그렇게 고통스러워하는 것을 원하지 않을 것이며, 그가 동료애를 가지고 의미 있는 방식으로 계속해서 삶에 참여하기를 바랄 것이기 때문이다. 따라서 그녀를 떠나보내는 대신, 그는 수녀님이 운영하는 쉼터에서 자신보다 더 불행하다고 여긴 노숙자를 위해 일하기 시작했다. 또한 그는 지역 교회에 돌아가서 수년간 알고 지낸 사제에게 신에 대한 분노를 이야기하기 시작했고, 결과적으로 교회 활동에 다시 참여하기 시작했다.

Freud(1917)의 『애도와 멜랑콜리아(Mourning and Melancholia)』에서 두 가지를 연결시킨 전통을 따라 아마도 너무 큰 슬픔이란 제목에서 기대할 수 있는 가장 흔한 장애는 애도뿐만 아니라 우울증일 것이다. 슬픔이 우울의 중요한 구성요소라는 데에는 반박의 여지가 없다. 우울에 나타난 정서에 관한 최근의 경험적 분석(Power & Tarsia, 2007)에서 특정 정서를 고려할 때 '수치심(shame)'과 결합된 '침울(gloominess)' 또는 '비참함(misery)'이 가장 중요한 기여를 했지만, 우리는 임상 집단에서 슬픔과 혐오의 일반적 척도가 우울증의 심각도 점수에 중요한 기여를 한다는 것을 보여 주었다. '침울'은 주로 슬픔에서 파생된 정서이긴 하지만 약간 다른 특징을 가지는데, 여기에는 순수한 슬픔에 더해 미래에 관한 무망감이 포함되어 있다. 따라서 이러한 이유로 우리는 이 장에서 너무 큰 혐오(too much disgust)를 살펴볼 때까지 우울증에 대한 고려를 미룰 것이다.

너무 큰 분노

분노가 지나치게 억제되면 드물기는 하지만 너무 큰 분노가 폭발할 수 있으며(DiGuiseppe & Tafrate, 2007), 극단적인 사례에서는 개인이 살인을 포함한 극단적인 폭력을 행사할 수도 있다. 공격성이 분노의 정서로만 초래되는 것이 아니라는 사실을 유념해야 하지만(우리는 공격성이 불안이나 슬픔과 연합된 사례를 이미 제시했다), 두 가지 간에는 높은 연관성이 존재한다. 어떤 분노 관리 프로그램에서도 이것들을 고려해야 한다.

> 로버트는 그의 직장 동료, 친구 및 가족에게 극단적으로 조용하고 감정이 없는 사람으로 묘사되었다. 그는 말수가 거의 없지만 말을 할 때에는 천천히 침착한 방식으로 말했다. 그는 12년간 결혼생활을 하면서 6세와 8세 된 두 딸을 두고 있다. 그는 딸들에게도 항상 아주 침착하게 대했고 그들에게 화를 내거나 꾸짖는 모습을 보이지 않았다. 어느 늦은 밤 그가 통제력을 잃고 자신의 아내를 살해했다는 말을 들었을 때 누구도 그 사실을 믿지 않았다.

로버트는 극히 종교적인 배경을 가졌고 화를 내거나 공격적인 적 없이 항상 '다른 쪽 뺨을 내주며' 성장했다. 이것은 로버트가 자신의 거의 모든 인생을 꾸려 온 방식이었으나, 해가 갈수록 결혼생활이 점진적으로 악화되었고, 아내에게 거리감을 느끼고 오해받는다고 느끼게 되었다고 진술했다. 아내는 그에게 점점 화를 냄으로써, 그리고 그의 말에 따르면, 끊임없이 그에게 잔소리를 하면서 그의 불행감과 거리감을 다루었다. 그는 덫에 걸린 것처럼 느꼈는데, 많은 사람이 동일한 상황에서 이혼을 하지만 자신은 종교적 신념 때문에 아내와 이혼할 수 없다고 말했다. 그러나 그가 자신에게 일어난 일을 설명할 수 없었지만

'자신이 뭔가에 씌인 것 같았다'고 느낀 그 결정적인 밤까지는 아내의 잔소리와 비판을 항상 그럭저럭 다루었다.

로버트는 우리가 다른 정서에서 보았던 문제를 명확하게 기술했다. 발달 중인 아동이 받아들일 수 있는 경험을 벗어나 사회화될 때 이후의 삶에서 개인 및 대인 기능에 문제를 초래할 수 있다. 그것이 분노나 슬픔, 불안 또는 다른 감정일 수 있다. 때때로 이러한 거부된 정서가 경험될 때 그 사람은 자신이 경험하고 있는 정서를 표현하거나 조절하는 방법을 모르기 때문에 전형적으로 자기감의 상실을 보고하며 극단적인 결과를 초래하기도 한다. 그런 경우에 슬픔과 불안을 경험한 결과가 로버트의 분노 사례처럼 극단적인 경우는 드물지만, 분노가 친숙한 경험이 되고 그것을 폭력적 행위가 아닌 다른 방식으로 다루는 것을 배울 수 있도록 좀 더 일상적 토대에서 분노를 경험하게 도와야 한다는 측면에서 치료와 똑같은 원칙이 유지된다. 로버트의 경우, 다른 사람에게 가할 수 있는 위험 때문에 무기한 감금된 전문 병원에서 그에 대한 개입이 시행되었다. 매주 분노 관리 프로그램의 일부로, 로버트는 한 주 동안에 분노와 관련된 사건을 가지고 와서 그의 정서와 정서 경험을 탐색하기 위해 집단에서 역할 연기를 했다. 집단은 1년간 운영되었고, 1년이 지나자 로버트는 과거의 드문 분노 경험보다 좀 더 잘 관리된 것처럼 보이는 분노 경험을 스스로 보고하는 경우가 증가하였고, 정서를 더 많이 '자신의 일부'로 느낀다고 보고하였다.

로버트의 사례는 운 좋게도 드물고 극단적인 것인 반면, 더 전형적인 분노의 문제는 종종 소 잃고 외양간 고치는 격인 것처럼, 사소한 사건에 대해 뒤늦게 생각하다가 분노를 자주 느끼거나, 공격성과 유사하게 지속적인 과민성 상태를 경험하는 경향이 있다. 그런 과민성 상태에서는 우울이나 경조증/조증과 같은 다른 문제가 동반될 수 있고, 혹은 단순히 분노 자체가 문제가 될 수도 있다.

> 조지는 자신이 항상 조금씩 긴장하고 '걸핏하면 화를 내지만' 대부분의 인생에서 그럭저럭 화를 조절해 왔다고 말했다. 말하자면, 1년 전 약속에 늦어 급히 서둘러 운전하다 심장마비를 겪고 가로등 기둥에 차를 박을 때까지는 그랬다. 지나가던 운전자가 멈춰 섰는데, 우연히도 의사였다. 그는 조지에게 심장마비가 온 것을 깨닫고 심폐소생술을 시행했다. 만일 그 의사가 아니었더라면, 그는 자신이 지금쯤 죽었을 것이라고 말했다. 그 이후로, 그는 매 순간이 마지막일 수 있다고 느꼈고, 그래서 그는 자신을 방해하거나 지연시키는 아주 사소한 일에도 분노를 느꼈으며, 자신에게 동의하지 않거나 의문을 제기하는 사람은 누구에게나 화를 냈다. 그의 아내는 부모님과 살겠다고 친정으로 가 버렸고, 친구들도 그를 피하기 시작했다.

조지의 사례에서 분노는 너무 친숙하거나 자아 동질적 경험처럼 느껴지며, 엄청난 분노와 끊임없는 과민성은 성마른 사람을 항상 폭발시키는 시한폭탄이 되도록 한다. 조지는 매 순간이 마지막일 수 있다고 부분적으로 믿었지만, 지금 자신의 인생이 완벽해지고 성공과 행복으로 충만해지기를 바란다는 점에서 모순이 존재했다. 그의 행동은 또 다른 심장마비를 더 많이 유발했지만, 그는 다음 순간이 마지막이기를 바라면서 체념하지 않았다.

따라서 조지와의 정서중심인지치료(EFCT) 개입은 매 순간이 자신의 마지막이라는 듯 살아 오고 있는 감정과 그로 인해 야기되는 마지막 순간을 즐기는 것을 방해하는 감정의 소용돌이에 초점을 맞추어 진행되었다. 우리가 잠시 멈추어 생각해 보면, 조지의 인식 전면에 존재하는 실존적 문제는 사실 우리 모두가 다음 순간이 우리의 마지막일 수 있다는 것과 함께 살아야 할 가능성이다. 그러나 당신이 총살대 앞에 서 있지 않는 한, 다음 순간이 실제로 우리의 마지막이라는 것을 알기는 극히 드물다. 그리고 총살대 앞에서의 마지막 순간 형 집행이 취소된 러시아 작가 Dostoevsky처럼 총살대 앞에서조차 절대적으로 확신할 수는 없다. 조지의 심장마비 경험은 죽음이 멀리 있지 않다는 완전한 자각을 가져왔다. 우리는 당신이 붐비는 도로를 건널 때마다 순식간에 다치거나 죽을 수 있다고 제안한다. 그러나 사람들은 마지막 길을 건너는 동안 우리가 죽음과 얼마나 가까이 있는지를 생각하지 않고 세상을 살아간다. 조지의 실존적 문제는 죽음의 가능성에 도전하는 것이 아니라 (David Clark의 인지치료모델에서 공황발작과 작업하는 것과 대조적으로), 우리가 평상시 하는 모든 일에서 죽음의 불가피성을 암묵적으로 인정하는 것처럼 이것을 수용하는 것을 의미했다. 따라서 조지는 이런 도식모델이 그의 분노와 공격성을 부채질하는 정도를 감소시키고자 이런 실존적 의미에서 죽음의 가능성을 수용하도록 도움을 받았다.

조지의 치료에서 다음 단계는 어떻게 그의 분노와 공격성을 조절하고 더 적절한 방식으로 표현하는가에 관한 것이며, 이는 Aristotle가 권고한 방식을 따른다.

> 누구든 분노할 수 있고, 그것은 쉽다. ……그러나 모든 사람이 적절한 사람에게, 적절한 정도로, 적절한 시기에, 적절한 동기를 가지

고, 적절한 방식으로 분노할 수 있는 것이 아니며, 그렇게 하는 것이 쉽지도 않다. 그런 이유로 미덕은 드물고 훌륭하고 숭고하다.

Aristotle(1947). 『니코마코스 윤리학(Nicomachean Ethics)』
[W. D. Ross 역] R. McKeon (편),
Modern Library, New York에서 재판되었음.

우선, 조지의 실존적 수용은 그가 더 약하고 더 적게 화를 경험하도록 했다. 그럼에도 불구하고, 그가 계속해서 분노를 억제해야 하는가, 분노를 표현하는 것이 적절한가, 분노를 표현하는 것이 적절하다면 어떤 형태가 가장 효과적인가를 평가하는 것이 그를 화나게 했지만 상황을 평가하는 이슈는 여전히 존재했다. 우리는 실험을 해 보고 그것으로부터 배우기 위해 회기 내 및 회기 간 그의 분노 경험을 활용했다. 그는 또한 소위 A 유형 성격의 증거에 관심을 보였는데, 그 내용은 너무 많은 분노가 심장 문제의 위험을 증가시킨다는 초기 증거와 달리, 지금은 너무 많은 또는 너무 적은 분노가 위험을 증가시킴을 시사하는 것처럼 보인다는 것이다. 따라서 조지는 분노의 적절한 조절 및 표현에 대해 배우고자 하는 동기부여가 잘 되었다.

너무 큰 혐오

이 절에서는 두 가지 다른 형태의 혐오반응이 고려된다. 첫 번째는 고전적 강박 반응으로, 이것은 전통적으로는 불안장애로 기술되었지만 우리 이론에 따르면 불안보다는 혐오에 기반을 둔다(Power & Dalgleish,

1997). 우리가 고려하는 두 번째 장애는 우울증이다. 앞서 언급했지만 우울증을 구성하는 정서에 슬픔이 포함되는데, 우리는 자기혐오 요소, 특히 수치심이 포함되며 이것이 단순한 슬픔을 우울증으로 만든다고 생각한다(Power & Dalgleish, 1997; Power & Tarsia, 2007). 첫 번째 예시는 강박장애의 예다.

브라이언은 28세 남성으로 어머니와 함께 산다. 브라이언은 자신이 영구적인 '오염' 상태에 있다고 느꼈다. 즉, 세상은 더럽고 질병이 들끓는 곳이며 자신의 아파트 밖에서 뭔가와 접촉했다면 집으로 뛰어 들어가 오염된 느낌이 사라질 때까지 몇 시간이고 샤워를 해야 하는 것을 의미했다. 외부 세상이 너무 오염되어 있다고 느끼기 때문에 그는 웬만하면 밖에 잘 나가지 않았다. 그는 몇 년 전 사무실에서 일하는 것을 포기했고, 그의 어머니가 보통 두 사람을 위한 쇼핑을 하고 바깥 활동을 하곤 했다. 그는 몇 년 전까지만 해도 여자 친구가 있었지만 그의 문제가 더 뚜렷해지자 그녀는 브라이언을 떠났다. 그는 지금 거의 대부분의 시간을 아파트에서 보내지만, 심지어 그의 어머니가 문이나 창문을 열거나 누군가 아파트에 들어오는 것조차 그에게 오염된 느낌을 주기 시작했다. 그는 가끔 외출해야 하는 상황에는 공중 화장실을 사용할 수 없는 등 문제가 생기면 집으로 와야만 했다.

브라이언은 '오염된 느낌'이 무엇을 의미하는지 명확하게 말할 수 없었지만 그의 말에 따르면, 화장실에 갔다가 손에 배설물이 묻은 것처럼 느끼게 되는 혐오반응인 것 같다. '이것이 만일 당신에게 일어난

일이라면 당신은 즉시 손을 씻고 싶지 않겠는가?'

브라이언과 같은 문제에 관한 표준적인 행동주의 또는 인지행동주의 개입은 노출과 반응 방지다(Rachman, 2003). 이런 행동주의 치료는 내담자에게 원치 않는 정서 상태를 유발하기 위한 목적에서 옳지만 왜 변화가 일어나는지의 관점에서는 단순화되어 있고 부정확하다. 고전적 행동주의 이론의 관점은 반복된 노출과 반응 방지가 고전적으로 조건화된 정서반응을 소거한다는 것이다. 그런 목적은 필수적이지 않다. 정서중심인지치료 접근에서의 목적은 내담자가 정서 상태에 대해 배우고, 정서를 견디는 방법과 그것을 수용하는 방법을 배우며, 그 상태에서 주의를 분산시킬 수 있다는 것을 배우고, 경험을 하향 조절하기 위한 다른 방법들을 사용하는 법을 배우도록 돕는 것이다. 정서 반응의 소거에서 목표하는 바는 소박하고 단순화되어 있다. 브라이언의 사례에서 우리는 그에게 오염의 느낌을 다루는 광범위한 기술을 제공하기 위해 작업했다. 그 기술은 그 감정의 존재를 유지하고 수용하는 방법, 그 감정에서 주의를 분산시키는 방법, 그 감정을 내려놓는 방법 등이다. 우리는 샤워하는 강박행동을 완전히 방지하기보다 그가 샤워하는 빈도와 시간을 제한하는 것에 동의하였고, 결과적으로 하루에 한 번 15분간 샤워하는 것으로 제한하였다.

브라이언에게 회피해야 할 것들 중 하나는 세균의 개념, 외부 세계의 오염 정도, 질병에 걸릴 가능성 등에 관한 '지적인 대결'을 하는 것으로(Salkovskis, 1985), 이는 표준 인지치료 접근에서 사용되는 '도전'과 대조적이다. 그런 인지적 도전은 사고와 추론의 양상이 중립적인 지적 상태에서 존재하는 것과 꽤 다를 수 있고, 결정적 정서 상태와 연결된 적이 없는 추상적 수준에서 영원히 막힌 채 유지될 수 있다. 어떤 의미에서 브라이언과의 접근은 이전에 분노에서 논의되었던 조지에게 취한 것과 유사하다. 조지의 사례에서는 매 순간이 우리의 마지막일 수 있지만 그것은 모든 사람에게 실존적 진실이라는 것이 합의되었다. 집 안팎에서 가능한 오염의 확률 수준에 관해 브라이언과 논쟁에 갇혀 있기보다, 우리는 그런 가능성이 존재한다는 데 동의했다. 또한 그 가능성이 10%, 1% 혹은 0.1%인지는 오염된 느낌이 들 때 그가 어떻게 느끼고 무엇을 하고 싶어하는지에 관해 큰 차이를 만들지 않을 것이라는 데 동의했다. 따라서 시작점은 사고와 확률 추정이 아니라 정서이고, 그가 그 정서를 어떻게 경험하는가다.

다음 예시에서 우리는 우울증 문제를 고려하는 데 약간의 시간을 할애할 것이다. 앞에서 설명했듯이, 우리는 우울증에 높은 수준의 불안과 분노 또한 존재할 수 있지만 전형적으로 슬픔과 혐오와 같은 정서의 결합이 포함된다고 주장했다(Power & Dalgleish, 2008). 비록 다른 형태의 혐오가 증가될 수 있다는 일부 혼재된 증거가 있지만, 우울증에서 혐오의 초점은 광범위한 잠재적 혐오 관련 대상보다는 주로 자기에 관한 것이다(Rozin et al., 1999). 혐오가 자기에 초점이 맞추어질 때 전형적인 혐오 관련 정서는 수치심과 죄책감을 포함하는데, 수치심은 전체로서 자기를 향한 반응으로 간주되고 죄책감은 전형적으로 자기가 수행한 행동에 대한 반응이다. 따라서 수치심은 온전한 자기가 부족한 것처럼 보인다는 점에서 더 큰 병리적 특징을 가진 정서이며, 임상적 우울증에서는 죄책감보다 수치심이 더 중요하다는 것을 발견하였다(Power & Tarsia, 2007).

혐오와 뒤이은 수치심이 어떻게 자기에게 초점이 맞추어지게 되었는가? 무엇보다 자기의 측면들을 어떤 식으로든 혐오적으로 느끼게 하는 문화적 · 종교적 요인을 파악하는 것은 쉽다. 예를 들어, 죄와 원죄에 관한 기독교 관점은 자신의 사악한 측면과 싸우고 그것을 극복해야 함을 의미한다. 따라서 성(性), 식탐, 탐욕, 자만심 등은 사악한 것으로 간주될 수 있고, 그런 특성이 발달할 때 혐오에 기반을 둔 반응이 아동에게 사회화된다. 여기에 근거해서 흥미로운 예측은 일부 종교가 다른 종교보다 더 높은 수준의 우울증과 관련된다는 것이다. 예를 들어, 유럽의 역학 연구의 결과에서는 적어도 노인들 중에서 우울증의 비율이 가톨릭 국가보다 개신교 국가에서 더 높음을 제시한다(Braam et al., 2001).

자기혐오의 발달에 관한 종교적 · 문화적 영향에 더해, 가족의 강한 영향이 존재한다. 혐오 기반의 사회화는 이전에 인식된 것보다 더 중요한 요인인데, 이것은 배변 훈련과의 관계에서뿐만 아니라 사회적으로 처방된 광범위한 관계 맺기 방식과의 관계에서 그렇다. 정서중심인지치료에서 특히 흥미로운 것은 정서가 주로 대인관계에서 발생하기 때문에 중요한 상호작용과 관련해서 전형적으로 옳고 그른 것이 있다는 사실이다. 만일 중요한 타인이 당신에게 상처를 준다면 당신은 그 사람에게 화를 내고 사과와 응징을 받아 낼 권리가 있는가? 아니면 당신이 중요한 타인에게 화를 내거나 요구를 할 권리가 없기 때문에 분노를 삼킬 것이란 기대를 가지는가? 만일 당신이 열심히 공부하지만 중요한 시험에 실패한다면 이것이 당신 자신에게 어떤 관점을 초래하는가, 당신 자신에게 어떤 정서를 느끼는가, 남들이 당신에게 어떤 정서를 가질 것이라 생각하는가?

윈은 엄격하고 독실한 가정에서 성장했다. 화를 내는 것은 그녀의 아버지만 허락되었는데, 그것도 아버지가 술에 취해 집에 오셨을 때 주로 발생했다. 그녀의 부모님은 냉정하고 비지지적인 관계를 맺었는데, 그럼에도 불구하고 그녀의 어머니는 '완벽한 아내'가 되어 평화를 유지하려고 노력했다. 윈은 자신의 첫 번째 결혼을 매우 유사하게 묘사했다. 그녀는 '실재하지 않는' 것처럼 느꼈지만 사업가인 남편을 위해 완벽하게 옷을 갖춰 입은 젊고 매력적인 아내가 되려고 노력했다. 그녀는 남편이 수년간 불륜을 저질렀다는 것을 알게 되었을 때 완전히 황폐화되었고, 그래서 그녀는 결혼생활을 중단했다. 윈은 지금 현실적인 사람처럼 느끼게 해 주는 새로운 관계를 맺고 있지만, 때때로 분노의 시기로 인해 자신이 압도됨을 발견하였고, 그런 다음에는 완전히 수치스럽고 혐오스럽다고 느꼈으며, 자신이 새로운 배우자에게 계속해서 화를 낸다면 그가 자신을 떠날 것이라 확신했다.

윈과의 치료 초점은 그녀가 지금 화를 느끼고 화를 내고 있는 것과 건설적인 분노가 모든 관계에서 괜찮고 필수적인 측면이라는 것이 진정한 일보 전진이라는 것이다. 그러나 윈의 걱정은 그녀의 분노가 파괴적이라는 것이었고, 따라서 작업의 일부는 그녀의 분노의 어떤 측면이 부모와 전남편에 대한 해결되지 않은 감정이 쌓인 것에서 비롯되었는지, 그리고 분노의 어떤 측면이 정말로 새로운 관계에서 발생하는지를 해결하는 것이었다. 따라서 치료 과정의 일부는 윈이 지금 어머니(아버지는 몇 년 전에 돌아가셨음)와 전남편을 향해 분노를 표현할 수 있는지를 확인하는 것이었다. 그녀가 어머니에게 화를 낸 첫 번째 시도는 어머니가 그녀를 다시 보지 않겠다고 하고 그녀의 의지를 꺾으려고 위협했다는 점에서 재앙이 되었다. 따라서 우리는 파괴적 분노에 대한 그녀의 관점이 어디에서 기원했는지, 그리고 어머니와의 관계에서 윈은 어릴 때 분노 표현이 파괴적인 결과를 초래함을 배웠다는 것을 고려할 수 있었다. 그러나 불행하게도, 성인기에도 건설적인 방식으로 화를 내지 못하고 대인관계 이슈를 해결하지 못하는 파괴적인 결과가 존재했다.

윈은 그녀의 우울증을 구성하는 정서들의 복잡한 결합을 나타내었다. 그녀는 결혼의 상실, 아버지와의 문제를 해결하지 못한 채 경험하게 된 아버지의 사망, 그녀의 현재 관계가 끝나게 될 것이라는 끊임없는 확신에 슬픔을 느꼈다. 그녀는 결혼이 잘못된 이유에 대해, 그녀의 부모가 그녀를 대했던 방식에 대해, 그리고 현재 배우자가 자신을 떠나려고 한다는 신념 때문에 분노를 느꼈다. 그리고 그녀는 이런 연약한 정서, 특히 그녀가 표현한 후 굴욕감이 뒤따르는 원치 않는 분노를 느끼는 자신을 완전히 수치스러워했다.

너무 큰 행복

행복의 추구가 전부인 것처럼 보일 때 좋은 것도 한두 번이라는 말이 이상한 생각인 것처럼 보인다. 불행하게도, 영어 어휘의 부족과 '행복'이란 단어의 남용은 인생에서 장기적인 충만감이나 만족감(Aristotle의 '유대모니아')이 나쁜 것이라고 주장하는 것이 아니며, 경조증과 조증 상태 그리고 약물로 유도된 상태에서의 고양감처럼, 특히 이들이 분노나 불안 같은 다른 정서와 결합될 때 짧은 '행복'의 과잉이 존재할 수 있다는 것을 의미한다. 우리가 다른 곳에서 주목했던 것처럼(Power, 2006) 조증 상태는 전형적으로 고양감의 과잉을 특징으로 하지만, 실제 경험적 조사는 많은 수의 조증 삽화가 높은 수준의 불안, 과민성과 더불어, 고양감만큼이나 불쾌감(dysphoria)을 특징으로 함을 보여 준다. 따라서 조증 상태에 대한 우리의 분석(Power & Dalgleish, 2008)은 조증과 우울증의 새로운 측정과 통합되었는데(Cavanagh et al., 2009), 고양감 자체보다 고양감을 동반한 불안과 분노의 결합에 초점을 맞추었다. 그런 상태에 있는 사람은 통제할 수 없거나 과대한 행동을 통해 그들 자신과 타인에게 위험이 될 때 법적으로 구금되어 치료를 받을 수 있다는 측면에서 어떤 유형의 개입을 사용하여 작업하는 것은 극히 어렵다. 우리가 양극성 장애가 있는 사람과 작업할 때 개발한 적합한 개입의 목표 중 하나는 삽화가 통제를 벗어나기 전, 조증 삽화의 아주 초기 단계에서 그 사람(과 보호자)이 적절한 조치를 취할 수 있도록 초기 경고 신호를 확인하는 것을 포함한다(Schwannauer & Power, 준비 중; 또한 Lam et al., 1999 참조).

이레나는 40대 독신 여성으로, 20대 초반 이후로 여러 번의 조증과 우울증 삽화를 경험했다. 그녀의 첫 번째 조증 삽화는 대학교 때 기말 시험 직전에 시작되었고, 그때 그녀는 수면에 대한 욕구가 거의 없이 높은 수준의 에너지를 사용하면서 시험 기간을 보냈다. 불행하게도 이후의 조증 삽화는 그렇게 생산적이지 않았으며, 그녀는 도심지에 옷을 벗은 채 돌아다니거나 바에서 싸움을 시작하고(현재 그녀는 거주지 근처의 거의 모든 바에서 출입을 금지당했다.) 불법 마약을 소지하는 것을 포함해서 다양한 범

> 법행동으로 여러 번 체포되었다. 잠재적인 초기 경고 신호에 대한 분석은 가장 유용한 것처럼 보이는 세 가지를 매일 모니터해야 한다고 제안하였다. 즉, 그녀가 건 전화의 빈도(삽화가 시작될 때 내 자동응답전화는 그녀의 번호로 채워진다), 그녀가 필요로 하는 수면의 양, 그리고 그녀가 모든 사람에게 과민하게 느끼는 정도(예: 그녀가 남긴 대부분의 전화 메시지는 과민하고 공격적으로 신속하게 변하곤 한다.) 등이다. 이러한 모든 초기 경고 신호가 동일한 방향을 향하기 시작할 때 이레나는 그녀의 상황을 즉각 검토하기 위한 의료팀 중 한 명과 접촉하여 빠르고 적절한 조치를 취하곤 했다.

너무 큰 행복에 대한 절을 수많은 조증과 경조증 사례의 상세한 부분으로 채우는 것은 쉽겠지만, 이는 행복에는 이러한 장애만 존재한다는 잘못된 인상을 제공할 수 있다. 그러나 좀 더 광범위한 틀에서 다양한 형태 중 부적절한 행복 추구는 신체적 · 정신적 건강 문제도 유발할 수 있다. 이러한 경미한 형태는 심리치료자에게 일차적 제시 문제로 호소될 가능성이 적지만 다른 광범위한 문제의 이면에 숨겨진 이슈일 수 있다. 우리는 사람들이 불안이나 우울에 대해 묻거나, 그런 것을 제거하고 행복으로 대체하는 것을 고려할 때 그런 종류의 문제를 앞에서 다루었다. 클리닉에서 우리가 만나고자 하는 사람보다 더 많은 사람이 '부정 정서'를 제거하고 이것을 오로지 긍정 정서로 대체하기를 원한다. '신체화 문제'와 대인관계 기술 문제에 대한 의뢰는 전형적으로 정서에 대한 오해와 혐오적인 부정 정서 상태에 대한 빈약한 내성에 기초한다.

대인관계치료(Interpersonal Psychotherapy: IPT; Klerman et al., 1984)

에서 소위 치료의 초점이 되는 영역 중 하나는 원래 '대인관계 결핍'(이것이 지금은 '민감도'로 재명명되었음)이었다. 그런 '결핍'을 가진 내담자들은 친밀하거나 속마음을 털어놓을 관계가 없이 매우 제한적인 사회적 관계망을 가지는 경향이 있다. 실제로, 그들은 다른 사람들이 그들에게 더 다정하지 않은 이유에 대해 어리둥절해하지만, 자신의 문제에 대해서는 원인을 외재화하는 경향이 있다. 정서중심인지치료(EFCT)와 대인관계치료(IPT)에서 그런 사례와 작업하는 방법은 일단 치료적 관계가 잘 형성되면 내담자가 치료자에게 미치는 영향에 관한 피드백을 제공하기 시작하는 것이다. 예를 들어, 치료 회기에서 항상 너무 열심히 작업을 해야 하거나 항상 상호작용을 주도해야 하는 것을 치료자가 인식한다면 그것 자체가 치료의 초점이 될 필요가 있으며, 이때 치료자는 자신이 치료에서 어떻게 느끼는지를 내담자에게 언급해 주고 다른 사람들이 그들과 상호작용에서 어떻게 느낄지 혹은 어떻게 느껴 왔을지를 이런 감정과 연결시키고자 시도한다.

> 제인은 대학원 학생으로 공부하면서 저녁에는 바에서 일을 했지만 친한 친구는 한 명도 없었다. 그것은 사람을 만날 기회가 부족했기 때문이 아니라, 오히려 그녀가 적절하지 않은 관계로 수동적으로 이끌리게 되고, 뒤이어 그것이 확실히 부적절해지면 그녀가 관계를 끝내기 때문이다. 그녀의 가장 최근의 관계는 바에서 일하면서 만난 늙은 남자와의 관계였지만, 그녀는 지금 관계에 더 냉소적이었다. 왜냐하면 그녀는 자신이 그들과 성관계를 가지면 그들이 자신에게 더 관심을 보일 것이라 생각했지만 사실 그들은 성관계를 가진 후 관심이 줄어드는 것처럼 보였기 때문이

다. 제인은 상당 시간 다양한 두통, 복통, 요통으로 몸이 안 좋은 것처럼 느꼈지만 남자와의 이런 경험이 그녀를 우울하게 만들었다고 보고했다. 그녀는 동성 친구가 아무도 없었다.

·

제인의 수동성은 치료에서 확실했다. 그녀는 단순히 자신을 행복하게 만들고 우울감을 느끼지 않기를 원했고, 그녀는 이런 일이 일어나기를 기다리면서 회기에 침묵하며 앉아 있었다.

치료자: 내가 알기로, 당신은 보통 내가 어떤 대화라도 시작하기를 기다리면서 앉아 있어요. 그러니까 당신은 자발적으로 대화를 시작하지 않는 것 같아요.

제인: 그렇게 생각하세요? (생각하면서…… 침묵) ……아, 아마도 선생님이 옳을 거예요.

치료자: 그러면 침묵하는 동안 무슨 일이 일어나고 있나요? 어떤 감정을 느끼십니까?

제인: 선생님이 저에 대해 어떻게 생각하고 있을지 걱정을 해요…….

치료자: 그리고 무엇을 상상하시나요?

제인: 선생님이 나와 있는 것을 지루해하신다. ……선생님에게 관심 있는 것은 내가 아무 말도 안 하는 것이다…….

치료자: 그런데 뭔가 말하는 것보다 침묵하고 아무 말도 안 하는 것이 더 지루하거나 혹은 덜 지루하다고 느끼시나요?

제인: 내가 말하는 것을 선생님이 좋아하지 않으면 어쩌지? 내가 선생님이 동의하지 않는 뭔가를 말하면 어쩌지?

치료자: 어쩌면 그것이 관계에 대한 전부인 것 같아요. 약간의 위험을 감수하면서 사람들에게 당신이 어떻게 느끼고 어떻게 느끼려 하는지 알려 주도록 하는 거지요.

제인: 그것이 너무 두렵게 느껴져요! 저는 사람들에게 감정을 이야기하는 것을 항상 회피했어요.

치료자: 그러면 우리가 서로에 대해 어떻게 느끼는지를 말하면서 회기의 남은 시간을 보낼 수 있어요. 왜냐하면 여기서 먼저 이런 것을 시도하는 것이 도움이 되기 때문이에요.

제인: (웃으며) ……제가 선생님을 어떻게 느끼는지 실제로 얘기해야 한다는 뜻인가요! 너무 어렵게 들리는데…….

치료자: 어렵지만 불가능하지는 않습니다. ……지금 막 어떻게 느꼈습니까?

제인: (웃으며) ……그러니까, 전 조금 살아 있는 것 같은 느낌이 들어요……. 그러니까 전 자주 내면이 죽은 것처럼 느꼈어요. 마치 아무것도 일어나지 않는 것처럼……. 그런데 지금은 작은 불꽃이 튀는 것이 느껴져요.

치료자: 당신이 저에 대해 어떻게 느끼는지를 저에게 말할 수 있습니까? 그것은 긍정적일 수도, 부정적일 수도 있고, 아니면 둘 다일 수도 있겠죠?

제인: 제가 선생님을 신뢰할 수 있다고 확신해야 하지만, 이전에는 신뢰를 느끼지 못했어요. ……우리가 아주 어렸을 때 아버지가 나와 남동생, 어머니를 어떻게 버렸는지 선생님이 알고 계세요. ……엄마는 우리를 대할 때 항상 한계를 지었고 그래서 저는 감정을 숨기는 것을 배웠어요.

치료자: 혹시 내가 당신의 엄마처럼 느껴지나요? 내가 내 한계 내에서 작업을 하고 당신이 나에게 던진 어떤 것도 받아주지 않잖아요?

제인: 그렇지는 않은 것 같아요. 그런데 어쩌면 사실은 제가 선생님께 아직 아무것도 던지지 않았을지도 몰라요!

치료자: 아, 그럼 지금까지 치료에서 시도하고 당신을 끌어들이기 위해 열심히 작업해서 깨려고 했던 침묵들, 그것들은 때때로 당신이 나에게 직접 많은 것을 던질 때보다 더 어렵게 느껴져요.

제인: 엄마는 제가 침묵하고 어떤 요구도 하지 않는 것에 안도하곤 했어요.

치료자: 어머니에게는 좋은 것이 제게는 맞지 않아요. 그것은 치료를 최대한 활용하는 방법이 아니고, 일상생활에서 관계를 최대한 활용할 수 있는 방법이 아니에요.

제인: 글쎄요, 제가 치료에서는 적어도 시도를 해 볼게요……. 그러니까 지금까지 제가 느꼈던 것보다 여기에 있는 것이 더 기분 좋게 느껴졌어요.

제인의 사례에서, 그녀는 치료적 관계에서 자기 자신과 치료자에 대한 자신의 감정에 더 개방적이고 솔직해지는 것을 배웠다. 결국 이런 이득은 그녀의 일상에서 관계를 향상시키도록 했다. 그녀가 관심의 중심에 있는 외향적인 사람이 되지는 않았지만, 관계에 더 많이 개입하기 시작하면서 어느 관계가 자신에게 적절한지에 대해 더 많이 알게 되었다. 특히 그녀는 여자 동급생 중 한 명과 더 친해졌고, 난생 처음으로 친한 동성 친구를 가지게 되었다.

요약

이 장에서 우리는 내담자가 너무 많은 정서를 경험하는 광범위한 임상 사례를 탐색하고자 했다. 사례는 모든 기본 정서에 걸쳐 다양했고 공황, 걱정, 분노, 혐오, 슬픔 및 행복을 포함했다. 많은 사람은 소위 부정 정서를 더 적게 느끼기를 원하는데, 예를 들어 불안, 공황발작이나 슬픔을 제거하기를 원한다. 그리고 정서에 관한 비현실적 관점을 가지고 치료에 참석한다. 모든 치료와 마찬가지로, 정서중심인지치료는 내담자가 정서와 그것이 무엇인지에 관한 지식을 증가시키는 교육적 역할을 담당해야 한다. 그러나 지식은 오로지 한 단계일 뿐이다. 그것은 또한 많은 사람의 경우, 정서 경험을 수용하는 것을 배우는 것, 또는 그들이 지금까지 사용해 온 약물, 알코올, 행동적 회피와 같은 역기능적 전략을 대신해서 정서조절을 위한 대안적 전략을 학습하는 것에 관한 것이다. 만성적이고 지속적인 혐오 정서 상태를 경험하는 내담자의 경우, 기분과 정서 상태가 특히 만성화되도록 하는 유지 요인을 확립하는 좋은 개별 맞춤식 개념화가 필요하다. 만성적 애도를 고려한 예시에서 실제 상실의 훈습 없이 슬픔, 분노와 수치심이 순환되는 것처럼 보인다. 여기서 치료의 기능은 내담자가 슬픔을 강한 것도, 약한 것도 아니고, 남성적인 것도, 여성적인 것도 아닌 것으로, 단지 모든 사람이 경험하는 정상 상태, 특히 그런 의미 있는 상실에 뒤이은 것으로 수용하도록 돕는 것이다.

너무 큰 행복의 경우, 전형적으로 이야기가 매우 다르다. 문제는 많은 내담자가 자기 자신과 대인관계를 해치면서 너무 큰 '행복'을 추구하는데, 그 행복이 약물과 알코올의 '고양감'을 통해, 위험한 활동을 통해, 아니면 위험한 관계를 통해 획득되든 상관하지 않는다는 것이다. 우리는 행복의 추구가 순간적 쾌락주의를 격려하는 것 같은 문화에 살고 있다. 하지만 적어도 그런 격려의 일부는 사실 너무 빈번하게 사용되는 '행복'이란 단어 자체가 영어에서 너무 많은 중요한 의미를 담고 있는 것에서 비롯된다.

06 너무 부족한 정서

나는 아무것도 후회하지 않는다.
불평도 하지 않고, 눈물도 흘리지 않는다…….
내 마음은 차가워진다.
– 세르게이 예서닌(Sergey Yesenin)[1)]

남자는 이성적이다. 그리고 더 연약하며 더 취약한 존재인 여자는 감정적이다. 이런 생각은 우리의 문화에서 강력한 역사적 전통으로 존재해 왔다. 철학과 심리학 책들은 우리에게 그 어떤 것도 말해 주지 않기 때문에 찢어 버려야 할 것이다. 사실, 데카르트가 1649년에 쓴 『정념론(The Passions of the Soul)』에서 제안했던 개념이 정확한 것이었다! 그러나 『정념론』에서 데카르트가 정념의 개념을 발표함으로써 정서에 대한 개념이 한 단계 진보했음에도 불구하고, 불행하게도 그가 심신의 분열(mind-body split)—심신이원론—을 제시함으로써 다시 퇴보하게 되었다. 그 이후 우리의 문화권에는 정서의 개념 그 자체를 발

1) 역자 주: 러시아 시인.

견하는 데 있어서 더 큰 정서적 혼란이 발생하였다.

출생 시 영아에게는 확실한 기질적 차이가 있긴 하지만(Kagan, 1994), 남자와 여자, 우리 모두는 동일한 기본 정서에서 출발한다(Lewis, 2000). 다만, 이러한 기본 정서는 그 시작부터 다양한 사회화 과정의 영향을 받는다. 태어날 때부터 남자아이에게는 파란색을, 여자아이에게는 분홍색을 입히는 것이 그들의 정서 발달에 영향을 준다는 것을 누가 알겠는가! Barrett 등(1993)의 연구에 따르면, 3~4세의 연령에도 수치심과 죄책감을 경험하는데, 이 두 가지 정서 경험은 남자아이와 여자아이 사이에서 상당한 차이가 있다. 동일한 사건에 대한 반응에서, 3~4세 남자아이들은 죄책감을 더 많이 경험하는 반면, 여자아이들은 정서적 수치심을 더 많이 경험하는 것으로 나타났다.

아동기에서부터 성인기까지의 심리적 장애가 연속적인지 혹은 불연속적인지를 살펴보는 유사한 연구가 존재한다. 아동기에 경험하는 두려움과 공포의 범위나 빈도의 경우 남자아이나 여자아이 모두 동일한 수준임에도 불구하고, 성인이 되어 감에 따라 여자들이 공포증을 경험하는 비율이 훨씬 높아진다. 여자들의 경우, 아동기에 경험했던 공포증이 지속되는 것으로 보이지만, 남자들은 성인기까지 공포증이 지속되는 비율이 훨씬 낮다(Rutter, 1984). 아동기에 남녀 사이의 공포증 비율이 비슷하고 그 경향이 유사하게 이어진다면 어떤 일이 일어날 것 같은가? 성인기가 되어도 공포증의 유병률은 비슷한 비율이어야 하겠지만, 성인 여자의 공포증 비율은 남자에 비해 훨씬 더 높다. 우울증에서도 같은 문제가 발생한다. 아동기의 남자아이와 여자아이에게서 대략 같은 비율의 우울증이 나타나며, 오히려 남자아이가 여자아이에 비해 우울증이 약간 더 많다(Harrington, 2004). 그러나 사춘기를 넘어가면, 비율이 변화하여 여자가 남자보다 대략 두 배 정도의 우울증을 보인다. 문화권마다 비율이 다소 다양한 것은 성인 여자에게 기대되는 역할이 반영된 결과다.

이러한 몇 안 되는 개요적 사실과 수치들은 우리의 문화가 정서를 제대로 다루지 못한다는 결론을 내리게 만든다. '합리와 정서' 그리고 '몸과 마음'이 나뉜다는 입장이 우리 문화권에서 가장 핵심적인 분열이며, 이러한 분열이 정서장애가 발달하는 맥락을 제공한다. 특히 정서의 성별화는 참으로 형편없는 결과를 초래한다. 남자는 울면 안 되고, 두려움을 느끼지 않아야 하며, 여자는 화를 내면 안 된다. 앞으로 이 장에서는 다섯 가지 기본 정서인 공포, 슬픔, 분노, 혐오 그리고 행복을 다시 살펴보고, 이러한 정서들을 너무 부족하게 표현하거나 너무 부족하게 경험할 경우 어떤 일이 벌어지는지에 대해 살펴볼 것이다. 물론 우리가 앞 장에서 살펴보았듯이, 폭식과 절식을 반복하는 섭식장애처럼 때때로 정서는 과도하게 표현되었다가 과도하게 억압되는 사이클의 형태로도 경험할 수 있다. 이 사람들에게는 너무 많은 정서와 너무 부족한 정서가 극단적으로 반복된다. 이러한 사이클은 정서 그 자체가 너무 압도적이어서 이를 경험해서는 안 된다는 믿음에서 생겨나는 경향이 있으며, 사실 이런 과도한 억제가 문제의 근원이 된다. 결과적으로 '몸과 마음'을 분리해서 보게 될 경우, 정서 억제가 기타 신체화 장애의 위험성을 증가시킨다는 사실 역시 고려해야 한다.

공포

앞 장에서 로렌스의 사례를 살펴보았던 이유는, 아내가 예기치 못하게 너무나 빨리 사망한 후, 그가 슬픔에 완전히 압도되었기 때문이었다. 로렌스는 전형적인 글래스고 남자이며, 지나칠 정도로 자주 과음을 하고 빈번히 술집에서 싸움을 했다.

> 어린 시절, 로렌스는 자신의 주 양육자였던 할아버지에게 '학교에서 괴롭힘을 당했다'고 이야기하였다. 이 당시 할아버지의 반응은, 그가 누구에게서도 다시는 두려움을 느끼지 않겠다고 약속할 때까지 로렌스를 때리는 것이었다. 그 이후에 할아버지는 그를 권투 도장에 보냈으며, 십대가 되었을 즈음에 그는 그 지역에서 주먹으로 어느 정도 악명을 떨치게 되었다. 로렌스는 그의 첫 번째 여자 친구를 만나 사랑에 빠졌고, 마침내 그녀와 결혼했다. 어머니가 하루 종일 일을 하러 나갔던 그에게는 아내가 삶의 전부였고 항상 아내를 아끼고 그녀에게 헌신했다. 갑자기 그녀가 죽었을 때, 그는 슬픔에 압도되었을 뿐만 아니라 공포에도 압도되었다. 그는 자신이 어떻게 대처해야 할지 몰랐던 취약한 어린아이로 되돌아간 것 같았다고 설명하였다. 그래서 여느 글래스고 남자처럼, 그는 술 취한 배불뚝이 상태로 자신의 곁에 있는 아무나 붙잡고 싸움을 걸었다.

로렌스의 문제는 매우 명확하게 개념화되었다. 어린 시절부터 그에게는 공포(혹은 슬픔)를 경험해도 괜찮다는 것이 허용된 적이 없었으며, 그가 수용할 수 없는 이런 약한 감정들을 조금이라도 경험하게 된다면 술을 마시는 것으로 이 감정을 해소하거나 아내로부터 내밀한 지지를 받는 것에 의지해 왔을 것이다. 로렌스를 지지해 주는 유일한 사람이던 아내를 잃고, 그의 음주와 공격성 때문에 자기 내부에 존재하는 어른 아이(adult child)[2] 역시 거부하고 있었다. 그러므로 이 치료의 첫 번째 목표는 로렌스가 수용하지 못하고 있는 공포와 슬픔의 도식모델을 변화시키는 것이다. 이 도식모델은 심리교육과 인지적 도전, 체험적 기법을 결합해서 이루어졌으며, 로렌스가 자신의 습관적인 정서조절전략에 의지하지 않고 그의 경험적 삶 안에 정서를 허용할 수 있도록 돕는 것이 전체적인 목표였다. 사실, 심리교육적 전략과 체험적 전략은 모든 사람 내부에서 두 가지 도식모델이 갈등하고 있다는 사실을 내담자에게 알려 주기 위해 설계된다. 이를 통해 (내담자가) 이 두 가지 모델의 갈등 관계를 이해하고, 이러한 갈등적 상황을 해소하는 것이 바람직하며, 이를 변화시킬 필요가 있다는 사실을 의식하는 것이다. 이 도식모델 중 첫 번째는 로렌스의 사례에서 전형적으로 볼 수 있는 것처럼 '남자는 울지 않는다'와 같은 오랫동안 지속되어 왔던 생각이다. 두 번째 모델은 보다 최근에 생성된 것으로, '우는 것은 상실에 대한 일반적인 반응이다'와 같은 생각이다.

로렌스: 나는 메리가 없으면 무서워요. 그녀는 나를 위해 너무나 많은 것을 해 주었죠……. 그녀는 나에게 '우리 집에서 제일

2) 역자 주: 정신적으로 어른이 되지 못한 아이.

큰 아이'라고 이야기하곤 했어요……. (로렌스는 방을 나가기 위해서 일어선다.)

치료자: 로렌스, 나는 당신이 지금 매우 강한 감정을 느끼고 있다는 것을 알고 있어요. 당신은 내가 그 사실을 아는 것조차 원치 않겠죠. 그렇지만 당신이 여기에 계속 머무른다면 어떤 일이 벌어질 것 같은지, 그냥 나에게 말해 줄 수 있을까요?

로렌스: (여전히 서 있으면서) ……내 할아버지는 절대 두려워하지 말라고 하셨어요. 당신도 할아버지와 똑같은 사람 같아요……. 당신이 나를 경멸할 것 같고, 나를 '무서움에 떨면서 울고 싶어 하는 멍청한 꼬마'라고 생각할 것 같아요.

치료자: 그런 생각은 당신의 할아버지가 하는 생각이죠, 로렌스. 그렇지만 나는 당신 할아버지가 아닙니다. 자신이 진짜로 어떤 감정을 느끼는지 표현할 수 있는 사람이야말로 약한 사람이 아니라 더 강한 사람이라고 생각합니다. 최소한 이 말을 당신에게 증명할 수 있는 기회를 주십시오. 일단 여기 남아 앉아 보십시오. 어떻게 느껴지는지…….

로렌스: (천천히 앉으면서) ……노력할 거예요. 노력할 거예요. 그렇지만 내가 두려움을 느낄 때마다, 닥치라고 말하던 할아버지의 목소리가 들립니다. 할아버지가 내 뺨을 때리던 것이 느껴져요…….

치료자: 글쎄요, 로렌스, 그건 할아버지가 옳지 않았던 거예요. 그렇게 하는 게 당신을 도왔던 것 같진 않아요. 매일매일 공포와 슬픔의 느낌에 압도되고 있는 요즘에는 특히 더요……. 이런 감정이 옳다 그르다 생각하지 말고, 그냥 이 감정들을

경험할 수 있는지 궁금하네요. 그걸 지금 시도해 보면 어떨까요? ……두려움을 없애려고 하지 말고, 그게 나쁘니까 그런 감정을 느끼지 말아야 한다는 생각도 하지 말고, '배가 고픈 것'을 느끼듯이 그냥 경험해 봅시다.

로렌스: (웃으면서) ……몇 년이 지난 후에야 조금 적응해서 할 수 있을 것 같네요! 그렇지만 시도해 보겠습니다.

로렌스는 매우 열심히 노력했고 몇 개월의 시간이 지난 후, 공포와 슬픔 그 자체를 그냥 경험하는 것이, 자신에게 지금까지 경험하지 못했던 안도감과 침착함의 시간을 가져다줌을 알게 되었다. 앞 장에서 언급했던 바와 같이, 비록 그가 자신의 아내를 결코 떠나보내지 못하였고, 애도 작업을 치료 목표에 포함시키지도 않았지만, 술을 마시는 횟수가 줄고, 자녀와 손주들과도 다시 가까워지게 되었으며, 종교단체에서 노숙자들을 위해 봉사를 시작하였다.

너무 부족한 공포에 대한 절에서 두 번째 사례는, 소위 억제자(repressors)라고 불리는 억압된 대처 유형을 가진 사람이다. 일반적으로 이 유형을 분석할 때, 긍정적 정서를 유지하기 위해 공포를 회피한다고 설명한다(Derakshan et al., 2008). 그렇지만 이런 유형의 사람들이 고통스러울 수 있는 분노나 혐오, 슬픔 같은 다른 정서들 역시 회피하는지의 여부는 여전히 명료하지 않다. 우리의 임상 소견으로는 이런 문제의 범위가 '불안의 회피'를 넘어서는 것처럼 보이지만, 이 질문에 대해 답할 수 있는 실증적 연구는 아직 나오지 않은 상태다. '억제자'라는 용어는 Freud가 Joseph Breuer와 함께 저술한 『히스테리아 연구

(Studies on Hysteria)』(1895)에서 파생된 용어이긴 하지만, Freud는 자신이 저술한 다양한 저서에서 좀 더 광범위하게 이 용어를 사용하였다. Weinberger 등(1979)은 보다 최근에, 이 개념은 불안을 측정하는 척도에서는 매우 낮은 점수를 보고하지만 사회적 바람직성을 측정하는 척도에서는 매우 높은 점수를 보고하는 사람이라고 조작적으로 정의하였다. Weinberger 등(1979)이 저술한 다른 최근 연구에 따르면, 억제자들은 낮은 수준의 불안을 보고하지만, 진짜로 낮은 불안을 가진 사람들과는 달리, 생리적 지표(예: 심박률, 피부 저항 혹은 이마 긴장)나 행동적 지표(예: 반응 시간, 회피 혹은 언어적 간섭)에서는 높은 수준의 고통을 나타낸다. 억제자가 생리적 · 행동적으로 각성된다는 사실은 신체적 건강이나 다양한 신체 상태에서 특히 문제가 된다. 실제로 억제자들의 경우 순환계 장애와 암을 포함하는 몇 가지 장애의 위험성이 더 높은 것으로 밝혀진 바 있다.

릴리는 건강검진 결과에서 선별되어 심리학적 서비스에 의뢰된 70세 여성으로, 그녀가 호소하는 두통, 피로, 기타 다른 통증이나 고통의 신체적 원인은 밝혀지지 않았다. 주치의가 심리학자에게 그녀를 보낸 것에 대해 릴리는 매우 당황스러워하였다. 심리학자들이 하는 일이라곤 의뢰인에게 어린 시절에 관하여 질문하는 것뿐인데, 사실 그녀의 어린 시절은 매우 행복했기 때문이다. 그녀의 삶에서 최근 어떤 변화가 있었는지 질문받았을 때, 그녀는 자신의 남편이 몇 년 전에 사망하긴 했지만, "인생을 살아가면서 삶의 밝은 면을 보아야 해요, 그렇지 않아요?"라고 이야기하였다. 이 때문에 두통이나 다른 통증을 경험하는 것이 좀 부끄럽다고 생각하였다. 요즘 자신의 혈압이 위험할 정도로 높아서 주치의가 그 점을 걱정하고 있다고 말했는데, 나중에 다른 일 때문에 주치의가 필요할 것이라고 확신했기 때문에, 그를 행복하게 해 주기 위해서 심리학자를 만나러 와야만 한다고 생각하였다. 불안척도에서 릴리는 매우 낮은 범위의 점수를 보였다. 그녀는 "난 불안해지는 걸 좋아하지 않아요—불안은 당신에게도 좋지 않잖아요?"라고 이야기하였다.

릴리와의 치료 회기 동안 다양한 문제에 대해 작업했는데, 특히 문제가 있었던 애도 반응을 다루었다. 억압적인 대처 유형을 가진 릴리 같은 사람에게 사별은 심각한 생활사건을 경험하는 것처럼 감정적으로 무너지게 만들 수도 있으며, 또한 당장은 소소하지만 잠재적으로는 더 심각해질 수도 있는 신체적 호소를 야기하기도 하였다. 억압적 대처는 태생적으로 타고 태어나는 것이 아니라 환경적으로 만들어진다고 여겨지지만, 자동화된 습관은 일생 동안 극복하기 어렵다. 릴리의 사례에서 두통, 어지러움, 피로와 같은 신체적 문제의 발생과 '정서의 회피' 사이의 관계에 대해 정보를 제공하는 심리교육은 치료의 첫 번째 단계였다. 감정을 묻어 둘 경우 내부에서 그런 압력이 점점 강해진다면 그 감정이 다른 방식으로 터져 나오게 되어 있다는 오래된 비유를 사용하자, 릴리는 지적인 수준에서 정서의 회피와 신체적 문제가 연결될 수 있다는 것을 받아들이기 시작했다. 정신 에너지가 신체적 증상으로 전환된다는 기본적인 Freud의 열역학 법칙에 의거하고 있긴 하지만(Power, 1997), 이 원칙은 릴리와 같은 극단적인 상황에서 부분적으로만 사실이며, 다른 메커니즘으로도 설명될 수 있다

(Power & Dalgleish, 2008).

일단 정서적 회피와 신체적 증상 간에 관련이 있다는 사실을 지적인 수준에서 수용하게 된 후, 릴리의 치료는 다음 단계로 진행되었다. 이 단계는 불안, 분노, 슬픔과 같이 어려운 정서들을 있는 그대로 느끼도록 내버려 두었을 때 실제로 신체적 증상이 감소하는지, 자신의 감정을 억눌렀을 때 신체적 증상이 증가하는지 스스로 발견할 수 있도록 돕는 것이었다. 물론, 이러한 계획은 방정식처럼 그렇게 명료하거나 직접적이지는 않았다. 일단 (그녀와 함께 살고 있으며, 그녀와 가장 가까운 사이인) 딸에게 자신의 공포와 걱정에 대해 이야기한 날은 물론, 딸이 늦게 오거나 릴리가 스스로 느낀 것을 말하지 않고 다른 것에 대해 이야기한 날에도 매일 그녀의 두통과 피로, 혈압을 체크하도록 하였다. 상당히 투박한 실험이었지만 릴리에게 매우 효과적이었는데, 그녀의 일상을 모니터링함으로써 두 가지의 다른 패턴을 살펴볼 수 있었다. 나쁜 일에 대해서 이야기하는 것이 기분을 더 나쁘게 만들 것이라는 원래 생각과 달리, 오히려 기분이 좋아진다는 것을 확인했기 때문이다. 사실, 이 실험이 끝난 후 추후 회기에서 릴리가 예전의 오래된 정서 회피 패턴으로 살짝 돌아갈 때도 있다는 것을 관찰하기도 하였다. 그러나 릴리는 이제 피로감이나 두통을 경험하는 것이 정서 다루기를 회피하고 있다는 일종의 경고 신호라고 생각하기 시작하였다.

너무 부족한 공포에 대한 세 번째 사례는 PTSD와 관련된다. 다른 연구자들과 마찬가지로 Tim Dalgleish와 내가 요약했듯이(Dalgleish & Power, 2004; Janoff-Bulman, 1992), SPAARS모델 내에서 정서 발현의 두 가지 경로는 각기 다른 유형의 PTSD에 대한 중요한 특징을 제공한다. 한 가지 경로에 따르면, PTSD는 외상 사건과 관련된 생생한 광경의 침습적인 기억, 소리, 냄새와 같은 낮은 수준의 유추체계 현상들을 특징으로 한다. 그러나 PTSD의 어떤 유형들은 도식모델 수준에서 도전에 직면하게 되기도 하는데, 자신과 세상에 대한 중요한 신념들이 외상 사건으로 인해 '산산이 부서지게' 되기 때문이다. 안전이나 강인함과 같은 신념이 교통사고로 인해 도전받게 되는 것이다. 이 장의 후반부에서 제시할 보다 상세한 사례를 위해서, 우리는 글래스고 남자로 돌아가서 안전과 관련된 믿음이 어떻게 도전을 받아 PTSD를 야기하는지 살펴보겠다.

지미는 친구들 사이에서 냉혈한으로 알려져 있었다. 그는 나이트클럽에서 입구를 지키는 사람으로 일했고, 때때로 (다른 사람들에게 알리고 싶지 않아서) 모호하게 얼버무릴 만큼 위험한 활동에 몸담기도 하였다. 그는 글래스고 변두리에 있는 공영주택단지에 살았는데, 그의 표현에 따르면 그곳은 살아남기 위해 터프해질 필요가 있는 곳이었다. 지미에게 감정이란 여자나 아이들, 혹은 에든버러의 겁쟁이들을 위한 것이었다. 그러나 나이트클럽에서 술을 마시고 집으로 돌아오는 어느 날 밤, 불행하게도 십대들과 싸움이 붙었고, 이로 인해 지갑을 도둑맞았을 뿐만 아니라 갈비뼈가 부러져 거의 한 주간 병원에 입원하게 되었다. 그는 여전히 통증을 느꼈고 그때의 상황을 플래시백으로 경험하였다. 그러나 그가 더 최악이라고 이야기했던 것은, 두려움과 불안이 여전히 지속되어서 집 밖에 나오는 것이 너무 무섭다는 것이었다. 그래서 그는 나이트클럽 일도 그만두었다. 매우 부끄럽게도, 그는 발기가 되지 않았고 그의 아내는 이를 조롱하기 시작했다.

지미는 자신이 강인하다고 믿었고 스스로에 대해 이 바닥에서 누구도 감히 자신에게 덤벼들 생각을 못하는 터프가이라고 생각했었다. 그러나 자신이 꼬맹이라고 부르던 집단 때문에 이 신념이 허물어졌고, 그러한 과정은 그를 두려움과 수치심에 압도되게 만들었다. PTSD의 침습적 사고가 경미하게 경험되긴 했지만, 공포와 같은 '약한 정서'에 대한 저항과 더불어 그가 이전에 믿고 있었던 강인함에 대한 신념을 다뤄 주는 것이 지미의 사례개념화에서 중심이 되는 내용이었다. 노출에 기반을 둔 치료를 적용하기보다는 이러한 신념의 기원과 그 결과를 탐색하는 데 초점을 두었고, 불안이란 느낌을 부끄러워하지 않고 평범한 정서로 경험하도록 도왔다. 결국, 지미는 자신과 세상에 대한 이전의 신념이 극도로 비현실적이었음을 이해하게 되었다. 그는 또한 자기 자신의 '좀 더 부드러운' 모습을 발견하였는데, 이러한 측면은 아이들과 시간을 더 많이 보내고, 아들의 학교 축구 팀에서 코치를 시작하게끔 만들었다. 지미는 아내와 아이들이 '새로운 지미'를 더 좋아하는 것 같다고 이야기하였는데, 함께 사는 것이 더 즐겁고 더 쉽게 다가갈 수 있기 때문이었다.

슬픔

슬픔을 표현하거나 경험하는 것에 문제를 겪고 있는 사람에게, 사랑하는 사람의 상실에 뒤따른 애도는 가장 큰 도전이 된다. 서구 문화권에서 이런 문제들은 종종 남자에게서 매우 흔한데, 앞서 언급했던 로렌스의 경우처럼 애도가 아니라 알코올 문제나 공격성 같은 다른 방식으로 자신이 당면한 문제를 드러낼 수 있다. 이런 사람들에게 슬픔은 수용 불가능한 것이기 때문이다.

> 데이브는 치료에 의뢰되기 6개월 전, 12년 동안 함께한 파트너를 잃었다. 그는 프리랜서 컴퓨터 전문가였는데, 파트너가 갑자기 길에서 사고로 죽기 전까지 주말도 없이 일할 정도로 매우 바빴었다. 그러나 그 시간 이후로, 그는 가수면 상태에서 사는 것 같다고 묘사하였다. 아무것도 느낄 수 없었고, 아무것도 할 수 없었으며, 6개월 전까지만 해도 빼곡했던 그의 다이어리가 지금은 완전히 빈 상태였다. 데이브는 이제 혼자 살고 있었다. 파트너였던 산드라가 말리려고 널어 두었던 빨래 건조대의 옷가지들, 혹은 자신의 방에 있는 그녀의 화장품들을 치우는 것조차 할 수 없었다고 이야기하였다. 그는 그녀가 죽고 난 그 시간 이후로 아무것도 느낄 수 없었다.

눈을 뜬 채 자고 있는 것처럼 아무것도 생각할 수 없고 아무것도 느낄 수 없다고 보고했듯이, 데이브의 내면은 완전히 멍한 상태였다. 따라서 치료의 목표는 매우 명확했는데, 데이브가 자신의 감정을 있는 그대로 경험할 수 있도록 돕는 것과 파트너에 대한 애도를 시작하는 것이었다. 그러나 그런 감정들은 매우 고통스러웠다. 데이브가 십대였을 때 어머니가 암으로 돌아가신 후 그의 아버지가 자신의 기능을 멈추고 거의 좀비같이 변했다고 설명했는데, 이는 파트너의 죽음에 대해 데이브가 보이는 반응의 중요한 전조라 할 수 있다. 아마도 데이브의 아버지는 자신의 감정이나 상황을 자기 자신과 분리하여 고통스러운 정서에 대처했던 것으로 보인다. 지금은 데이브가 아버지와 똑같은 방식으로 대처하고 있었다. 치료 과정에서 데이브의 돌파구는, 데이브에게 산드라가 아닌 다른 여성과 함께 살아본 적이 있는지를 다루면서 간접적으로 나타났다. 이런 경험이 산드라에게 충실하지 못하다는 의미가 아님을 알게 했기 때문이었다. 데이브는 자신이 죽은 사람처럼 지내 왔다는 사실을 인정하게 되었고, 자신이 지금처럼 생활하는 것이 아니라 함께할 수 있는 다른 사람을 찾는 것이 산드라가 진정으로 원하고 바라는 것이란 사실을 인정했다. 그는 산드라도 알고 있던 여성을 만나 데이트를 하기 시작했다. 그녀는 산드라의 죽음 이후 데이브를 지지해 주려고 노력하는 사람이었지만, 지금껏 그는 그녀를 밀어내고 있었다. 그의 새로운 여자 친구는 매우 지지적이고 자연스러운 치료자 같았다. 데이브는 치료자보다는 새로운 여자 친구에게 정서적으로 더욱 마음을 열었고, 이를 알게 된 후 남자 치료자로서 내가 할 수 있는 역할은 데이브의 여자 친구가 데이브에게 제공하는 치료와 회복에서 촉매제 역할을 하는 것이었다.

단극성 우울증 혹은 양극성 장애를 치료하는 임상 작업을 하면서 알게 된 문제 중 하나는, 회복 기간 동안에 어떤 사람들은 자신의 정서 경험의 범위를 너무 좁히거나 너무 제한한다는 사실이다. 이 때문에 매일의 정서 변화가 오히려 불안을 야기하고 그것이 다시 재발을 유발하게 된다. 양극성 장애에 대한 치료적 개입의 일부로서 핵심 증상을 매일 자기관찰하도록 했던 작업을 통해 이 문제가 분명해졌다.

> 도널드는 18세 때부터 양극성 장애로 고통받아 온 30세 남성으로, 20대 중반까지 정확한 진단을 받지 못했었다. 치료를 하는 동안, 매일 관찰해야 하는 네 가지 경고 신호를 설정하였다. 그의 파트너 역시 동일한 현상을 관찰하였고, 이런 문제가 발생하게 되면 두 사람은 이에 대해 논의하였다. 도널드의 주요 징후들은, ① 수면 시간, ② 에너지 수준, ③ 통증이나 고통, ④ 불안의 감정이었다. 그러나 그가 회복해서 건강하게 지내는 동안 지속적으로 불안 수준을 관찰한 결과, 불안감을 전혀 허용하지 않았을 뿐만 아니라 슬픔까지 허용하지 않는다는 사실이 분명해졌다. 도널드는 사소한 감정을 경험하는 것에 대해서도 자신이 곧 재발하는 징후라고 해석하였다. 하지만 작업지에서 수면이나 에너지 수준과 같은 다른 신호가 평균 수준을 유지한다고 관찰될 경우에는 정서 경험의 허용 범위를 넓히는 작업을 함께 진행하였다.

물론, 도널드의 사례에서 자신의 정서 경험을 매우 좁은 범위로 유지하려는 시도가 조증 삽화나 우울 삽화의 원인 혹은 결과가 될 것인지에 대해서 명확히 말하기는 어렵다. 그렇지만 그와 함께 이런 방식의 작업을 진행하는 것은 입원의 횟수를 감소시키고 그의 전반적인 안녕감을 향상시켰다.

분노

앞 장에서 우리는 과도하게 정서를 통제해서 마치 정서가 없는 것처럼 표현하다가 갑자기 자신의 아내를 살해한 남편의 사례를 살펴보았다. 이러한 사례들은 정서 부족이 극단적일 때 야기되는 처참한 결과를 강조하는데, 이러한 정서 부족은 오히려 정반대로 과도한 정서로 표현되기도 한다. 우리가 초점을 맞추려 하는 것은 법의학자들에게나 익숙한 그런 극적인 사례가 아니라 임상 실제에서 더 흔하게 나타나는 사례로, 분노 표현이나 분노 경험이 불가능한 사례를 제시하고자 한다.

> 케이트는 자신과 남편 모두 십대 때 결혼했고, 25년이 흐른 시점에서 이유를 알 순 없지만 자신의 결혼생활이 침체되어 가는 것 같다고 느끼게 되었다. 그들이 결혼했던 시점에, 케이트는 비서로 일을 하고 있었지만, 남편이 직업상 해마다 여러 차례 전국을 돌아다녀야 했기 때문에, 결국 자신의 직업을 포기하고 집에서 지내기로 하였다. 그녀의 집에는 매우 넓은 정원이 있어 케이트는 모든 시간과 에너지를 거기에 쏟았다. 10년 전에 아이를 가지기로 결정했지만, 불행하게도 케이트는 유산을 했고 그 경험이 너무 고통스러워서 다시는 그런 위험을 감수하고 싶지 않았다. 현시점에서 케이트는 기분부전장애(dysthymic disorder) 범주에 들어갈 만큼 충분히 오래 진행되어 왔던 경미한 수준의 만성 우울증을 나타내고 있다. 그녀는 한 번도 화가 난 적이 없다

고 이야기하였다.

케이트와 작업하는 동안 제기된 핵심 문제 중 하나는, 그녀의 남편이 매주 집을 비우기 때문에 그녀 혼자 많은 시간을 보내고 있다는 것이었다. 그녀가 이 점을 어떻게 느끼는지 질문했을 때, 그녀는 '아무 감정도 느껴지지 않는다'고 간단하게 이야기했다. 아이를 가질 수 없었기 때문에 남편은 필요한 만큼 자주 출장을 갈 권리가 있었지만, 자신에게는 남편에게 이의를 제기하거나 남편의 부재에 대해 어떠한 의견도 표현할 권리가 없었다고 말했다. 지난 해 그녀는 주치의를 찾아가서 도움을 청하게 되었는데, 남편이 다치거나, 불구가 되거나, 심지어는 사망하는 엄청난 악몽에 시달렸기 때문이었다. 꿈에서 깨면 어렵지 않게 자기 자신을 진정시킬 수 있었으나, 언제나 공포에 질려서 꿈에서 깨어났다. 최근에는 이런 꿈이 반복되어 남편이 실제로 다치거나 죽게 될까 봐 매우 겁에 질려 있었다. 그래서 그녀는 한 시간 단위로 남편에게 전화를 해대기 시작했고, 밤마다 남편에게 아무 이상이 없는지 확인하였다. 처음에는 남편도 아내에게 농담을 하며 그녀의 공포를 웃어넘기려 노력했지만, 요즘은 자신의 전화기를 꺼 놓기 시작했다. 한밤중에 그녀가 전화로 그를 깨우는 게 너무 거슬렸으며, 회의 중에 통화를 하는 것이 너무 성가신 일이 되기 시작했기 때문이었다.

이 시점에서 기민한 독자라면 대체 죽음이나 불구와 관련된 꿈이 분노를 표현하는 문제와 무슨 상관이냐고 질문할 수도 있을 것이다. 왜 그게 문제일까? 물론, 정신분석가는 모든 것을 알고 있다는 듯이 미소를 지으면서 꿈이란 무의식에 이르는 왕도라고 이야기할 것이다.

남편에 대한 수용할 수 없는 공격성이 남편에게 무슨 일이 생길지도 모른다는 지나친 걱정으로 전환되었으며, 이러한 반동형성이 꿈으로 표현된 것으로, 꿈은 잠재적인 내용과 소원 성취 기능을 가지고 있기 때문이다. 뿐만 아니라 남편에게 향하는 적대감을 자기 내부에서 찾지 못하기 때문에, 그녀의 적대감은 자신을 제외한 다른 사람이나 대상에게로 투영되어 세상을 너무나 위험한 것으로 여기게 만든다. 기존의 Freud식의 설명에서도 이러한 질문과 대답, 진실에 가까워 보이지만, SPAARS모델 내에서는 그 해답이 더 단순하다. 즉, 분노란 케이트의 의식 수준에서 받아들일 수 없는 정서다. 그렇지만 그녀의 사례에서 꿈과 판타지는 그녀의 무의식적 정서를 표현하는 한 가지 방법이다. 뿐만 아니라 그녀가 분노를 표현하고 있다는 것을 의식하지 않은 채 이를 표현하는 또 다른 방법이 존재하는데, 여기에는 그녀가 분노했을 때마다 얼굴에 나타나는 미세한 표정이나 침묵이 포함된다.

그렇지만 단기치료(우리는 총 10회기를 만난다.) 과정에서 케이트는 어떤 분노감도 의식적으로 받아들일 수 없었다. 남편의 부재와 결혼 상태에 대한 분노감이 꿈으로 표현된 것일 수 있다고 제안했을 때에도, 그녀는 단지 나를 바라보며 멍한 상태로 있었다. 케이트의 경우, 단기치료로는 결코 그녀의 분노감을 의식하게 만들 수 없었다. 하지만 치료 과정에서 악몽을 좀 더 잘 관리하고, 남편에게 매 시간 전화해서 남편이 잘 있는지 확인하는 것을 그만두도록 하였으며, 그녀의 삶을 좀 더 의미 있게 느낄 수 있는 다른 방법을 찾아보도록 했다.

Freud 혹은 무의식에 대해 언급하는 것 자체에 대한 Eysenck 학파의 공포증이 과도하게 주입된 인지행동치료자들이라면, 꿈이나 증상, 혹은 실착행동이 무의식적 정서의 단서가 될 가능성을 무시하고 싶을 것이고, 내담자가 그것들의 실제를 부정할 때 무의식이 현존한다고 주장하는 치료자는 현혹된 것이 틀림없다고 생각할 것이다. 사실, 의식의 바깥에서 발생하는 과정에 대해 이야기하는 것이 오직 정신분석만은 아니며, 모든 분야의 인지과학과 사회심리학도 이러한 무의식의 과정을 필요로 하기 때문에 이런 인지행동주의자들의 태도는 단순히 무지하다는 비난을 받게 된다. 예를 들어, 2장에서 작업했던 사회인지를 고려할 때, 명시적 태도와 암묵적 혹은 무의식적 태도를 모두 살펴볼 필요가 있다는 것은 명백하다. 사회적 지각, 자기기만, 사회적 판단을 다루는 Nisbett과 Wilson(1977)의 고전적 저서를 통해 알 수 있듯이, 사람들은 추론과 판단 과정에서 정보 처리가 매우 부족하다. 케이트의 사례에서 그녀의 모습을 녹화해서 특정한 얼굴 표정을 확인해 보는 것은 상당히 의미 있는 작업이었다. 그녀가 침묵을 사용하는 것은 분노의 표현을 확인하는 데 도움을 줄 수 있는데, 이것은 그 순간 스스로 분노를 느끼고 있음을 인식하는 데 도움이 되었다. 정신분석가들은 아마도 케이트에 대해, Freud(1917)가 우울에 대해 '자신에게로 향한 분노'라고 개념화하였던 전형적인 예라고 지적할 수 있을 것이다. 어떤 특정 형태의 우울이 그런 과정을 잘 반영해 줄 수도 있겠지만, 이 사례는 우울의 일반적인 모델이 될 수 없다는 것이 우리의 견해다(Power & Dalgleish, 2008). 분노 이외에 다른 수용할 수 없는 정서 역시 특정 유형의 우울증을 야기할 수 있다. 남자들의 경우, 두려움이나 슬픔과 같은 정서가 수용 불가능한 정서의 예가 될 수 있을 것이다.

여기에서 분노 사례를 마무리하고자 한다. 그러나 분노 혹은 분노 표현의 문제는 기타 다른 장애에서도 주요한 요소가 될 수 있다. 7장에서는 신경성 폭식증의 사례를 자세히 살펴볼 것인데, 이 사례에서도 분노 표현의 문제가 중요한 구성요소로 제시된다.

혐오

너무 부족한 혐오와 관련하여 가장 먼저 떠오르는 이미지에는 자신의 똥을 가지고 노는 아이들, 쓰레기통을 뒤지는 노숙자, 고래 고기를 먹는 노르웨이 사람들이 포함될 수 있을 것이다. 이런 기본적인 혐오 반응의 부재는 헌팅턴 무도병과 같은 몇몇 임상적 상태에서도 관찰할 수 있는데, 장애의 결과로 자기관리기술이 점차 악화되는 양상을 보인다. 그러나 고래 고기나 개구리 다리 혹은 날 생선과 같은 음식을 먹을지 말지와 관련된 음식 선택에 대한 반응은 사회화 과정에서 혐오의 역할을 반영한다. 즉, 혐오반응에 결함이 있어서라기보다는, 무엇을 수용할지 혹은 수용할 수 없는지에 대한 각기 다른 문화권에서 나타나는 사회화 과정의 문제라고 할 수 있다.

혐오에 기반을 둔 문제의 또 다른 유형은 PTSD 같은 정신병리의 형태로 나타날 수도 있다. PTSD이긴 한데 불안보다는 혐오가 더 기본적인 정서인 몇몇 사례를 본 적이 있는데, 응급상황 실무자들이 그러하였다(Dalgleish & Power, 2004). 응급상황 실무자들이 반드시 수행해야 하는 주된 과제는 대부분의 사람이 극심한 역겨움이나 혐오로 반응할 수밖에 없는 상황이다. 대부분의 일반적인 사람은 평생 본 적도 없겠지만, 응급상황 실무자들은 교통사고 피해나 화재, 폭행, 살인, 자살 사건에 투입되어 수족이 절단되고 뭉개진 신체에 노출된다(핏덩이와 신체 절단이 많이 나오는 B급 호러 영화 같은 건 제외한다).

> 폴은 경찰관이었는데, 자살 장면을 실제로 목격한 것은 이번 이 처음이었다. 중년의 남자가 자신의 집 지하창고에서 목을 매달았지만, 그를 처음 발견한 그의 아내는 남편이 바람이 나서 상대 여자와 함께 떠났다고 생각했기 때문에, 남편이 사라지고 몇 주가 지난 뒤 지하창고에 들어가 보기 전까지는 그가 자살했을 것이라고는 전혀 생각하지 못했다. 폴이 사건 현장에 도착했을 때 가장 먼저 만난 사람은 아내였는데, 그녀는 남편의 불륜이 이미 끝나 버렸고 그 때문에 남편이 자포자기의 심정이었다는 것을 알지 못했다는 죄책감에 압도되어 엄청난 스트레스를 받고 있었다. 폴이 지하창고에 들어갔을 때 그가 목격한 것은 매우 부패되어 파리, 구더기, 악취로 뒤덮인 시신이었고, 폴은 사건 현장에서 구토를 하고 말았다. 그는 여자 앞에서 구토한 것이 매우 수치스러웠으며, 파리와 구더기에 뒤덮인 채 천장에 매달려 있는 시신의 모습이 계속 생각났다.

치료 과정에서 폴은 자신의 반응에 충격을 받았다고 보고했다. 그는 그전까지도 심각한 부상과 죽음을 목격해 왔으며, 심지어 다른 동료들이 압도감을 느끼는 상황에서도 자신은 침착하게 객관적인 거리를 유지할 수 있다는 사실에 자부심도 느꼈었다. 이번 일을 경험한 후 그런 상황을 제대로 통제하지 못하는 다른 경찰관들을 종종 경멸해 왔던 것에 대해서도 마음이 불편하였다. PTSD에 대한 SPAARS 접근에 따르면, 폴은 낮은 수준의 침습현상(시신의 광경과 냄새, 그가 토한 것에 대한 역겨움)과 높은 수준의 도식모델에서의 문제(여자 앞에서 구토한 것에 대한 수치심과 동료들이 뒤에서 험담한 것에 대한 창피함)를 모두 가지고 있었다. 치료의 주요한 작업은 자신이 보인 혐오반응(disgust reaction)이 누구에게나 일어나는 완전히 정상적이고 건강한 반응이라는 것을 이해하도록 돕는 것이었다. 그러나 폴의 아버지 또한 경찰관이었는데, 그는 성장 과정에서 폴이 보였던 어떠한 나약함도 묵살했었다. 폴은 보복에 대한 두려움 때문에 나약함과 같은 반응을 과도한 억제의 형태로 어떻게든 조절해 가면서 자라 왔다. 치료의 일부분으로, 폴은 자살한 사람의 부인을 다시 만나러 갔고, 그녀에게 자신이 구토한 것에 대해 어떻게 생각하는지 알아보았다. 사실, 그녀 역시 그 때 구토를 했었으며, 그 이후로 남편의 시신에 대한 이미지 때문에 문제를 겪고 있었다고 말했다. 폴은 몇 시간 동안 그녀와 대화를 나누었다. 그녀는 폴에게 그가 구토한 것이 완전히 정상적이고 자신도 똑같은 방식으로 반응한 것을 고려해 볼 때 전혀 창피한 일이 아니라고 이야기해 주었다. 그리고 그들이 어떻게 느꼈는지에 대해 서로 마음을 열고 나누면서 둘 다 안도감을 느끼게 되었다. 그는 나중에 업무로 복귀했다. 동료들이 처음에 약간 툴툴거렸음에도 불구하고, 그는 상사를 설득해서 자신의 팀에게 스트레스 관리 방법을 배울 수 있는 비정규적인 교육과정을 만들었다.

너무 부족한 혐오의 문제는 수치심이나 죄책감과 같은 복잡한 정서에서도 발생하는데, 이것 역시 혐오라는 기본 정서에서 파생된 것이다(Power & Dalgleish, 2008).

너무 부족한 수치심이나 죄책감은 일반적인 사람들에게는 끔찍한 충격을 줄 수 있는 행동들을 쉽게 수행할 수 있는 반사회적 성격장애의 원인이 된다. Philip Zimbardo와 같은 사회심리학자는 우리 모두

가 어떤 면에서는 이런 행동을 수행할 잠재력을 가지고 있다고 주장하고 있다. 『루시퍼 이펙트: 무엇이 선량한 사람을 악하게 만드는가(The Lucifer Effect: How Good People Turn Evil)』라는 그의 저서에서 이런 관점이 생생하게 전달되고 있다(Zimbardo, 2007). 다만, 우리가 주장하는 요점은 수치심이나 죄책감의 반응이 우리로 하여금 끔찍한 행동을 하는 것을 예방하는 데 도움을 준다는 것이다. 비록 극단적인 사회적 상황에서 특정한 역할을 맡는다 하더라도, 우리 중 대다수는 수치심 또는 죄책감 반응으로 인해 악한 행동을 망설이게 될 것이다. 여기에서 우리가 관심을 두는 대상은 정상적인 상황에서도 수치심과 죄책감이 결여된 사람으로, 여기에 빈약한 공감 능력이 더해진다면 이들은 상당한 문제를 초래할 수 있다.

길은 큰 대학의 공대 강사였다. 오랜 분쟁 끝에 그녀는 대학에서 정리해고를 당했다. 이 분쟁에는 성희롱과 차별 때문에 선임급인 두 명의 남자 교수를 고소한 것이 포함되어 있다. 그녀는 교수단체에도 항의했다. 그러나 어떤 항의도 채택되지 않았으며, 결국 대학은 그녀와 재계약을 체결하지 않았고, 지금은 이와 관련된 법률 및 고용 소송을 진행하는 중이었다. 길은 자신과 같이 무력한 약자들에 대해 음모를 꾸미는 힘 있는 권력의 희생자인 것처럼 스스로를 설명하였고, 대학이나 교수단체 같은 기관들 역시 약자를 괴롭히는 강자의 편에 서 있다고 이야기하였다.

치료의 시작에서, 길은 전적으로 매우 명료하게 말했으며 이성적으로 보였다. 그녀의 첫인상은 매우 신뢰감을 주었으며, 그녀는 조교수

급의 동료 2~3명이 남자 선임 교수와 대학에 대한 소송을 지지하고 있다고 보고했다. 그러나 악마는 항상 디테일 속에 숨어 있는 법이다. 치료가 진행됨에 따라, 길이 매우 자기중심적인 세계의 한복판에 있다는 사실이 명확해졌다. 그녀의 입장에서는 다른 사람들이 각자의 감정이나 취약성을 가지고 있다는 것이 납득되지 않았다. 그녀의 세계에서 다른 사람들은 오직 그녀의 입장을 지지하거나 혹은 그녀에게 대항하기 위해 존재하였다. 자신의 의견에 반대하는 사람들에 대해 그녀는 강렬하게 미움을 표현하였다. 결국 선임급 남자 교수 중 한 명은 그녀가 행정 소송 절차를 시작한 이후, 만성 우울증으로 일찍 퇴직하는 사태까지 벌어졌다. 여전히 그녀는 이 사람들과 이런 상황에 엮이게 된 것에 대해 아무런 공감도 하지 못하고 있으며, 어떠한 죄책감과 수치심도 경험하지 못하였다.

성격장애 용어로 설명하면, 길은 극도로 자기애적인 성향을 보여주었고, 정신병질(psychopathy)과 가학증을 나타냈다. 파트너와의 관계 역시 상당히 가학피학적 측면이 있었으며, 가학피학적 성행위 이후 파트너가 여러 차례 병원에 갔었지만, 그녀는 여기에 대해 전혀 죄책감을 느끼지 않았고 오히려 파트너가 '징징거린다'며 비난하였다.

길과 같이 심각한 성격장애에 대해서는 단기치료가 전혀 효과를 갖지 못한다. 표준적인 인지행동치료(CBT), 변증법적 행동치료, 정신분석, 혹은 보호시설의 입원, 어떤 치료적 개입을 선택하든 상관없이 이런 내담자들은 최소 1년 정도의 개입이 요구된다. 길의 경우, 우리는 2년이 넘게 정서 중심 접근을 사용하여 함께 작업하였다. 치료의 첫 단계는, 길이 지금까지 자신의 바람이나 통제 욕구와 다른 사람들을 분리시켜서 타인을 이해하지 못했다는 사실을 그녀 스스로 인식하도록 돕는 것이었다. 그녀가 이런 문제를 일단 이해하게 된 후, 우리는 그녀가 의식적 자기관찰 시스템을 발달시키도록 도왔다. 이 시스템을 통해 그녀가 자신에 대한 타인의 태도를 어떻게 생각하고 평가해 왔는지를 알아볼 수 있었다. 이러한 공감 훈련은 서서히 타인에 대한 그녀의 반응과 감정의 일부로 점점 더 자동화되기 시작하였다. 치료의 마지막에는, 그녀의 내면에서 수치심과 죄책감의 초기 신호가 나타나기 시작했다.

행복

스코틀랜드에서 생활한다는 것은 극단적인 칼뱅주의 신교도들과 일하게 되는 예상치 않은 기회를 의미하는데, 이 사람들은 '기쁨'과 '행복'을 사악하고 죄가 되는 일이라고 해석하는 사람들이다. 다시 말해, 이 종교 집단에서 행복이란 '부정적인 정서'인데 Catherine Lutz(1988)의 인류학 연구로 유명한 남태평양의 이팔루크섬 사람들도 이와 비슷한 모습을 보인다. 스코틀랜드 아우터 헤브리디스 제도 사람들 중 대부분은 칼뱅주의의 극단적인 형태인 자유장로교인(Free Prebyterian)이다. 아우터 헤브리디스 제도는 남태평양에서 멀리 떨어져 있고, 이 제도의 음산한 아름다움은 종종 오랫동안 지목되는 예측할 수 없는 대서양 폭풍우를 동반한다. 이 대서양 폭풍우는 1년 중 언제든 몰아치는데, '삶이란 힘들고 고통스러운 것이며, 기쁨이 금지된 것은 아닐지라도 내겐 허락되지 않을 수 있다'는 통속적인 생각을 하게 만든다. 그곳에 있는 작고 음산한 자유장로교회는 존재 자체로 음산함을 더 강조한다. 가톨릭 대성당에 있는 호화스러운 사치품과는 대조적으로, 이 작고 음산한 교회에는 이미지, 그림, 조각들이 전혀 존재하지 않는다. 이 교회는 '삶이란 감옥이며, 오직 죽음으로만 탈출 가능하다'는 사실을 상징적으로 보여 준다. 자유장로교회의 홈페이지에 게시된 문구를 통해서도 이런 관점을 엿볼 수 있다.

> 모두가 죄를 짓고 있으며, 영원히 지옥에서 벌을 받게 됨이 마땅하다.

이 웹사이트에서 내가 가장 좋아하는 글은 '왜 기독교인들은 크리스마스를 축하해선 안 되는가?'라는 제목의 글인데, 이 글에는 다음과 같은 문장이 포함되어 있다.

> 플라스틱 인형의 형태로 하나님의 아들을 묘사하는 것이 너무나도 흔한 일이 되어 버렸으니, 이 이상의 불경은 없을 것이다(www. fpchurch.org.uk).

스코틀랜드의 루이스 · 해리스섬에서 휴가 중이었을 때, 일주일 동안 빌렸던 작은 집의 주인에게서 이런 극단적인 태도를 발견할 수 있었다. 그녀는 우리에게 집 밖에서는 음악을 듣지 말아야 하며, 공공장소에서 음주도 안 되고, 크게 웃어서도 안 되며, 일요일에는 세탁물을 바깥에 걸어 놔서도 안 된다고 설명했다. 세탁물을 일요일에 널어놓는 것쯤이야 쉽게 포기할 수 있는 것이었는데, 왜냐하면 일주일 중 어느 날이든 대체할 수 있었기 때문이다. 그 섬에서 술을 사는 것은 거의 불가능하였고 술집 자체도 별로 없는 곳이었지만, 실제로 그 섬에서는 알코올 남용의 빈도가 매우 높았으며, 특히나 일요일 아침에 술 취한 사람들의 모습이 목격되었다. 토요일 밤 늦게 술에 취해 집으로 운전해서 돌아오는 사람들의 차가 배수로에 끼어서 꼼짝 않고 있기도 했다. 이 섬에서는 다른 지역보다 알코올 중독과 우울증이 높은 비율로 발생하였다.

> 앤드류는 루이스섬에서 성장했으며, 의학을 공부하기 위해 에든버러로 왔다. 의과대학 학생으로 정신과 훈련을 받고 있었지만, 지난 몇 달 우울증으로 인해 쉬게 되었고, 그의 담당의사는 심리학적 도움이 필요하다고 제안했다. 앤드류의 부모님은 두 분 모두 강직한 자유장로교인이었는데, 앤드류는 자신의 종교적 신념에 대해 점점 더 혼란스럽다고 이야기하는 상황이었다. 그럼에도 불구하고, 그는 에든버러에서 자유장로교회의 예배에 여전히 참석하고 있었고, 치료에서 우리가 이야기를 나누었던 대부분의 내용을 교회 목사님에게 다시 얘기했다. 앤드류의 말에 의하면 그의 어머니는 일생 대부분을 우울증으로 고생하고 있었지만, 그녀가 '고통스러워야' 하는 것은 '신'의 바람이기 때문에 어떤 도움도 거부해 왔다. 앤드류의 주요 갈등 중 하나는 그가 배우고 있는 의학 및 정신의학 훈련이 그의 어머니와 신의 바람을 모두 어기는 것이 되지 않을까 하는 점이었다. 사람들은 반드시 고통을 경험해야 하고, 결국은 죽게 되며, 여기에 신을 제외한 인간이 개입할 권리는 존재하지 않는다고 생각하기 때문이었다.

의학이나 정신의학과 관련된 문제, 치료적 개입의 권리와 같은 내용들은 앤드류가 다음과 같은 가능성을 인식하게 됨으로써 어느 정도 해결되었다. 즉, 하나님께서는 다른 인간을 통해 질병과 아픔을 겪는 사람들을 돕기 위한 선택을 하실 수 있으며, 오직 신만이 질병을 유발할 수 있으며 인간은 치유만 할 수 있다는 생각은 비논리적이라는 점이다. 행복과 기쁨에 대한 앤드류의 생각은 더욱 반박하기 어려운 문제였는데, 결국 그 이유가 무엇인지 알게 되었다. 매 회기를 시작할 때 앤드류는 이전 회기에서 우리가 논의했던 내용에 반대되는 주장을 펼치곤 했는데, 사실은 그가 다니는 교회의 목사님이 앤드류에게 기쁨과 행복의 죄에 빠지지 않도록 적극적으로 반론을 폈기 때문이었다. 앤드류의 경우 이성적인 수준에서는 기쁨과 행복이 필연적으로 죄스러운 것이 아님을 알고 있었지만, 정서적인 수준에서 어떠한 진실된 변화도 발생하지 않았으며, 오히려 그에게는 완고하고 억압적인 느낌이 풍겨져 나오는 것 같았다. 어떤 사람들은 이런 성향이 전적으로 스코틀랜드 사람의 특성이라고 설명하지만, 지금껏 앤드류 같은 사람은 없었다. 앤드류는 자신의 종교적 신념을 계속 유지하고 있었고, 목사님으로부터 매주 그 신념을 강화받고 있었다. 이러한 신념 투쟁에 있어서, 즐거움을 추구하는 나 같은 쾌락주의자가 승리하는 것은 거의 불가능했다. 이것은 종교적 신념의 강력함을 상기시키는 또 다른 예라 할 수 있을 것이며, 그의 핵심 신념을 변화시키는 것은 너무나 힘들었다. 다른 사람의 고통을 돕는 사람, 즉 정신과 의사라는 역할에 대해서는 상대적으로 훨씬 수용적이었다. 앤드류가 정신적으로 힘든 일을 겪는 사람에 대한 종교적 사역으로 자신의 신념체계를 받아들이게 되었기 때문이다. 그러나 자신에게는 이러한 관점을 적용하지 못하였다.

핵심적인 종교적 신념 때문이 아니라 좀 더 사소한 이유 때문에 행복과 즐거움의 결핍이 삶에서 자신의 규준이 되어 버리는 무수한 예가 존재한다. 예를 들어, 인지치료(Beck et al., 1979)의 경우, 항상 유능감(mastery)과 즐거움(pleasure) 활동을 구분하는 것에 대한 중요성을 강조하며, 내담자가 주간 활동 계획표를 완성했을 때 각 활동들의 유능감과 즐거움을 구분하라고 지시한다. 우울한 사람들의 특징 중 하나가 유능감이나 즐거움을 느낄 수 있는 활동을 하긴 하지만 극단적으로 균형이 맞지 않는다는 점이며, 여기에는 대개 납득 가능하며 매우 정교하기까지 한 다양한 이유가 존재한다.

이리나는 몇 해 전 결혼이 파경을 맞은 후 동유럽에서 에든버러로 삶의 터전을 옮겼다. 이제 11세, 19세가 된 두 명의 자녀가 있으며, 혼자 힘으로 자녀들을 키워 왔다. 건축학을 전공하긴 했지만, 이민 초기에는 가족들을 부양하기 위해서 호텔에서 오랜 시간 동안 일을 했었다. 이후에도 피부미용사, 마사지사, 이벤트 주최자, 여행 가이드 등을 포함해 다양한 일을 했었고, 지난 2년 동안 이 모든 직업을 한 번씩 다 경험했던 상황이었다. 그녀는 이 직업들을 모두 성공적으로 수행했었고, 작은 집 한 채를 장만할 정도의 돈도 모을 수 있었다. 다만, 이 집을 수리하는 데에는 상당한 돈이 필요했는데, 그녀에게는 더 이상 '슈퍼우먼'의 태도를 유지할 만한 힘이 남아 있지 않았다. 1년 전부터 혈압이 높아져서 신장과 시력에 문제가 생기고 부종도 경험하게 되었기 때문이다. 동유럽 출신의 남자와 사귀게 되었는데, 이 사람은 그녀에게 전혀 지지적이지 못할 뿐만 아니라 오히려 학대하는 사람이었다. 치료에 오기 몇 달 전 그 관계를 끝내긴 했지만, 이 남자는 낮이나 밤이나 상관없이 걸핏하면 그녀나 그녀의 아이들에게 전화를 걸어서 장광설을 늘어놓거나 갑작스럽게 그녀의 집을 찾아오곤 했다.

이리나는 진퇴양난의 상황이었다. 일주일에 7일 동안 쉬지 않고 일할 수 있었던 때가 오히려 더 나아 보였다. 그때에는 아이들도 돌볼 수 있었고 딸을 대학에 보내기 위한 등록금도 지불할 수 있었으며, 집을 살 수 있었을 뿐만 아니라 그 집의 수리도 시작할 수 있었다. 불행히도, 이리나가 아프기 시작하면서 더 이상 그렇게 일을 할 수 없게 되었고, 지금까지 저축했던 돈을 모두 딸아이의 등록금에 사용하였으며, 집 수리는 절반 정도 진행된 상태에서 멈춰 버렸다. 이 집의 모습은 마치 그녀의 실패를 상기시켜 주는 듯했다. 아프게 되면서 성적인 관계에 대한 흥미도 저하되었으며, 그녀의 파트너는 아픈 그녀를 돌봐 주기보다는 자신에게 관심을 쏟지 않는다며 그녀를 학대하기 시작하였다. 그 관계가 그녀에게 일시적인 성적 즐거움을 제공해 주었겠지만, 다른 한편으로는 그 남자 자체가 그녀에게는 짐이 되었고, 이제는 스트레스를 줄 뿐이었다.

이리나의 핵심 추동(drive) 중 하나는 스스로 슈퍼우먼이 되어서 자신이 다른 사람에게 모든 것을 제공해야 한다는 것이었는데, 그녀 자신을 위해서는 의지할 만한 사람이나 그 어떤 욕구도 허용하지 않았다. 데이트 상황에서 그녀의 불만족스러운 관계는 남자란 신뢰할 수도 의지할 수도 없는 거추장스러운 짐에 불과하다는 사실을 더욱 확신시켜 주었다. 십대 시절, 전남편이 매우 잘생겼다는 이유로 그와 사랑에 빠졌었고, 최근에 만나고 있는 파트너 역시 똑같은 이유로 선택하였다. 치료에서 잘생긴 남자와의 부정적인 경험에 대해 탐색하였고, 허약하고 자기애가 강한 유형이 아니라 그녀를 더 잘 돌봐 주고 보다 지적인 남자와 안정적인 관계를 맺을 수 있을지에 대해 논의하였다. 그녀는 맞선 회사에 등록하고 두세 번의 데이트를 거쳐 놀랍게도 한 사람과 연인 관계를 시작하였다. 그녀의 표현에 따르면 테디베어처럼 생긴 상당히 성공한 작가였는데, 배려심이 깊고 지적이었으며, 그녀를 웃게 만들어 주는 사람이었다. 그녀는 이런 남자가 존재하리라고는 생각지도 못했다고 이야기했다. 그녀의 설명에 따르면, 이전에는 정서적으로 민감하고 지적인 남자를 만나 본 적이 없어서 여자들에게만 이런 특성이 있으리라고 생각했기 때문이었다. 이 시점에서 정신분석가라면 내 어깨 너머로 "전이는 어때?!"라고 이야기할 수 있을 것이다. 치료적 관계에서 우리는 남자에 대한 그녀의 협소한 견해나 경험에 대해 탐색하였고, 그녀의 아버지와 전남편의 연결고리를 발견하였다. 여기에 덧붙여서 그녀에게 '좋은' 남자란 성교불능의 연약한 이미지이고, 이 때문에 항상 마초 스타일의 남자들과만 데이트를 해 왔다고 이야기했다. 그러나 이번에 만나게 된 배려심 많은 작가는 그녀의 성적 관심에 대해서도 그녀가 생각한 것 이상으로 민감하였으며, 성적으로든 정서적으로든 새로운 파트너와 극치감을 경험하고 있다고 설명하였다.

치료에서 우리가 탐색했던 두 번째 영역은 우리 자신의 몸이 보내는 경고 신호에 대해 옳지 않다고 무시했을 경우 어떤 일이 벌어지는지에 관한 것이었다. 이리나의 경우, 혈액순환계가 경고 신호를 보낸 것으로 보이는데, 십대 시절부터 매우 스트레스를 받았을 때 고혈압 문제가 있었기 때문이다. 우리는 고혈압으로 인해 심각한 신체적 문제를 야기할 수 있음을 인식하였고, 동시에 고혈압에 대해 우울해하거나 불안해하기보다는 '자신이 주의를 기울여야 하는 일종의 경고 신호'로 재해석하도록 도왔다. 실제로 그녀는 자신의 혈압에 대해서 덜 걱정하게 되었다. 뿐만 아니라 그녀는 나트륨 섭취를 줄이고 매일 매일 운동을 다시 시작하는 것과 같이 생활 양식에서의 소소한 습관들도 변화시켰다. 이를 통해 혈압에 대한 걱정도 멈추게 되었다. 마지막에 우리는 그녀의 새로운 생활 양식에 대해 '소금은 적게 사랑은 많게(low-salt-high-love)' 다이어트라고 이름을 붙였는데, 이것은 그녀와 그녀의 남자 친구가 공동 저자로 작업 중인 생활 양식에 관한 책 제목으로 고려 중이다. 추후 회기에서 그녀는 남자 친구와 약혼했다고 보고하였다. 남자 친구가 그녀의 집으로 이사했으며, 집수리 비용을 지불해서 수리를 마무리하기로 하였다. 여전히 '소금은 적게 사랑은 많게' 다이어트를 고수하고 있으며, 자신이 가장 좋아했던 일을 나중에 다시 할 수 있도록 건축학 석사 과정에 등록하려 한다고 이야기하였다. 혈압을 비롯한 전반적 건강 상태도 정상으로 돌아갔으며, 이전과 비교했을 때 지금이 가장 행복하다고 이야기하였다. 해피엔딩이야말로 '너무 부족한 행복'의 절을 끝내는 가장 올바른 방법처럼 보이는데, 지금까지 이리나와 그녀의 '테디베어' 남자 친구는 행복하게 함께 살고 있기 때문이다.

요약과 결론

이 장의 목적은 한 가지 혹은 그 이상의 감정이 너무 부족할 경우 발생할 수 있는 문제의 범위에 대해 설명하고자 하는 것이다. 앞서 보았듯이, 우리는 공포, 슬픔, 분노, 혐오, 행복의 다섯 가지 기본 정서에 대한 논의를 구조화하였다. 공포 사례에서 공포라는 감정을 남자가 경험할 수 있는 것이라고 수용해 주지 않는 환경이 극단적인 공격성이나 약물/알코올 남용 같은 다른 문제를 유발할 수 있음을 살펴볼 수 있었다. 사랑하는 사람의 상실, 생명을 위협하는 경험 같은 극단적인 상황은 그런 사람들을 압도해 버려서, 그 순간 경험했던 불안에 대처하지 못하게 만든다.

슬픔 사례에서 우리는 공포와 유사한 경우를 살펴보았다. 슬픔을 경험하는 것이 수용 불가능한 상황에서, 사람들은 그 감정에 압도되거나 아무런 대처를 할 수 없게 된다. 데이브의 사례에서처럼 갑작스럽게 파트너를 상실했을 때 아무런 감정을 느끼지 못하거나 아무것도 할 수 없게 되는 양상이 나타날 수 있다.

분노 사례에서 우리는 무의식적인 감정이 꿈이나 얼굴 표정과 같은 것을 통해 간접적으로 표현될 가능성을 제안하였다. 남편이 죽는 꿈을 반복해서 꾼다며 공포에 질려 있지만, 남편에게 직접적으로 분노를 한 번도 경험하지 못했던 케이트의 사례를 제시하였다.

혐오 사례에서는 부패한 시체를 발견한 응급상황 실무자와 같이 혐오에 기반을 둔 PTSD 반응의 가능성을 살펴보았다. 또한 혐오에 기반을 둔 죄책감과 수치심의 복합적 감정을 함께 고려하였고, 이러한 정서를 경험하지 못하는 것이 성격장애의 주요한 요소가 될 수 있음을 제안하였다. 단기치료적 접근을 실현하는 데 있어서 한 가지 고려할 점이 있는데, 성격장애에 대한 치료적 개입은 DSM I축에 있는 정서장애를 치료할 때에 비해 더 길어야 한다는 것이다.

한 가지 혹은 그 이상의 정서가 지나치게 부족해지는 이유는 사람마다 다르다. 사회화의 경험이 중요한 역할을 하는 것으로 보이며, 이는 가족마다 매우 다양하다. 종교나 문화의 영향을 받기도 한다. 전통적인 서구 문화적 관점에서 공포나 슬픔은 '유약하고 여성스러운' 정서이며, 분노는 '강하고 남성적인' 정서로 자리매김해 왔으며, 오랜 시간 동안 심리치료자들에게 이러한 생각은 당연시되어 왔다. 정서에 대해 완전히 오해하게 만들어 준 점에 대해 심리치료자들을 대표해서 Plato에게 경의를 표한다(사실, 정서에 대해서는 Plato의 제자인 Aristotle 말이 맞았다). 모든 즐거움을 죄로 만들어 버린 전통이 생긴 것은 Calvin, Knox, Luther의 공이 크다. 우리의 문화적 · 종교적 전통은 적어도 한 가지 핵심 추동(전형적으로 섹스) 혹은 정서에만 초점을 맞춰 왔던 것으로 보이며, 이것은 '선악의 대결' 문제로 변하게 되었다. 그리고 우리 모두는 이런 잘못된 종교적 · 문화적 관점의 결과로 고통받고 있다.

성격장애에서 발견되는 다양한 문제는 자신이나 타인의 정서를 이해하지 못하는 데서 비롯된다. 죄책감이나 수치심이 생후 2년째에 발달된다는 사실을 고려했을 때, 이런 사람들은 애착 문제나 기능 발달상의 문제를 경험할 수 있다. 마음이론(theory of mind), 정신화(mentalization), 반영적 기능(reflective function)으로 불리는 다양한 기능 발달상의 문제나 애착 문제들은, 이후에 성격장애에서 관찰할 수 있는 문제의 기저를 이룬다(Bateman & Fonagy, 2006). 이와 같은 초기 문제와 관련된 시기는 대부분 언어를 배우기 전이며, 너무 이른 시기에 자동화되었기 때문에 변화나 도전이 매우 어렵다. 심지어 변화가 불가능하다고 간주되기도 한다. 예를 들어, 정신병질이나 자기애적 성격장애의 경우 성격 특질이 자아 동조적이며, 이는 종종 대인관계에서 유리하게 작용하기도 한다.

우리가 언급하고자 했던 가장 마지막 영역은, 이 장에서 개관한 정서 경험이나 정서 표현의 문제가 혈액순환 장애나 암, 피부과적 문제, 소화기 장애와 같은 심인성 정신신체적 문제나 장애를 발현시킬 위험을 증가시킨다는 점이다. 이러한 위험성이 증가된 이유 중 일부는, 정서가 수많은 신경계를 통해 작용하는 중추신경계 및 말초생리적 특성을 가지고 있으며, 면역계 기능에도 전반적인 영향을 미치기 때문이다. 따라서 다양한 신체화 장애에 정서 중심 심리치료적 접근을 사용하는 것은 도움이 될 것으로 보인다.

07 부가적인 주제

앞선 두 장에서 우리는 SPAARS모델이 유용하게 적용할 수 있는 정서장애의 전형적인 범위에 초점을 맞추었다. 이를 통해 일반적인 정서장애를 넘어서는 다른 장애 범위에 대한 준거를 확립하였고, 정서가 어떻게 거의 모든 기능적 측면과 엮여 있으며 그 과정 속에서 어떻게 역기능적 혹은 파괴적으로 변할 수 있는지 살펴보았다. 이 장에서는 일반적인 정서장애 이외에, 개괄적으로라도 기타 다른 장애에 대해서 언급하고자 한다. 이 장의 목적은 이 모든 추가 장애를 철저하게 살펴보는 것이 아니라, 다른 장애에도 관심을 기울이고자 하는 것이다. 따라서 이 장에서는 신경성 폭식증을 가지고 있는 내담자 치료에 대한 상세한 사례 연구를 제공하고자 한다.

도입 부분에서는 정서 중심 접근이 통찰을 제공할 수 있는 주제에 대해 간략하게 살펴볼 것이다. 여기에는 섭식장애, 성기능장애, 약물 및 알코올 남용, 성격장애, 자폐증과 같은 발달장애 등이 포함된다.

섭식장애

섭식장애에서 정서의 잠재적인 역할은 한두 가지를 제외하고는 크게 주목받지 못해 왔다. 지금까지 주로 행동적 · 인지적 측면에 초점을 맞추어 왔으나, 최근에는 주의의 초점이 정서로 옮겨진 모델이 개발되고 있다(Fox & Power, 2009). 다음 절에서 신경성 폭식증에 대한 세부적인 분석이 제시될 것인데, 우리의 입장에 따르면 혐오 및 분노의 정서가 거식증과 비만에 중요한 역할을 한다. 우리는 '공포'(거식증의 정의에 기술되어 있는 '살찌는 것에 대한 공포'와 같이)에만 초점을 맞추는 것은 이런 장애에서 자기혐오(수치심)의 중요성을 간과하게 만들 수 있다고 믿는다.

성기능장애

지금까지 성기능장애(sexual disorder)[1]와 관련된 치료 작업은 수행불안과 같은 불안이나 공포에 초점을 맞추어 온 경향이 있었다. 그러

1) 역자 주 : DSM-IV에서는 'sexual disorder'를 성적 장애로 번역하고 있으며, DSM-5에서는 성 관련 장애로 번역되지만, 이해의 편의를 돕기 위해 성기능 장애로 번역하였다.

나 다양한 개인적 · 사회적 수준에서 '혐오'가 성기능장애와 명확히 관련된다는 증거가 존재한다. Kaufman(1989)은 다음과 같이 기술하였다.

> 성기능장애 증후군의 경우…… 성적 욕구는 수치심과 결합되는데, 성적 욕구가 오직 수치심 하나의 감정과 연합될 수도 있고, 혐오나 공포의 감정이 함께 연합될 수도 있다(p. 115).

Kaufman과 달리, 우리는 수치심과 혐오감의 기원이 서로 분리된다고 생각하지는 않는다. 다만, 성기능장애에서 수치심과 혐오감에 비해 '공포'가 지나치게 강조되어 왔다는 Kaufman의 의견에 동의하는 바다. 물론, 특정 상황에서 수치심이 예상되는 경우 지나친 불안이 야기되는 것은 당연하다. 예를 들어, Kaufman이 주장한 것처럼 소위 수행불안이라는 것은 공포보다는 수치심에 기반을 두고 있을 가능성이 더 높다.

> 수치심과 성생활(sexuality)이 어린 시절부터 결합되는 것은…… 성인기 성기능장애의 발달적 선행인이다. 추동(drive)이 감정과 함께 패턴화되는 것은 몇 년에 걸쳐 이어진 과정이다. 섹스와 수치심의 결합은 성생활에서 궁극적인 기능장애의 핵심 요소다(Kaufman, 1989, p. 146).

혐오가 중요한 역할을 하는 성기능장애에는 여성의 질경련증(vaginismus), 성교통(dyspareunia), 오르가슴 기능장애(orgasmic dysfunction)와 남성의 조루증(premature ejaculation), 지루증(retarded ejaculation), 발기 부전(erectile dysfunction)이 포함된다(개관이 필요할 경우 d'Ardenne, 2000 참조). Helen Singer Kaplan(1979)이 명명했던 '성욕장애(disorders of sexual desire)'의 경우, 성적 흥미에 대한 지엽적인 손상이라기보다는 좀 더 일반적인 손상을 의미하는데, 이는 남자와 여자 모두에게 발생하는 장애다. 이 장에서 논의하는 다른 장애들과 마찬가지로, 아동기의 성적 학대 경험은 종종 성인기 성기능 부전의 원인이 된다. Jehu(1988)의 보고에 따르면, 아동기에 성적으로 학대받은 여성의 94%가 성인기에 성기능장애를 경험하였다. 강간이나 출산과 같은 성인기의 외상 경험 역시 차후에 성적 상황에서 공포나 혐오반응이 나타나는 성적 문제를 야기할 수 있다. 여성의 경우 혐오 민감성(disgust sensitivity)이 더 높은데, 이는 단순히 음식과 관련된 이슈가 아니다. 여성이 임신을 하기 위해서는 다른 사람의 신체 부산물(정액)이 자신의 신체에 침입하는 것을 허용해야만 한다는 사실이 여성에게 혐오 민감성을 더 높이도록 만들었을 수 있다고 추측한다. 신체를 '오염'시킬 수 있는 물질을 거부하거나 차단한다는 측면에서 '혐오' 감정은 보호적인 역할을 하며, 이 사실은 여성의 성(sexuality)에서 중요한 혐오 기반 반응을 제공할 수 있다(Power & Dalgleish, 2008).

약물 및 알코올 남용

기분 상태를 변화 혹은 증폭시키기 위해서 약물이나 알코올을 사용하는 것은 매우 흔한 일이다. 수많은 약물 남용자는 불쾌한 감정 상태를 완화하고 이를 보다 긍정적인 정서 상태로 대체하고자 하는 욕구를 가지고 있다. 생리적 · 심리적 의존과 관련된 문제 중 일부는 특정 약물로 유발된 금단현상 그 자체가 혐오적이라는 사실인데, 약물 사용자들은 혐오 정서 상태가 더 빈번해질수록 약물의 사용량이 점점 증가하는 악순환에 빠지게 된다(Powell, 2000). 약물 및 알코올 사용을 포함하는 다양한 중독 상태에 대한 연구에 따르면, 재발의 약 50%가 부정적 기분 상태와 대인관계 갈등의 결과로 나타나는데, 이런 문제의 핵심은 대처기술이나 정서조절기술의 부족 때문이다(Miller et al., 1996). 뿐만 아니라 많은 중독자가 보고하는 강렬하고 자동적인 단서 유발 갈망(cue-elicited craving)도 약물이나 알코올 남용의 결합 요소로서 중요한 역할을 하는 것으로 보인다. 예를 들어, 헤로인 중독자들은 헤로인을 주사하려고 준비하는 순간 심리적 웰빙의 향상을 보고하는데, 사실 헤로인이 들어가기 전이므로 약물이 아무런 영향을 미치지 않았음에도 긍정 정서가 증가한다(Powell, 1995). O'Brien 등(1986)은 아편제가 실제로 작용하지 않아도 그와 관련된 단서에 노출되기만 해도 아편제 사용자들의 기분이 상승한다는 것을 발견하였다.

성격장애 및 발달장애

모든 성격장애는 부적응적 정서 조절을 핵심 특징으로 포함하고 있는데, 이는 예측 불가능한 정서의 결과일 수도 있고, 압도적 정서나 통제되지 않는 정서 표현, 혹은 적절한 정서의 부족 때문일 수도 있다(Liversley, 2000). 더 심각한 특성을 지닌 사회-정서적 발달상의 문제는 자폐증이나 자폐 스펙트럼 장애와 같은 장애들에서도 나타난다(Hobson, 1995). Baron-Cohen(2003)은 이러한 장애들이 '남성 뇌(male brain)'의 보다 극단적인 형태일 수 있다고 제안하였는데, 이는 이런 장애가 남성에게서 더 높은 유병률을 보이기 때문이다. 그러나 우리의 입장에서 이런 유사 진화론적 단순화는 이성과 감정을 서로 부당하게 대립시켜 남성이 힘과 이성을 소유하고 있으며 약함이나 감정은 여성의 몫이라 보았던 유구한 서양 문화의 역사를 무시하는 행위라 생각한다. 남성들에게 철학과 심리학을 맡겨 두었을 때, 그자들이 얼마나 일을 엉망진창으로 만들었는가? 아마도 지금에서야 우리는 올바른 이해를 시작할 수 있게 될 것이다.

이 장의 나머지 부분에서 우리는 부가적인 주제들 중 하나인 섭식장애를 선택해서 보다 세부적으로 정서 중심 접근을 적용해 볼 것이다. 상세하고 '실제적인' 사례를 제시함으로써 치료가 어떻게 작용하는지 살펴볼 수 있을 것이다.

신경성 폭식증

'신경성 폭식증'이란 용어는 Russell(1979)에 의해 처음 도입되었다. 그는 폭식증을 경험하는 사람들의 경우 체중 감소나 신경성 거식증의 과거력이 전혀 존재하지 않는다는 점에서 이 장애와 신경성 거식증은 완전히 다른 장애라고 주장하였다. 그 이전까지는 거식증 환자들이 폭식 특징을 보이며, 폭식을 하고 난 다음 구토를 하거나 하제를 사용하여 이를 제거하는 모습을 보인다고 개념화해 왔다. 뿐만 아니라 이러한 폭식 기간은 흔히 음식 제한과 다이어트, 과다한 운동 같은 다른 보상 방법을 사용하는 시기와 번갈아 가며 나타난다.

폭식증과 폭식형 거식증의 변종을 구분하는 Russell의 입장은, 다양한 자료나 연구에서도 지지받고 있다(Garfinkel et al., 1980). 예를 들어, 폭식증은 다양한 인구 통계적 특성에서 거식증과는 완전히 다른데, 폭식증 환자의 경우 나이가 더 많고, 중산층일 가능성이 더 낮으며, 가게에서 물건을 훔치거나 약물 남용, 자해를 포함한 반사회적인 충동 문제의 과거력이 있을 가능성이 더 높다(Mitchell & McCarthy, 2000). 다른 섭식장애와 마찬가지로 다수의 환자가 여성이며, 유병률은 인구의 약 1%다. 그러나 이 문제로 고통받는 사람의 대부분은 지역사회에서 드러나지 않은 채 남아 있다. Fairburn과 Beglin(1990), 그리고 다른 학자들에 따르면, 일반의의 경험에 기반하였을 때 해당 장애의 유병률은 적어도 11% 정도는 될 것이라 추측한다. 뿐만 아니라, Fairburn에 따르면 지역사회에서 발견되지 못해서 치료되지 않은 채로 남아 있는 사람들 역시 전문가에게 의뢰된 사람들에 못지않게 심각하다.

각기 다른 연령의 코호트 연구 결과에 따르면, 폭식증이 더 어린 세대에서 증가하고 있다는 증거도 존재한다. 미국에서 쌍둥이 연구에서 추출된 2,000명 이상의 여성 참가자 표본을 대상으로 한 Kendler 등(1991)의 연구에 따르면, 1950년 전, 1950~1959년, 1960년 이후 태어난 집단 코호트 사이에서 폭식증의 비율이 증가되고 있었다. 이들이 진행한 대규모 연구에서 가장 어린 집단 코호트의 폭식증 유병률이 1950년 전에 태어난 집단에서 1% 미만이었던 것에 비해 3.7%로 증가하였다. 이와 같은 연구 자료는 다이어트나 날씬한 이상적 신체에 대한 사회문화적 압력으로 인해 폭식증 유병률이 증가하였음을 시사한다. 『플레이보이(Playboy)』 잡지를 대상으로 한 Garfinkel과 Garner(1982)의 고무적인 연구에 따르면, 20년 동안 『플레이보이』 잡지에 크게 실린 이상적 여성의 체격[2)]은 상당히 감소하였다. 일반 인구를 대상으로 한 다이어트 연구에 따르면, 특정 시점에 대략 여성의 2/3, 남성의 1/3이 체중을 줄이려고 노력하고 있다고 보고하였다. 물론, 서양 인구에서 비만이 지속적으로 증가 추세에 있긴 하지만 이는 상당히 높은 수치다(Mitchell & McCarthy, 2000). 또한 몇몇 연구에서 폭식증 환자에 의해 보고된 성적 학대의 비율이 다른 정신질환 집단보다 더 높을 수 있음을 제안하기도 하였으나(Waller, 1992), 현시점에서 일반적인 입장은 폭식증에서의 성적 학대 비율이 더 높지 않다는 것이다(Freeman, 1998). Freeman이 제안한 바와 같이, 모든 정신장애에서 성적 학대의 비율이 상승되어 있는데, 이는 폭식증에 특징적인 것이라기보다는 일반적인 위험요인일 수 있다. 그럼에도 불구하고, 폭식증에서 성적 학대의 높은 비율은 이에 대한 신중한 평가가 필요하다는 것을 의미한다.

거식증과 폭식증 모두에 대한 대부분의 접근은 공포 기반 반응을 강조해 왔는데, 이는 장애의 원인이 될 수도 있고, 장애의 유지 요인이 될 수도 있다. Russell(1970)의 고전적인 논의에 따르면, 거식증 환자의 경우 뚱뚱해지는 것에 대한 '병적인 공포'가 존재한다. 그러나 이후에 폭식증에 대해 분석했을 때 Russell(1979)은 기존의 입장을 다시 조정하였다. 대조적으로, 우리는 혐오 정서가 거식증과 폭식증 둘 다에 더 중요한 역할을 할 것이라고 강조해 왔다. 즉, 거식증 환자의 경우, 자신의

2) 역자 주: 원문에 제시된 'centerfold'는 잡지 가운데 접어서 제시하는 섹시한 여성의 큰 브로마이드 사진을 의미한다.

몸 혹은 신체의 특정 부위가 뚱뚱하게 지각되는 것뿐만 아니라, 살찌게 만드는 특정 음식에 대해서도 혐오에 기반을 둔 반응을 보인다. 전형적인 혐오반응의 경우 메스꺼움과 구토가 핵심 양상인데, 폭식 증상에 대해서도 자신의 신체(혹은 마음)에서 스스로에게 잠재적으로 해롭다고 여겨지는 음식과 같은 물질(혹은 감정이나 생각)을 제거하고자 하는 시도라고 정의할 수 있다. 다음에 기술할 사례에서 나는 폭식증과 관련된 일반적인 특성을 제시하는 것에 덧붙여, 폭식증의 이와 같은 양상을 보다 확장시켜 제시하고자 한다.

사례의 배경

안나는 폭식증 때문에 심리학 서비스에 의뢰된 30세 기혼 여성이다. 자신의 폭식증 증상이 22세에 시작되었다고 이야기했음에도 불구하고, 그녀는 그 이전에 치료에 의뢰되었던 적이 한 번도 없었으며 스스로 이 문제를 해결하기 위해 도움을 구한 적도 없었다. 이 시점에 의뢰된 이유는 그녀가 몇 개월 전 임신을 했기 때문이다. 그녀와 그녀의 주치의는 안나의 폭식으로 인해 태아 이상의 기형성이 높아진다고 우려하고 있으며, 특히 안나의 계속적인 폭식과 구토가 결국 그녀의 아이에게 문제를 야기할까 봐 걱정하고 있었다.

안나는 1남 2녀 중 막내였으며, 위로 한 명의 언니와 한 명의 오빠가 있었다. 그녀는 자신의 어머니를 이기적이고 군림하려는 듯한 사람이라고 묘사했으며, 자신보다 신분이 낮은 사람과 결혼했다고 생각하는 고상한 척하는 여자라고 묘사하였다. 그녀의 어머니는 안나가 살아오는 내내 반복되는 우울 삽화를 경험하였다. 안나의 아버지 역시 (아내에게) 상당히 시달린 인물로 묘사되지만, 아이들을 대할 때 지나치게 성질을 부리는 시기와 온정적이고 따뜻한 극단을 왕복하는 사람이었다. 그는 자신이 살던 지역의 공장 노동자로 일했는데, 자신의 직업을 부끄러워하였으며, 안나 역시 아버지의 직업에 대해 이야기할 때 머뭇거리는 모습을 보였다.

예상대로 안나의 부모 역시 파란만장한 과거력을 가지고 있었다. 안나가 어렸을 때, 그녀의 아버지는 자주 집을 비웠었고, 언제 돌아올지 알 수 없을 정도로 오랜 시간이 지난 후에야 집으로 돌아왔다. 그에게 서서히 알코올 문제가 생겼고, 더 최근에는 AA(금주동맹) 모임에 참석하기 시작했다. 결혼생활에서 최초 문제는 안나의 외할머니가 그녀의 집으로 이사 와서 함께 살게 되면서 시작되었다. 그다지 긍정적인 사건이라 말할 수 없었는데, 외할머니가 가장 어렸던 안나뿐만 아니라 그 집에 있었던 아이들 모두에게 상당한 스트레스를 주었기 때문이다. 특히 안나가 가장 어리다 보니 외할머니는 신체적으로 안나를 함부로 대하였다. 안나의 말에 따르면, 외할머니는 극도로 성마른 사람이었으며, 안나가 부모 문제의 모든 원인인 것처럼 그녀를 부당하게 괴롭히는 것 같았다. 외할머니는 성에 차지 않는 듯 그녀의 아버지를 무시했으며, 어머니와 외할머니가 함께 둘러앉아서 그녀의 아버지에 대해 비난하고 자신의 신세를 한탄하는 모습을 기억해 내었다.

안나는 자신의 아동기와 청소년기에 대해 외로웠고 친구와 가족들에게서 고립되었다고 묘사하였다. 그녀는 외할머니의 학대에 대해 불평할 수 없다는 사실을 금방 깨달았는데, 그녀의 어머니조차 자신의 입장을 믿어 주지 않거나 외할머니 편을 들 것이란 사실을 깨달았기 때문이었다. 여기에 덧붙여 자신들이 예전에 살았던 소도시가 '지나치게 좋았다'는 생각이 지금 다니는 학교의 친구들에 대한 안나의 태도에 영향을 미쳤다. 다른 아이들과 어울려 놀아 보라는 이야기를 들어 본 적이 한 번도 없었고, 그녀 역시 자신이 남들과 다르다는 느낌을 가져서 학교 친구들과 어울리기 어려웠다. 하지만 청소년기에 그녀는 '말괄량이'였다고 말했다. 이 시기에 그녀는 과체중이었고 청소년기 내내 자신이 뚱뚱하다고 생각했다. 세 살 많은 그녀의 바로 위 언니는 항상 날씬하고 더 매력적이었다. 가족들은 언니만 특별하게 대우했고, 안나는 종종 언니에게 질투를 느꼈다.

안나는 학업을 열심히 하는 것으로 가족의 문제나 청소년기의 압박감에 대응하였다. 열심히 노력해서 몇 번 성공을 경험하였고, 시험도 잘 쳤다. 그녀는 나중에 사범대학에 진학했으며, 학위 과정도 끝마쳤다. 그녀는 현재 지방 중등학교에서 수학을 가르치고 있으며, 부전공은 체육교육이다.

안나는 사범대학을 다니는 동안 남편을 만났으며, 남편도 같은 전공이었다. 그들은 잠깐 교제하다가 금방 동거를 시작했다. 그러나 그녀의 말에 의하면, 남편이 자신에게 충분히 관심을 기울이지 않았기 때문에 결국 별거를 하게 되었다. 그 이후 안나는 또 다른 남자와 짧은 관계를 가졌는데, 너무 초기에 임신을 하게 되었고, 결국 낙태를 했다. 이 관계는 곧 깨졌고 그녀는 매우 낙담하였다. 그녀는 자신에게 매우 지지적이었던 남편에게 다시 돌아오게 되었다. 관계를 재개한 지 오래지 않아 그들은 약혼하고 결혼했다. 그녀는 현재 결혼 7년 차이며, 최근 첫 임신을 하였다. 그녀의 남편은 교사를 계속하지 않고 회계사 공부를 시작해서 현재 자신의 회계 사업체를 운영하고 있으며, 두 명의 직원을 고용하고 있다. 그녀는 남편에 대해 야심만만한 속물이라 묘사한 반면, 일을 할 때는 강박적이라고 이야기했다. 보통 매주 6~7일을 근무하고, 저녁 늦게까지 일을 한다. 가끔 있는 일요일 휴무에는 골프를 치는 것에 거의 목숨을 걸었다. 그녀는 골프에 대해 남편과 언쟁을 벌이는 것을 포기했는데, 그녀가 골프를 못 치게 했을 때 그가 보이는 부루퉁한 태도가 싫었기 때문이었다. 남편과의 관계는 신뢰를 주고받는 사이가 아니었고, 그녀의 정서적 삶의 대부분을 비밀에 묻은 채 어느 누구와도 상의하지 않았다. 심지어 한두 명 있는 동성 친구들에게도 그녀는 자신의 결혼 문제에 대해 이야기하지 않았다. 친구나 가족에게 이런 문제에 대해 털어놓는 것은, 남편에 대한 '배신'이라고 이야기했다. 어느 누구든지 자신의 결혼에 대해 이야기하는 것은 '수치'스러운 것이었다.

섭식 패턴의 측면에서, 안나는 16세쯤부터 체형과 몸무게에 집착하게 되었다고 보고했다. 그때쯤부터 식사 제한을 시작했고, 그 이후 14년이 넘게 어떤 형태로든 다이어트 패턴을 지켜오게 되었다. 초기에는 다이어트에 '매우 성공적'이었고 뚱뚱한 십대에서 극도로 날씬한 십대로 변화하였다. 솔직히 말하면 두어 번 정도는 지나치게 다이어트를 했고, 너무 심하게 말랐던 때도 있었다고 생각했다. 첫 번째는 그녀가 사범대학에 입학했을 때이고, 두 번째는 몇 년 뒤 남편이 그녀에 대한 흥미를 잃기 시작했다고 생각해서 남편에게 더 매력적으로 보이기 위해서 마른 몸매에 집착하게 되었을 때다.

안나의 폭식 패턴은 대략 10년 전부터 시작되었다. 집에서 함께 살고 있었을 때 그녀의 매력적인 언니가 토하고 있는 모습을 발견한 후, 구토를 통해서 자신이 먹었던 음식을 제거할 수 있다는 사실을 알게 되었다. 처음에는 언니가 식중독 같은 문제 때문에 속이 좋지 않아서 구토를 하는 것이라고 생각했었다. 하지만 그녀의 언니는 가끔 '음식을 탐닉한 후' 체형을 가꾸기 위한 방법으로 구토의 방식을 사용했다고 다소 곤란한 듯이 설명하였다. 안나는 언니가 했던 행동에 대해 생각하는 것만으로도 몇 년간 몸서리치는 경험을 했지만, 사범대학을 다니던 어느 날 혼자서 구토를 처음 시도하게 되었다. 이날 그녀는 남자 친구와 매우 심각한 언쟁을 했고 엄청난 충격을 받았으며 혼자가 된 기분이 들었다. 그런 후 그녀의 표현에 따르면 '엄청난 양'의 초콜릿 케이크를 먹어 버렸고, 속이 완전히 더부룩하고 불쾌함을 느꼈다. 그 순간 그녀는 구토를 시도했고, 훨씬 기분이 나아진다고 느끼게 되었다. 더부룩한 느낌은 줄어들고 불쾌감도 줄어들었다. 분노와 혐오 사이의 이러한 결합은 폭식증의 중요한 특징이라 할 수 있다(Fox & Harrison, 2008).

폭식과 구토의 빈도는 하루에 한 번 꼴로 점차 증가하였다. 예를 들어, 첫 임신 3개월 동안 폭식과 구토가 거의 매일 일어났다. 이러한 구토에 대해 임신 중 메스꺼움으로 인한 입덧 때문이라고 변명하였지만, 그녀의 주치의는 출산 전 검진을 하면서 그녀의 체중이 전혀 증가하지 않고 초음파 검사를 통해 아기 역시 기간에 비해서 작은 것을 걱정하였다. 그녀는 이 시점에서 '무너져' 버렸고, 주치의에게 자신의 폭식 문제에 대해 털어놓으면서 태아의 이상 가능성에 대한 우려를 표시했다. 그 이후 폭식과 구토의 빈도를 일주일에 두세 차례로 줄이게 되었다. 치료 시작 시점에서 보고했던 폭식의 횟수도 이와 같았으며, 치료는 임신 28주(임신 중기의 후반부)쯤에 시작되었다.

부가적인 평가

치료 초반 안나는 거의 매일 하던 폭식과 구토의 패턴이 일주일에 두세 번으로 감소된 상태였다. 체형과 체중에 오랜 시간 관심의 초점이 맞춰져 있다는 것은 거식증과 폭식증 모두에서 전형적인 특징인데(Russell, 1979), 안나 역시 스스로 임계체중이라 간주했던 9스톤(57.15kg) 이하로 몸무게를 유지하는 것에 집착하였다. 이 체중 아래에 있으면 무엇이든 만족스러웠으나 이 체중을 초과하면 무엇을 하든 비참한 기분이었다. 임신 기간 동안 그녀는 임계체중에 도달했으며 완전히 걱정에 사로잡혔다. '이성적인 수준'에서는 이것이 좋은 일이며 아기가 자라고 있다는 의미로 이해했을지라도, 정서적 수준에서 그녀는 절망적이었으며, 자신의 과체중과 고통감이 사라지기를 원하고 있었다. 또한 임신이 진행되어 감에 따라 운동 횟수가 줄면서 근육의 긴장 수준이 저하되기 시작했다는 느낌을 받았다. 평상시에 그녀는 에어로빅 수업에 참석하였고, 이에 덧붙여 규칙적으로 조깅을 했으며, 체육 선생님으로서 수업을 진행하기도 했었다. 근육의 긴장이 상실된다는 사실은, 그녀를 '무기력'하고 '뚱뚱'하다고 느끼게 만들었다.

더 공식적인 평가에 따르면, 안나는 BDI-II(Beck et al., 1996)에서 경도의 우울 수준을 보였지만, 특별한 정서 문제를 보고하지는 않았다. Robson(1989)의 자기개념질문지에서는 평균 범위(대략 132~142)보다 유의하게 낮은 값인 81점을 받았다. 24개 문항 버전의 역기능적 태도척도(Power et al., 1994)의 경우, 완벽주의의 명백한 요소라 할 수 있는 성취 하위척도에서 상승하였다.

치료를 시작하기 전에 수행된 영양사의 평가에 따르면, 안나는 하루 권장 섭취 열량의 57%만 섭취하고 있었으며, 철분의 섭취 권장량 중 37%, 엽산의 섭취 권장량 중 48%만 섭취하는 것으로 나타났다. 따라서 비타민과 미네랄을 포함한 건강보조식품이 처방되었다. 지속적으로 구토를 해 왔었기 때문에, 치료 이전에는 실제로 그녀가 권장 섭취량 중 얼마만큼을 먹었는지는 분명하지 않았다.

치료

초기 회기

폭식증에 대한 일반적인 인지행동 접근은 네 가지 핵심 요소를 포함한다. 즉, 문제에 대한 교육, 점진적인 행동 수정, 핵심 사고 확인, 해당 문제와 관련된 근본적인 가정을 확인하고 이에 도전하기 등이다(Fairburn, 1997). 이러한 특징들은 CBT 접근의 일반적인 특징이며(Beck et al., 1979), 폭식증에 대한 정서 중심 접근에 있어서의 유용한 시작점을 제공한다.

초기 평가와 배경정보 수집을 수행한 후, 안나는 폭식증 정보가 제공되는 『신경성 폭식증과 폭식장애(Bulimia Nervosa and Binge Eating)』(Cooper, 1995)라는 책을 추천받았다. 이 책은 장애에 대한 기본적인 정보, 장애의 원인과 결과에 대한 설명을 제시하였다. 또한 치료에 대한 자조적 가이드라인(self-help guideline)을 제공하였다. 안나는 반복적인 폭식과 구토가 야기할 수 있는 해로운 결과에 대한 정보에 특히 관심을 보였다. 회기의 초반에는 내담자에게 장애에 대한 정보를 제공할 뿐 아니라, 치료 모델에 대해서도 개괄적으로 소개해야 한다. 따라서 제시된 [그림 7-1]의 모델에 관한 기본적인 요소들은 안나를 위해 정서중심

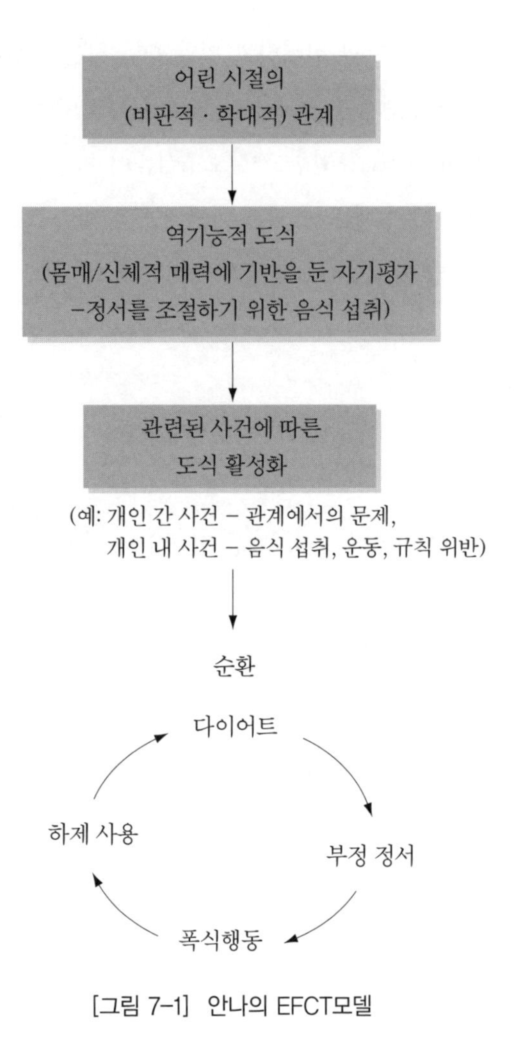

[그림 7-1] 안나의 EFCT모델

인지치료(EFCT)를 적용한 예라 할 수 있다. 그녀의 부모, 외할머니, 언니와의 초기 관계의 본질이 한편으로는 체형과 매력의 중요성을 강조했고, 또 한편으로는 스스로 못생기고 덜 매력적인 느낌이 들게 만들었다는 점이 가장 기본적인 아이디어다. 청소년기, 특히 사춘기 동안 그녀는 다른 많은 사람처럼 끊임없는 다이어트를 통해 자신을 더 매력적으로 만들기 위해 노력했다. 하지만 모두가 매력적이라고 생각하는 언니로부터 다이어트만으로는 충분하지 못할지 모른다는 사실을 배우게 되었다. 그녀는 폭식이라는 비밀스러운 세계로 진입하게 되었는데, 이 세계는 극심한 하제 사용을 통해 체형과 사이즈에 대해서 더 많은 통제감을 경험하는 곳이며, 특히 폭식 기간 이후에는 더욱 그러하였다. 물론, 안나의 사례에서 그녀에게 처음으로 이 모델에 대해 설명할 때는 이 모든 개념화 과정을 전달하진 않았으나, EFCT의 모델을 그녀만의 구체적인 상황에 적용할 수 있는 일반적인 모델로 설명하였다.

EFCT모델에 대한 첫 설명과 논의 과정에서 안나의 반응은 만족스러운 듯했다. 그녀는 자기 자신의 모습을 모델의 몇 가지 측면으로 인식하고, 자신에게 EFCT모델을 적용하기 시작하는 듯했다. 우울증 영역에 대한 이전의 연구에 따르면, CBT모델의 설명에 대한 내담자의 반응은 치료의 긍정적/부정적 반응의 훌륭한 지표가 될 수 있다(Fennell & Teasdale, 1987).

폭식증에 대한 EFCT와 다른 CBT 개입의 다음 단계는 내담자에게 성취감을 주고 더 어려운 향후 치료 과제를 위한 희망을 고취시키기 위해 달성 가능한 몇 가지 행동 목표를 만드는 것이다. 이 과제는 매일의 섭식 패턴을 주의 깊게 관찰하는 것으로 시작한다. 섭취한 음식이나 음료를 기록하는 것뿐만 아니라, 구토를 하거나 완화제나 이뇨제를 사용했는지, 만약 그랬다면 어떤 상황에서 그랬는지를 포함해서 기록한다(관찰일지를 확인하려면 Fairburn, 1997 참조). 관찰일지는 아주 간단하게 시작할 수도 있지만, 인지, 정서, 대안적 설명을 검토하기 위해서 나중에 추가적인 칼럼을 덧붙일 수도 있다. 보다 상세한 정서일지 양식(Emotion Diary Form)은 '부록 4'에 제시되어 있다. 안나의 사례에서 첫 주에는 아침에 음식 섭취가 없었고, 점심에는 가끔씩 다이어트 음식을 먹었는데, 그녀는 이에 대해 '굴복하기' 혹은 '나약함'으로 지각하였다. 그런 다음에 '다이어트' 저녁 식사를 하는데, 주로 혼자 먹거나 가끔씩 남편과 함께 먹는 수프와 샐러드를 기록하였다. 폭식 삽화는 늦은 밤에 집중되는 경향이 있었다. 주로 남편이 아직 밖에서 일을 하고 있을 때나, 집에 돌아와 있더라도 서재에서 일을 하고 있을 때였다. 이 시간에 그녀는 누구의 방해도 받지 않고 폭식과 구토를 할 수 있었다. 그러나 임신 중기를 넘어서면서 최근에는 폭식 패턴이 변하였다. 한밤중에 배가 고파 죽을 것 같아 잠에서 깨면 완전히 정신이 나가 버려서 폭식을 멈출 수 없다는 느낌이 들었다. 그녀는 이와 같이 한밤중에 벌어지는 폭식이 특히 고통스럽다고 보고했으며, 이 순간에는 완전히 통제할 수 없다고 느꼈다. 그녀가 폭식하는 음식은 대부분 많은 양의 빵이나 비스킷, 케이크와 같은 탄수화물이었다. 이런 음식은 주방에 흔히 있는 것들이고, 다음 날 원래 그 자리에 있었던 것처럼 보이도록 세심하게 음식들을 재배치할 수 있었다.

초기의 행동 개입 중 하나는 안나의 식생활 패턴을 규칙적인 하루 세 끼의 식사 패턴으로 바꾸려고 시도하는 것이었다. 아침과 점심을 거르면 낮은 에너지 수준, 가라앉은 기분, 뒤늦게 폭식할 가능성이 증가한다는 정보와 피드백을 제공하였다. 이와 같은 이슈에 대해 논의하는 과정에서 상당히 다른 모습이 나타나게 되었다. 안나는 하루 일과에서 아침식사를 소량 섭취하였고, 더 이상 점심식사를 거르지 않게 되었다. 치료를 시작한 후 2~3주만에 폭식/구토 삽화의 빈도가 사라지게 되었다. 가장 주요한 치료적 개입은 매일의 식생활 패턴을 변화시켜 늦은 저녁과 한밤중의 시간에 '배고픔'을 덜 느끼게 되는 것이었다.

이후 회기

이 단계의 경우, 안나가 자신만의 식생활 패턴을 변화시켜서 폭식/구토 삽화가 없다고 보고한 지 몇 주가 지난 후였다([그림 7-2] 참조). 하지만 이 시기에 그녀는 선호하는 9스톤(57.15kg) 이하 체중에서 9스톤 이상의 '끔찍한' 체중으로 변하게 되었다. 적어도 이 시기까지는 임신을 하면 필연적으로 체중이 증가하는데, 이는 아기가 그녀 안에서 건강하게 자라고 있음을 보여 주는 것이라는 사실을 수용하였다. 또한 그녀는 근긴장 수준의 변화에 대해서도 충분히 운동을 할 수 없기 때문에 필연적으로 나타나는 결과라고 받아들였다. 여러 측면에서 그녀에게 근긴장도의 변화가 체중 자체의 증가보다 더 고통스러운 듯했다.

안나의 폭식증과 관련된 몇 가지 부정 정서 상태를 분석하기 위해

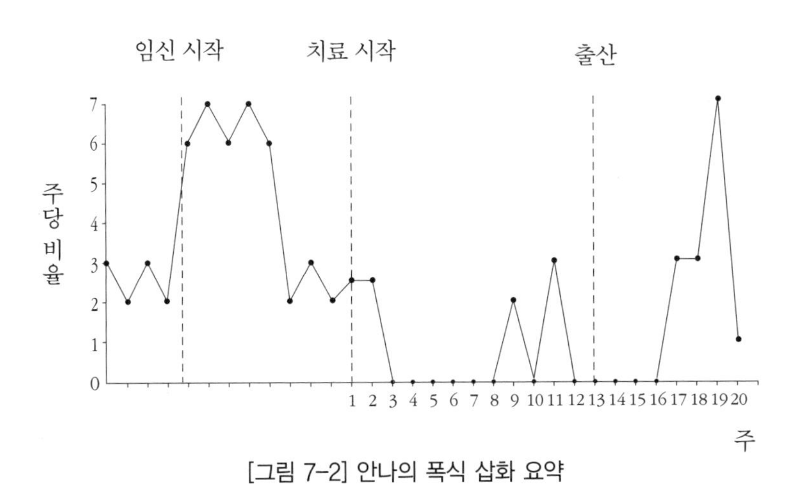

[그림 7-2] 안나의 폭식 삽화 요약

우리는 구조화된 일지를 도입하였다. BDI 점수가 두드러지지 않지만 EFCT 사례 개념화는 그녀의 정서반응과 폭식증 삽화가 분명히 연결된다는 것을 보여 주고 있었다. 처음 2주 동안 상황, 정서, 사고를 나타내는 세 칸짜리의 구조화된 일지를 사용하였다. 그녀는 세 칸 일지 사용법을 빨리 배웠고 그 방식이 매우 유용하다는 것을 발견하였다. 그래서 그녀는 그 이후에 대안적인 개입과 그 결과를 기록하기 위한 추가적인 칸을 포함하는 다섯 칸 일지로 변경하였다. 안나는 일지 작성에 매우 순응하는 사람이었고, 치료 작업을 상기시키는 수단으로 구조화된 일지 과제에 대해 지속적으로 가치를 부여하였다.

초기에 구조화된 일지를 통해 도출된 반복적인 이슈는 남편을 향한 부정적인 감정의 회피였다. 두 사람 모두에게 결혼생활이 여러모로 권태기에 있다는 것은 초기 평가를 하던 시점에서부터 매우 분명했다. 안나는 아기를 가지면 남편이 그녀에 대해 좀 더 많은 관심을 가지게 될 것이라 희망하였다. 그게 아니라면 적어도 남편이 가족에 대해 더 많이 관심을 기울이고 자신의 일에 덜 몰두하게 되기를 희망했다. 그러나 오히려 그녀는 자신의 임신이 상황을 더 나쁘게 만들었다고 생각했다. 임신을 한 후, 남편은 더 바빠졌고 주말이든 주중이든 그녀에게 허락된 시간은 더 적어진 듯했다. 남편은 자신이 더 바빠진 이유가 단순히 우연의 일치이며, 사업 파트너가 몸이 편치 않아 직장에서 특히 힘든 시간을 겪고 있었다고 설명하였다.

안나를 속상하게 만드는 남편과의 대표적인 상황은 두 가지 유형으로 구분되는데, 둘 다 똑같은 결과를 야기하였다. 첫 번째 상황은 직장에서 늦게 귀가하는 남편 때문에 그녀가 원하는 이상적인 시간보다 더 늦은 시간에 두 사람이 함께 집에서 저녁식사를 하곤 한다는 점이다. 주로 남편이 자신의 직장 문제에 대해 얘기를 하거나 그렇지 않으면 식사를 하는 동안 말을 하지 않곤 했다. 남편은 식사가 끝나자마자 서재로 일하러 갈 때까지 '초초해하는' 것처럼 보였다. 안나는 아무것도 말하지 않았지만 매우 언짢았으며 이런 감정을 억눌렀다. 남편이 열심히 일하고 있으며 그녀와 아이들이 훌륭한 생활 양식을 유지하기에 충분한 돈을 벌고 있기 때문에, 남편을 향해 분노를 느끼는 것은 잘못이라고 믿고 있었다. 하지만 그 순간 그녀는 더 비참하다고 느끼기 시작했고, 폭식의 충동을 경험하곤 했다. 때때로 TV를 보거나 잡지를 보는 활동을 통해서 주의를 전환하지만, 다른 때에는 이런 충동에 저항할 수 없었다.

두 번째로 흔한 상황 역시 남편과 관련되었다. 그녀는 항상 저녁 8시쯤에 음식을 준비했는데, 때때로 남편은 그 시간에 맞춰서 퇴근하지 못했다. 대개 남편은 식사가 거의 임박한 시점에 전화를 해서 너무 바빠서 저녁 식사를 하러 집에 갈 수 없다고 사과하곤 했다. 어떤 경우에는 전화조차 하지 않아서 그녀는 남편이 집에 올 수 있는 건지, 온다면 언제 올 건지도 모르는 상태로 집에서 기다렸다. 일지를 통해서 그녀는 남편이 전화를 하지 않거나 그녀를 혼자 있게 하는 것이 자신을 속상하게 만든다는 사실을 발견했다. 이 순간에는 거의 언제나 폭식과 구토 삽화가 동반되었다.

앞서 제시된 [그림 7-1]의 용어로 정리해 보면, 남편에게 분노를 느끼는 특별한 주기가 있는 듯한데, 이 분노 감정을 표현하지 않은 채 억제하고 있다가 결국에는 더 비참하고 '지긋지긋한' 감정을 느끼게 되고, 불쾌한 정서 상태를 변화시키기 위해서 빵이나 비스킷을 폭식한 후 감정, 그리고 음식과 관련된 '신물나는 상태'에서 벗어나기 위해서 구토를 하는 것이다. 분노감을 표현하지 않은 채 참고 있는 패턴은 특히 외할머니와의 학대 관계(폭력을 휘두르는 관계)에서 기인한 것이 분명했다. 부모에 대한 감정도 이야기하긴 했지만 그렇게 많지는 않았다. 하지만 그녀는 자신에 대한 외할머니의 공격에 직면했을 때 완전히 무력함을 느꼈으며, 어릴 때부터 감정을 숨기는 것을 학습하였다. 그녀가 자신의 감정을 표현하는 순간은 거의 없었고, 아주 드물게 그런 일이 발생했을 때에는 더 심하게 처벌받았으며, 외할머니는 교묘하게 안나의 어머니가 그녀의 반대편에 서도록 조종했다. 이 때문에 그녀는 어린 시절부터 분노가 위험하고, 심지어 그녀를 더 큰 곤란에 부딪히게 한다는 사실을 학습하였다. 그녀는 분노를 감추고, 다른 방식으로 이런 감정을 없애기 위해서 노력하였다. 성인이 되면서 그녀는 이제 폭식과 구토를 통해 자신의 이러한 감정을 제거하려 하였다.

안나의 사례에서 폭식 삽화에 대한 이런 방식의 분석은 한 가지 경로에 대한 해석만을 제공한다. 이 분석은 분노를 참는 것만이 폭식증의 원인이라 추정하지 않는다. 폭식증 같은 상태는 복합적으로 결정되며(Mitchell & McCarthy, 2000), 각 개인별로 광범위한 기능에 영향을 미친다. 안나의 경우에는 분노와 같은 불쾌한 감정을 없애려는 시도로 이루어진 단기적인 기능이 있는 것으로 볼 수도 있지만, 체형과 체격 혹은 자신이 매력적으로 지각되는지에 초점을 맞추는 보다 장기적인 기능도 존재한다. 이런 두 가지 주요 기능은 분명히 다른 용도가 있지만, 단기적인 EFCT 개입의 중간 회기에서는 이 두 가지 모두가 주요한 초점이 된다.

따라서 안나에게 도전이 되는 과제 중 하나는 '부드럽지만 자기주장적인 방식'으로 남편에 대한 느낌을 표현하기 시작하는 것이었다. 누군가에게 자신의 분노를 표현하는 것과 관련된 두려움 중 하나는 외할머니가 화나서 그녀에게 이야기했던 것처럼 그녀 자신이 누군가에게 너무 모질게 말할지도 모른다는 것이었다. 외할머니처럼 된다는 두려움은 그녀를 너무 극단으로 몰고 가서 다른 사람과의 대립을 거의 회피하게 만들었다. 실제로 치료에서 유용한 연습 중 하나는 어느 날 내가 회기에 20분 늦게 도착해서 어쩔 수 없이 치료가 지연되었을 때 발생하였다. 그녀는 약간 당황했고, 내가 늦은 것에 대해 어떻게 느꼈는지를 탐색할 때 나에게 짜증이 났다는 것을 알아차렸다. 그녀는 매우 적절하게 자신의 짜증을 표현했지만, 곧 매우 미안해하며 사과했는데 내가 그녀와의 치료를 거절하는 것과 같은 방식으로 그녀를 처벌할지도 모른다고 걱정하였기 때문이었다. 그래서 내가 짜증을 표현해 줘서 고맙다고 이야기하면서, 그녀가 적절하게 자신의 감정을 표현할 수 있는 방법에 대해 피드백을 하고, 지나치게 공격적이거나 폭력적인 태도는 나타나지 않았다고 설명하자 매우 놀랐다. 이런 경험은 남편에게 맞서서 그가 관계에 전혀 투자하고 있지 않다는 점에 대해 짜증을 표현하려는 것이 괜찮다는 확신감을 부여하였다.

안나가 남편에게 맞서기 시작했던 첫 번째 기회는 그 주 일요일에 남편이 골프를 치러 나간다고 선언했던 때였다. 그녀는 나와의 작업에서 그랬던 것처럼 자신의 감정을 알아차리면서도 통제력을 잃지 않고 '너무 짜증내지는' 않으려 노력했다. 하지만 처음에 남편이 그녀의 태도에 너무 놀란 채 몇 번의 대화가 오고 간 후, 그는 매우 공격적이 되었고 큰 소리로 소리 지르기 시작했다. 곧 그는 집에서 뛰쳐나가서 결국 골프를 치러 갔다. 치료에서 이 사건에 대해 이야기하면서 그녀는 매우 속상해하였고 울기 시작했다. 남편의 반응은 지금까지 그녀가 남편을 화나지 않게 하기 위해 해 왔던 이 모든 노력이 틀리지 않았다는 것을 증명하는 것 같았다. 화를 내는 것은 오히려 상황을 나쁘게 만들었으며, 그 다툼 이후 두 사람은 서로 이야기를 하지 않았다. 하지만 그녀가 요 며칠 동안 매우 속상했지만 어떠한 폭식 삽화도 경험하지 않았다는 사실을 발견했다는 점은 매우 고무적이었다.

언쟁이 나쁘게 작용했다는 사실은 안나에게 분노나 혹은 이와 유사한 다른 감정 표현에 문제가 있을 뿐 아니라 남편 역시 지극히 합당한 요청을 수용하는 데 문제가 있음을 시사한다. 실제로 무슨 이야기를 어떤 방식으로 했는지에 대하여 정확한 의사소통 분석을 해 본 결과, 안나는 분노를 표현하는 데 서투르지 않았으며 오히려 그녀가 최선을 다했음을 알 수 있었다. 따라서 남편의 반응을 이해하기 위해서 우리는 치료 과정에서 남편의 (의사소통) 방식과 그의 가족 배경정보를 관련시키는 분석을 해 보았다. 그녀에 따르면, 남편은 어머니가 가장 사랑하는 자식이었으며, 성인이 되어서도 '오냐 오냐 하면서 자라 버릇없는 아이' 같아서 모든 책임이 면책된 사람이었다. 자신의 방식에만 익숙하기 때문에 그에게 맞서는 사람을 한 번도 겪어 본 적이 없다고 하였다. 남편의 입장에서 보면 관계를 함께 유지하는 것은, 부분적으로 안나가 그에 대한 모든 것을 허용해 주기 때문인 것으로 보였다. 그녀는 생각이 다를 때조차 매우 수동적이고 남편의 의견에 수용하는 역할을 감수했다. 우리는 안나가 해 볼 수 있는 선택사항에 관하여 논의했다. '감정을 억누르는' 것을 통해 '평온함을 유지'하긴 하지만 폭식증의 가능성을 스스로 증가시키는 것이 선택지 가운데 하나라면, 부부관계에서 분노 감정을 표출하기 시작해서 해결하기 어렵거나 용납할 수 없는 상황에 대해 서로 어떻게 해결할 것인지를 학습한 후 안나와 남편 모두를 돕는 것도 선택지 가운데 하나였다. 다소 망설이면서 두 번째 대안을 선택했으나, 남편의 일요일 골프 약속보다는 좀 더 사소한 문제를 가지고 연습을 해 보는 것이 더 좋은 출발점이 될 것이며, 성공의 가능성도 더 높여 줄 것이라 결정했다.

그다음 주 그녀는 남편에게 맞서는 또 다른 시도를 하였다. 사건은 남편이 자신의 사무실에서 아주 가까운 가게에서 그림 몇 장을 사 오겠다고 약속한 것으로 시작되었다. 남편은 그날 저녁 그림을 가지고 오지 않았으며, 실제로 그림을 사기로 약속한 것조차 완전히 잊어버렸었다. 대부분의 경우 안나는 '평온함을 유지하면서' 아무런 얘기도 하지 않았지만, 이번에는 남편에게 정말로 짜증이 났고 자신이 느끼는 것을 표현하기로 결정했다. 이번에도 역시 남편의 최초 반응은 일종의 쇼크였는데, 그녀가 남편에게 맞서려는 생각을 했다는 사실에 충격을 받은 것처럼 보였다. 하지만 일단 이 최초 반응이 진정된 후, 자신이 그림을 사 오기로 약속했기 때문에 그녀에게는 언짢아 할 권리가 있다는 점을 받아들이는 듯했다. 안나는 남편에게 맞서고 나서 기분이 좋아졌을 뿐만 아니라, 그다음 날 남편이 사과를 하고 심지어 그림을 사 오기까지 했다는 사실에 놀라움과 기쁨을 느꼈다. 이 작지만 중요한 성공은 남편과 관련된 그녀의 방식을 변화할 수 있도록 도왔으며, 점차 자신의 감정을 더 많이 표현하기 시작했다. 감정 표현이 항상 성공하지는 않았지만(예를 들어, 남편은 결코 일요일 골프를 포기하지 않았지만), 그녀가 남편의 행동을 항상 바꾸지 못한다 할지라도 자신이 느끼는 감정을 표현함으로써 적어도 스스로에 대해 더 나은 감정을 느끼게 되었다.

이를 통해서 안나는 치료의 주요 목표 중 하나, 즉 남편에 대한 자신의 감정을 더 많이 표현하는 것을 성취했다. 그리고 이러한 정서 표현은 폭식 삽화의 빈도를 치료 동안 0에 가깝게 줄이는 데 확실히 도움이 되었다([그림 7-2] 참조). 앞서 언급했던 것과 같이, 폭식증과 관련해서 작업하고자 했던 두 번째 핵심 영역은 체형과 체격 그리고 이 두 가지와 관련된 자기개념 및 매력지각에 대한 신념과 정서였다. 저항의 정도가 치료 후반부에서도 분명하게 드러나지 않았지만, 이 부분에 초점을 맞추어 작업하기가 더 어려웠다. 신체 이미지와 자기개념에 대해 작업할 때 발생한 문제 중 하나는 안나가 표면적으로만 이 문제에 대해서 매우 순응하는 것처럼 보인다는 사실이었다. 예를 들어, 우리가 폭식의 부정적 결과에 대해 논의할 경우 그녀는 자기 자신의 건강에서 부정적인 결과가 발생한다는 것을 직접적으로 받아들이는 것이 아니라 아이에 대해 걱정하는 식이었다. 이와 유사하게, 자신의 매력은 9스톤 미만의 체중이나 특정 수준의 신체 단련, 근긴장 수준과 관련된다는 그녀의 신념은 너무나 견고해서 그러한 신념에 의문을 갖고 검토하고자 하면 또다시 피상적인 태도를 취했다. 섭식장애를 가진 많은 여성과 마찬가지로, 안나에게는 매우 단순하고 간단한 공식이 있었다. '9스톤 미만의 체중+몸 상태가 매우 좋음=행복과 매력' '9스톤 이상의 체중+몸 상태가 안 좋음=불행과 매력 없음.' 안나의 경우, 자신이 실제로 어떻게 보이는지는 이런 감정에 별 영향을 미치지 못했지만, 좋은 몸 상태에 대한 신체적 감각, 특정한 옷을 입었을 때 꽉 끼는 느낌이나 헐렁한 느낌, 신체적 에너지와 관련된 감각 등이 이런 감정에 더 많은 영향을 미치고 있었다. 지적인 수준에서는 이러한 신념에 대해 생각하고 검토할 준비가 된 것처럼 보이지만, 더 정서적 수준에서는 이러한 신념에 의문을 제기하거나 대안적인 생각을 해 볼 가능성조차 열려 있지 않은 것으로 보였다.

결과와 추후 회기

안나가 분만을 하게 되면서 치료를 종결하게 되었다. 12회의 치료 회기 이후, 그녀가 출산을 하기 위해 병원에 가야 했기 때문에 13회 회기는 취소되었다. 그 단계까지 안나는 12주 동안 몇 번의 폭식 삽화만 보고하였는데([그림 7-2] 참조), 이는 그녀가 이전에는 한 번도 달성해 본 적이 없는 수준의 성공이었다. 출산이 임박해 오면서 한두 번 정도 구토를 하게 되었는데, 이는 배 속의 아이가 점점 자라게 되면서 소화 기능이 줄어들어 표준적인 수준의 식사를 해도 속이 더부룩해졌기 때문이었다. 이 삽화는 폭식을 하지 않았고 단지 속이 거북해서 구토를 한 것이다.

삶의 다른 영역에서 안나는 남편과의 관계가 개선되었다고 보고했다. 모든 경우는 아니었지만 몇몇 상황에서 남편에게 자신이 어떻게 느끼는지에 대해 표현할 수 있었고, 이 경우 일정 비율로 남편이 적절히 반응하거나 어떻게 해서든 그 문제가 해결되었다는 점을 발견하였다. 뿐만 아니라 딸이 출생한 이후, 남편은 실질적인 측면에서 좀 더 도움을 주게 되었다.

출산 예정일이 임박했기 때문에 보다 공식적인 평가는 11주에 실시되었다. BDI에서 우울증 점수는 비임상적 범위인 14점으로 감소하였다. Robson의 자기개념질문지에서 자기존중감 점수는 126점으로 증가하였는데, 여전히 정상적인 범위(132~142)보다는 약간 낮았다. 그러나 치료 시작 시점의 점수에 비하면 유의하게 향상되었다.

안나가 아이를 출산하고 7주가 지난 다음 추후 회기를 가졌다([그림 7-2] 차트의 20주에 해당). 그녀는 매우 고통스럽고 오랫동안 지속되었던 출산 과정에 대해 이야기하였으며, 출산 후 며칠 동안은 금방이라도 눈물이 날 것 같은 경험을 했지만(산욕기 우울 증상, maternity blue), 빨리 회복하였고, 현재는 우울하지 않았다. 하지만 몇 주 전에 폭식 삽화의 수가 유의하게 증가하였고, 특히 지난주는 거의 매일 폭식/구토 삽화를 경험하는 등 매우 심각하였다. 문제가 되풀이된 것에는 몇 가지 이유가 존재하였다. 첫째, 딸이 태어났고 그 아이가 완전히 건강해 보였기 때문에 이제는 폭식증으로 인한 건강상의 손상에 대해 불안을 덜 느끼게 되었다. 그녀 자신이 폭식증 때문에 건강상의 문제가 발생한 경험이 한 번도 없었기 때문에 신체적 손상에 대한 경고가 자신에게 적용되지 않는다는 생각을 다시 하기 시작하였다. 둘째, 그녀는 모유 수유가 복근을 수축시키는 데 도움을 주고, 배를 보통 체형으로 되돌아가도록 도와줄 것이라고 어딘가에서 읽었기 때문에 딸에게 모유 수유를 시작했다. 하지만 그녀는 출산을 한 뒤 몇 주가 지나도 체중이 여전히 9스톤 이상이었고, 복부의 형태도 이전 체형으로 되돌아가지 않았으며, 근육 역시 충분히 탄탄해지지 않았다는 사실에 실망하였다. 셋째, 안나의 남편이 한 주 내내 출장을 가 버렸다. 어머니가 그녀의 집에 머물고 있긴 했지만 어머니가 있어도 안정이 되지 않았고 긴장된 상황이 지속되었다. 마지막으로, 안나는 치료에서 얻고자 했던 일차적인 목표를 성취했다고 이야기하였다. 그녀는 성공적으로 출산을 했으며, 이제 행복하고 건강한 딸아이가 그녀와 함께였다. 어떤 일이 생기거나 치료에서 어떤 문제가 발생해도 지금 그 문제들은 별로 상관도 없고 중요하지도 않은 것처럼 보였다.

그녀는 엄격한 운동과 식이조절에 덧붙여서 폭식과 하제 사용의 가능성이 있는 생활을 지속하고 있었다. 이런 생활 양식은 그녀 스스로를 날씬하고 매력적이라는 느낌을 갖게 만들었으며, 예전처럼 날씬하고 매력적이며 건강하다는 느낌으로 되돌아갈 수 있는 지름길을 제공한 듯 보였다. 출산 전 수업에서 알게 되었던 다른 아이의 엄마는 그녀가 어떻게 그렇게 빨리 원래 몸매로 돌아갔는지, 그녀가 아이를 막 출산했는지조차 모르겠다며 부러운 듯 이야기하였다. 이런 말들은 그녀를 기분 좋게 만들었고 자기가 알고 있는 다른 어떤 사람보다 더 빨리 이전의 체형과 체격을 되찾겠다고 결정했다. 그녀는 더 이상 치료가 필요하지 않았으며 나의 도움에 대해 고마워하며 치료를 종결했다.

추후 회기에 대한 보충 설명이 있는데, 마지막 회기 이후 대략 18개월이 지났을 때, 안나는 나에게 전화를 걸어서 그녀가 다시 임신을 하였고, '이전처럼' 자신을 도와줄 수 있는지 질문하였다. 초기 면접에서 그녀는 치료 종결 후 18개월 동안 한 주에 평균 4~5회의 폭식 삽화가 있었다고 보고하였다. 하지만 그녀는 지금 다시 임신을 했기 때문에 아기에게 해로울 수도 있다며 걱정하였고, 적어도 임신 기간 동안이라도 폭식 삽화를 줄이거나 없애는 데 도움을 필요로 했다. 이 개입은 이전보다 더 적은 회기만에 성공했는데, 임신 기간 동안 간격을 두고 진행하였다. 폭식을 통한 정서조절의 문제나 체형과 매력에 대한 신념의 문제, 남편과의 관계에 대한 심도 깊은 문제 등을 다시 검토했음에도 불구하고, 회기 내에서는 표면적으로 이 문제에 대해 순응하더라도 삶의 방식을 조금이라도 변화시키겠다는 의지가 없다는 사실은 명확하였다. 둘째 아이를 출산한 후 오래지 않아, 그녀는 상당한 수준의 운동과 섭식 제한을 하면서 일주일에 몇 번 폭식을 하는 이전의 패턴으로 되돌아가게 되었다.

치료적 실패?

안나에게 건강하고 행복한 두 명의 아이들이 생겼고, 남편과 관계 맺는 자신의 방식을 개선시켰다는 점에서 내담자는 치료적으로 성공했다고 생각하는데, 왜 이 사례를 '치료적 실패'라고 정의해야 하는가? 치료를 마무리하는 시점에서, 안나가 '폭식의 결과로 발생할 수 있는 위험을 감소시켜서 아이를 보호하는 것'을 치료의 주요 목표로 설정했다는 사실은 명백하였다. 그러나 이 목표를 성취하고 치료를 끝마치자마자 그녀는 매주 과도한 운동 및 식이조절과 여러 번의 폭식 삽화가 결합된 원래의 패턴으로 되돌아갔다. 두 번째 임신으로 다시 치료를 받게 되었을 때, 치료목표는 더 분명해졌다. 그녀는 임신 동안 폭식증이 없는 패턴으로 되돌아가는 데 도움을 필요로 했고, 이 시점에서 치료자와 내담자는 임신 기간 동안에만 폭식증이 없는 패턴을 유지하는 데에 동의하였으나, 출산 이후에는 폭식증의 생활방식으로 되돌아갈 계획이었다. 치료자로서 나는 치료의 목표를 이런 식으로 감소시키는 것이 약간 꺼림칙하긴 했지만 그 목표에 동의했다. 그럼에도 불구하고, 내 입장에서는 몸매를 유지하기 위해서 폭식을 하는 이유에 대해 살펴보아야 하며, 정서조절 역시 함께 검토하고 싶다고 설명하였다.

결국에는 내담자의 치료목표가 치료자로서 내가 세웠던 목표와 매우 달랐다는 사실을 발견할 수 있었다는 점에서 나는 상당히 운이 좋은 편일 것이다. 많은 치료자가 이러한 불일치가 명료하지 않은 채 치료를 진행하곤 한다. 이 경우에 내담자들은 자신의 치료목표를 비밀로 묻어 두거나 그렇지 않으면 치료목표를 의식하지 못한 채 자기기만에 빠질 수 있다. 내담자가 누군가를 기쁘게 하려고 치료에 참여하는 것은, 의식적 속임수의 한 가지 예가 될 수 있다. 파트너나 가족 중 누군가에게 구토하는 것을 들켰던 폭식증 환자와 치료 작업을 했던 적이 있었는데, 그 사람이 너무나 괴로워하면서 내담자에게 폭식증 치료를 받으라고 요구한 사례였다. 자신에게 중요한 파트너나 가족을 진정시키기 위해서 그 내담자는 도움을 구하고 치료에 참석하는 시늉을 했다. 치료를 통해 중요한 타인의 걱정을 감소시키고 그를 진정시키는 것이 내담자가 원하는 바였지만, 치료자는 내담자가 자신의 행동 패턴을 변화시키기 위해서 치료를 찾았다고 믿는 점이 이 사례에서 발생한 불일치다. 안나의 사례에서 중요한 타인은 그녀의 주치의였는데, 이 사람은 안나를 매우 걱정하면서 아이의 안전을 위해서 그녀가 뭐라도 해야 한다고 설득하였다.

불일치의 또 다른 유형은 자기기만과 타인기만이 결합된 무의식적인 것이다. '자기기만'이 반드시 병리적인 과정이라 할 수 없으며, 일상적인 기억 및 지각 과정에서 정상적인 정보처리의 편향이나 왜곡으로 야기될 수 있다(Power, 2001). 편향과 관련된 다양한 일상적 예시가 존재하는데, 이러한 편견은 자기 역할의 중요성을 강조하고 자기존중감을 보호하는 방식으로 작동하며, 어느 정도 제한된 자기반영의 여지가 있어야 한다. 그러나 특정 상황에서는 이러한 정상적 과정이 병리적인 자기기만으로 변할 수 있다. 예를 들어, 학대와 방임의 초기 경험은 정서 발달에서 비전형적인 발달 경로를 야기하는 두 가지 문제 사례로서, 자기기만과 타인기만이 두드러지게 나타나는 정신병리를 야기할 수 있다. 안나의 경우, 분노와 같은 부정적인 대인관계적 정서를 다루는 데 있어서 분명한 발달적 문제가 존재하였다. 학대하는 외할머니, 일관성 없는 아버지, 그녀를 보호하지 못했으며 자기효능감도 심어 주지 못한 부모는 정서 발달에서 문제를 야기하였다. 안나의 경우 남편에 대한 분노감을 의식적으로 표현하는 데 있어서 어느 정도 진전을 이루었음에도 불구하고, 그녀가 이해하지 못한 것처럼 보이는 또 다른 수준의 적대감이 여전히 존재하였다.

그녀는 체중, 체형, 매력에 대한 신념을 검토하고 이에 대해 도전하는 치료 작업과 관련하여 표면적으로는 수용하였으나 궁극적으로는 이를 거절하였는데, 이것이 적대감으로 경험될 수 있다는 사실을 결코 이해하지 못했다. 불일치가 느껴지는 지점에서 이에 대해 치료자가 피드백을 주려 하자, 그녀는 비록 무의식적이라 할지라도 자신이 적대감을 표현한 적은 결단코 한 번도 없다고 이야기하였다. 사실상 정신분석적 용어로 전이의 이슈가 존재한다는 사실이 명확했는데 아마도 이는 그녀의 부모, 특히 그녀를 제대로 보호하지 못했던 부모에 대한 적대감이 치료자에 전이된 것이라 여겨진다. 그렇지만 이에 대한 작업을 시도하려면 장기적인 치료가 필요할 것이다.

다른 책에서도 이에 대해 논의했듯이(Beach & Power, 1996), 이런 전이 문제는 오로지 정신분석에서만 유래하는 것이 아니며, 어떤 형태의 치료에서도 제기될 수 있는 문제다. 그러나 안나의 경우 그런 이슈를 탐색할 가능성은 거의 없었으며, 특히 두 번째 치료 기간 동안에는 더욱 그러했다. 안나에게 이 문제는 치료목표에서 벗어나 있었기 때문이다. 첫 번째 치료의 경우에는 치료자로서 내가 나 자신도 모르는 사이에 '치료적 실패'로 치료를 종결한 셈이며, 두 번째 치료의 경우에는 명확하고 명시적으로 '치료적 실패'에 동의한 셈이 되었다.

안나에 대한 추가적 언급

안나와의 치료 작업을 끝내면서 폭식증과 관련하여 두 가지 추가적인 이론적 언급을 해야 할 필요가 있다. 첫 번째 이슈는 폭식증에서 혐오 정서의 역할에 관한 것이다. 그 역할은 섭식장애뿐만 아니라 다른 많은 장애에서도 무시되거나 거의 최소화되어 왔다(Power & Dalglelish, 1997, 2008). Russell(1979)의 전통적 접근이나 섭식장애의 저명한 연구자들의 관점에서, 거식증과 폭식증 같은 섭식장애에서 '병적 공포(morbid fear)'라는 요인이 지나치게 강조되어 왔던 것으로 보인다. 그러나 이 장애들은 '혐오반응'이라는 핵심 요소를 개념적으로 공유하고 있다. 혐오반응은 대체로 음식 혹은 음식의 부산물(구토, 소변, 대변 등을 포함한)과 관련이 있는데, 냄새나 맛, 질감, 형태 등과 연관될 수 있다. 예를 들어, 모든 사람은 자기 자신을 보호하기 위해서 혐오반응을 보유하게 되는데, 썩은 음식이라든지 혹은 자신의 문화권에서 먹을 수 없는 것으로 사회화된 특정 음식(가령, 특정 문화권에서의 돼지고기 제품)에 대해 그런 반응을 보인다. 그러나 섭식장애가 있는 많은 사람은 '나쁜' 음식과 관련된 그들 자신만의 목록을 가지고 있다. 이 음식들은 대부분 그들이 폭식하는 음식으로, 음식을 먹을 때 '유쾌하다/불쾌하다'와 같은 감정이 아니라 그 음식이 포함하고 있는 칼로리를 기준으로 '나쁘다'라고 정의하게 된다. 혐오 정서에서 '게워내기반응'은 '오염되었거나' 혹은 '안 좋은' 물질을 자신의 신체 밖으로 배출하는 것으로, 폭식증의 경우에는 폭식한 음식을 배출하는 것뿐만 아니라 원치 않는 정서를 방출하려는 시도로도 사용된다. 그녀가 처음 시도했었을 때에는 '게워내기반응'이 폭식의 원인이었겠으나, 다른 한편으로는

'게워내기'가 폭식이 발생한 것에 대한 정서적 결과가 되는 것 같았다. 안나의 사례에서 이 두 가지 기능이 명확하게 존재하였다. 그녀는 자신이 폭식을 해서 몸에 집어넣은 '나쁜' 음식을 제거하려 했을 뿐만 아니라, 폭식을 촉발시킨 분노 혹은 폭식에 굴복한 후 경험하게 되는 죄책감과 수치심 같은 '나쁜' 정서를 없애고자 하였다. 혐오는 자신의 신체로부터 원치 않는 물질을 없애는 정서다. '병적 공포'만으로는 폭식과 구토의 결합에 대해서 충분한 설명을 하지 못한다.

두 번째 이슈는 의식적이든 무의식적이든 안나가 분노의 감정을 경험하였고, 의식적 수준에서 작업해 볼 수 있었음에도 불구하고 그녀가 자신의 분노나 적대감에 전혀 접근하려 하지 않았다는 것과 관련된다. 이와 같이 정서에 대해 다층적으로 접근하는 관점은 명백히 정신분석 이론에 기원을 두고 있지만, 아이러니하게도 정작 Freud는 정서 그 자체를 오직 의식적 수준에서만 경험할 수 있다고 생각하였다(1장 참조). 하지만 보다 최근에 제기된 정서의 중다수준적 접근은 현재 상당히 영향력 있는 모델이라 할 수 있는데, 훌륭한 정서 이론을 토대로 정서에 대해 각기 다른 수준에서 접근할 필요가 있음을 강조한다(Teasdale, 1999). 1장과 2장에서 제시한 바와 같이, 우리는 SPAARS모델이란 이론적 토대에서 사건에 대한 표상에 다층적 수준이 있음을 주장하였으며, 특히 정서체계에는 크게 두 가지 주요 경로가 있다고 설명하였다. 첫 번째는 고차적 수준의 경로로, 이 경로는 항상 정동의 의식적 경험을 포함한다. 두 번째는 자동적 · 무의식적 경로로, 의식의 가능성이 있긴 하지만 대부분 개인의 의식 밖에서 발생한다. 이 두 가지 경로는 심리치료의 변화 과정에서 각기 다른 함의를 가지는데(Power & Dalgleish, 1999), 자동적 경로의 경우 변화에 더 저항적이고 변화시키기도 더 어렵다. 특히 그런 정서를 거의 인정하지 않는 안나와 같은 내담자의 경우 더욱 그러하다.

요약과 결론

이 장의 목적은 전통적으로 정서중심접근을 적용하였던 정서장애를 넘어서, 섭식장애나 성기능장애, 약물 및 알코올 남용, 성격장애, 발달장애와 같은 광범위한 영역에도 이 접근을 적용할 수 있음을 강조하는 것이었다. 그러나 각 영역에 대한 세부사항을 충분하게 제시하려면 책이 상당히 두꺼워져야 할 것이다. 따라서 우리는 상세한 설명을 위해 섭식장애라는 한 가지 주제를 선택해서 폭식증을 앓고 있는 여성의 사례를 통해 EFCT 접근을 기술하였다. 또한 어떤 측면에서 '치료적 실패'를 대표할 수 있기 때문에 이 사례를 선택하였는데, 그럼에도 불구하고 내담자는 치료에서 얻으려 했던 목표를 성취했다고 여기고 있었다. 물론 Freud의 '도라(Dora)' 사례와 같이, 치료적 실패를 이해함으로써 치료 효과를 얻게 되는 위대한 전통이 존재한다(행동치료에서 유사한 사례가 필요하다면 Foa & Emmelkamp, 1983 참조). 우리는 책에 제시된 '치료적 실패'가 단기적인 치료 작업에서 '가능한 것'과 '불가능한 것'에 대한 현실적인 감각을 제시할 수 있기를 희망한다.

08 정서중심인지치료의 개관

이전 장들에서는 다양한 장애와 문제를 치료하는 데 있어서 정서 작업의 여러 측면을 강조하였다. 이 장에서 우리는 앞 장에서 산발적으로 제시했던 정서중심인지치료(EFCT)의 핵심 요소를 요약하고 통합하고자 한다.

심리치료에서 인지행동치료 접근에 관한 핵심 요소 중 하나는 상대적으로 정교한 인지모델을 포함하고 있다는 점이며, 이러한 인지모델은 다양한 장애에 대한 CBT 작업에 영향을 주었다. 명확하게 대조적으로, 인지가 정서를 유발한다는 초창기의 단순한 아이디어를 제외하고는 CBT 및 대부분의 다른 치료법은 정서를 다룰 때 비전문가들의 작업과 거의 동일한 방식을 취해 왔다. 대부분의 보통 사람은 우울, 불안, 분노 혹은 죄책감 같은 것이 '정서'라고 이야기할 것이다. 치료자임에도 불구하고, 우리는 정서에 대해 이런 보통 사람의 접근만으로도 충분히 만족한 것처럼 보인다! 런던에서 치료자로 일하면서 동료들이 가지고 있는 보통 사람의 시각에 관해 여러 번 경험했었고, 그들과 마찬가지로 정서 이론에서 더 이상의 발전은 없을 것이라 생각했었다.

사실 이런 것은 글보다는 말로 소개하는 것이 더 나을 수 있을 텐데, 약간 익살스럽게 소개하면, 우리 이론은 '인지정서행동치료(Cognitive-Emotional-Behavioral Therapy: CEBT)' 에서 E(정서)를 어떻게 놓을 것인가와 관련된다. 마차에서 다른 형태의 이동 수단으로 전환되었지만, 정서는 인지라는 수레를 끌고 있는 말로 비유할 수 있다. 정서는 인지에 대해 방향과 동기를 제공한다. 인지 없는 정서는 목적 없이 제멋대로 달리는 수레 없는 말과 같다. 하지만 정서가 없는 인지 역시 말 없는 수레다. 정서 없이는 아무 데도 가지 못한다는 사실에 대해 끊임없이 생각하기만 하면서 그 자리에 멈추어 있을 뿐이다. 즉, 정서는 인지에 대한 강력한 동력이 되지만 수레나 수레의 조종사는 말이 올바른 방향으로 갈 수 있도록 조종하는 역할을 하고, 필요할 경우 음식이나 물을 먹기 위해 멈출 수도 있으며, 그 힘을 생산적으로 사용할 수 있도록 돕기도 한다.

EFCT가 기반을 두고 있는 정서모델은 지난 10여 년 동안 Tim Dalgleish와 내가 발달시켜 온 다층적 접근이다(Power & Dalgleish, 1977, 1999, 2008).

소위 SPAARS모델[각각의 대문자는 각기 다른 유형의 표상체계를 대표하는데, S는 **S**chematic model level(도식모델 수준), P는 **P**ropositional level(명제 수준), A는 **A**ssociative level(연합 수준), A는 **A**nalogical system(유추체계)에서 기인한다.]에서 우리는 정서가 발생하는 경로가 하나가 아니라 두 개라고 주장하였다([그림 8-1] 참조). '낮은 수준'의 경로는 직접적이고 자동적인 것으로, 의식적 정보처리를 위한 노력이 전혀 요구되지 않으며, 태생적으로 가지고 있는 경로다. 그러나 선천적으로 주어진 정서의 출발점은 일생에 걸쳐 지속되는 발달적 · 사회적 영향력을 통해서 점진적으로 변화한다. 대략 1~2세 정도에 죄책감이나 수치심, 자부심과 같이 소위 '자의식'적 정서들이 출현하기 시작하면서(Lewis, 2000), 주로 의식적이고 노력이 필요한 정서인 '고차 수준'의 경로가 발달되기 시작한다. 의식적이며 노력이 필요한 평가 경로는 일생 동안 지속적으로 발달하지만 사건-평가의 연속적 순서가 자주 반복될 경우 자동화될 수 있다. 자동화된 경로의 과정이나 그 경로의 부산물은 그 자체가 노력이 필요한 평가 경로의 입력장치가 될 수 있다. 따라서 두 가지 경로 사이에는 역동적 상호작용이 존재하는데, 두 경로는 서로 협력하거나 갈등할 수 있으며, 많은 시간 동안 우리의 정서적 경

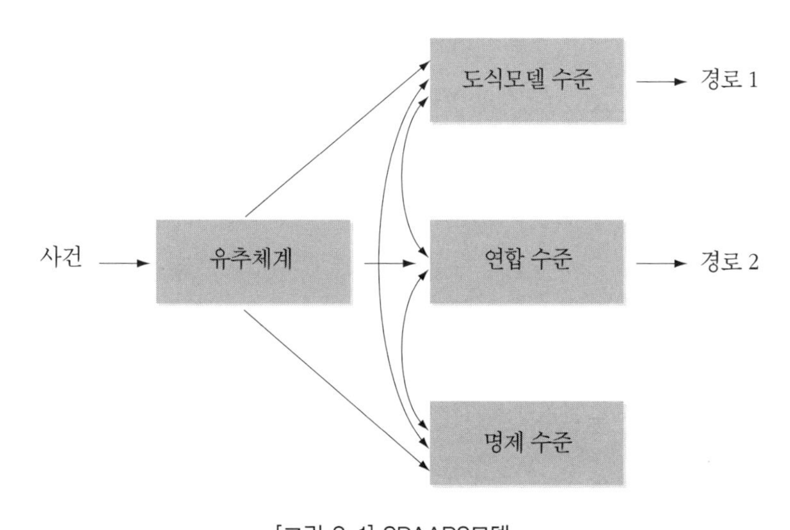

[그림 8-1] SPAARS모델

험을 풍요롭게 할 수 있다. 이 두 가지 경로에서 다양한 문제가 발생할 수 있는데, 자동화된 경로에서 발생한 정서에 대한 부당한 평가나 억제 혹은 거부가 이런 문제에 포함될 수 있으며, 자동화된 경로에서 발생한 정서들을 결합시키는 것도 문제가 된다. 이러한 문제들은 이 장의 후반부에서 다룰 것이다.

SPAARS 접근법의 두 번째 핵심 측면은 Oatley와 Johnson-Laird (1987)에 의해서 제기된 주장으로, 슬픔, 분노, 불안, 혐오, 행복이라는 다섯 가지 기본 정서가 존재한다는 것이다. 이 다섯 가지 정서는 사회-정서적 발달을 위한 선천적인 출발점이 되지만, 개인과 가족, 문화적 영향력에 따라 복합 정서의 범위와 표현이 결정되고, 이런 정서 표현의 규칙이 나타난다. 앞서 언급했던 것처럼, 가족이나 종교, 문화와 같은 맥락은 이러한 정서들 중 어떤 것에도 문제를 야기할 수 있다. 서양문화는 전통적으로 몇몇 정서를 '성별화(genderized)'하였는데, 이는 분노를 '강한 남성'의 감정으로 간주하고 공포나 슬픔을 '약한 여성'의 감정으로 간주하는 것을 의미한다. 특히 스코틀랜드의 아우터 헤브리디스 제도에 있는 극단적인 칼뱅주의와 같은 종교는 자부심이나 기쁨과 같은 정서를 죄악시하고 부정적으로 해석한다. 남태평양에 있는 또 다른 군도인 이팔루크섬 사람들도 이러한 관점을 공유하고 있다. 열대의 무인도라고 해서 우리가 상상했던 것만큼 낙원은 아닌 것이다.

이러한 점들을 염두에 두면서, 우리는 이제 EFCT의 실제에 대해 개관하고자 한다. 이것은 치료의 3단계라는 용어로 제시될 것인데, 모든 심리치료에서 공통적으로 적용하는 통상적인 틀, 치료 동맹 및 평가 단계, 작업 단계, 종결 단계가 그것이다(Power, 2002). 이에 대해서는 3장에서 보다 자세히 다루었다.

정서중심인지치료

치료 동맹 및 평가 단계

치료 동맹

3장에서 자세히 설명했던 것처럼, 치료 동맹은 모든 심리치료의 핵심이다. 치료자를 충분히 신뢰해서 고통스럽고 종종 수치심을 야기하기도 하는 내담자의 어려움을 함께 공유하도록 하기 위해서 내담자와 좋은 협력 관계를 확립하는 것은 단기치료에서 특히 부담이 된다. 따라서 치료자에게 매우 높은 숙련도가 요구되는데, 충분히 지지적이면서도 내담자를 너무 빠르게 충격적 폭로의 상태로 이끌지 않아야 하는 한편(너무 성급하게 작업하면 내담자가 치료에서 탈락할 수 있는 위험이 존재함), 풍부하고 완벽한 설명(해석)을 통해서 내담자가 과거와 현재 문제에 대해 통찰하게 해야 하기 때문이다. 숙련된 치료자는 충분한 평가를 하는 것과 어려운 문제들을 민감하게 탐색하는 것 사이에서 적절한 균형을 유지해야 한다.

신뢰를 주고받는 관계가 전혀 없으며 대인관계에서 의심이 많은 내담자의 경우, 치료 동맹을 맺는 것은 상당한 도전이 되며, 치료를 하는 동안 어떤 작업이나 도전을 시도하는 것이 매우 힘들다. 치료자의 입장에서는 치료 동맹이 잘 형성되었다고 믿고 작업 단계에서 적극적으로 개입하는 상황에서조차 예상치 않은 순간 갑자기 치료 동맹이 깨질 수도 있다. 예컨대, EFCT에서는 '성별화된 정서(gendered emotion)'가 이렇게 갑작스레 깨진 치료 동맹의 원인이 될 수 있다. 공포와 슬픔의 감정을 스스로에게 허락하지 않으면서 분노 감정은 과도하게 많았던 전형적인 글래스고 남자 내담자의 사례를 앞 장에서 제시했었다. 공포나 슬픔을 수치심과 관련지어 평가하는 것에 대해 작업하면서 빈번한 치료 동맹의 불화가 발생하였고, 치료 작업을 중단하고 치료적 관계를 재정비해야만 했다. 내담자가 눈물을 참거나 공황 상태에 빠지는 느낌을 경험했기 때문에, 재정비를 하는 동안 '약하게' 보이는 것에 대한 치료자의 반응을 내담자가 어떻게 생각하는지를 탐색하였다. 치료 초반부의 경우 내담자들은 그런 '약한 감정'에 대한 당신의 말을 믿으려 하지 않을 것이다. 그러나 치료자로서 당신은 이런 '약한 감정'이 수치스러운 것이 아니라 정상적인 경험이라는 것을 내담자가 수용할 수 있기 전까지 이와 관련된 문제가 발생할 때마다 이 순간으로 되돌아와야만 한다.

치료 과정 작업을 통해서 대부분의 치료자는 치료자를 향한 내담자의 부정적 감정에 특히 대처하기 어렵다는 사실을 발견해 왔으며, 내담자들이 표현한 부정적 감정의 존재를 그릇되게 회피해 오곤 했다 (Henry et al., 1986). EFCT의 경우, 내담자들이 우선 그런 부정적 감정을 자신의 치료자에게 표현하는 것이 충분히 안전하다고 느끼는 것이 중요할 뿐만 아니라, 치료자가 이런 감정을 처벌하는 것이 아니라 비파괴적이고 보다 건설적인 방법으로 표현할 수 있게 도와주는 것 또한 매우 중요하다. 예를 들어, 내담자가 치료자에게 분노를 표현하는 동안 소리를 지르면서 의자를 두드린다면, 치료자는 분노의 이유가 무엇인지 그리고 그 분노가 정당한지를 탐색해야 할 뿐만 아니라 내담자가 자신의 분노를 표현하는 방식 역시 검토할 필요가 있다. 내담자가 여성인 경우라면, 그녀는 아마 너무나 파괴적인 분노 폭발을 터뜨리기 전까지 자신의 분노를 꾹꾹 눌러 왔을 것이다. 그런 경우, 내담자가 보다 더 자주 적절하게 분노를 표현할 수 있도록 도와주어야 한다. 물론, 치료자는 내담자가 화를 내게 된 이유가 무엇이건 간에 이를 현실적으로 다루는 것이 필요할 수 있다.

평가

치료의 첫 번째 단계에서 중요한 부분은 내담자로부터 적절한 범위의 표준화된 평가 및 기타 다른 평가 정보를 수집하는 것이다. 때로는 치료자가 핵심 평가 정보 세트(일반적으로 하나 이상의 증상이나 고통을 측정)에 대한 치료 서비스를 필수적으로 제공하는 경우도 있다. 그러나 CBT 혹은 EFCT의 전체적인 평가에는 기타 공식적인 평가도구가 포함되어야 하며, 이 결과들은 사례개념화를 위한 유용한 정보를 제공하고 때때로 임상적 면접에서는 분명하게 드러나지 않은 정보를 주기도 한다. 다만, 실시된 측정도구가 얼마나 유용한지와는 상관없이, 대부분의 치료자 혹은 치료 서비스 센터에서는 종합 평가 배터리를 선호해 왔거나, 이런 배터리를 '전통'이라 여겨 온 것으로 보인다. 우리는 지금까지 EFCT의 평가를 위해 특별히 설계된 몇 가지 측정도구를 사용해서 작업해 왔다. 그러나 치료자라면 이에 더해 자신이 유용하다고 생각하는 것은 무엇이든 장애나 목표에 적합한 측정도구, 혹은 결과 측정도구를 사용해야 한다.

1. **정서와 관련된 측정도구**: 기본정서척도(Basic Emotion Scale: BES; Power, 2006)는 정서 평가의 좋은 출발점이 될 수 있다. 이 척도는 불안, 공포, 슬픔, 혐오, 행복의 다섯 가지 기본 정서에서 파생된

20문항으로 구성된다. 각 기본 정서는 네 가지 예시로 표현되는데, 혐오의 경우에는 예외다(우리는 역겨움의 형태로 표현되는 이 정서에 대한 자료를 수집할 의향이 있다). 응답자들은 지난주에 해당 정서를 얼마나 자주 경험했는지, 일반적으로 그 정서를 얼마나 경험하는지, 마지막으로 정서가 발생했을 때 그 정서를 얼마나 잘 다루는지의 세 가지 유형(상태, 특질 그리고 대처)의 20문항 척도에 응답하게 된다. 이 척도는 치료의 시작 시점에 사용할 수 있는 상당히 유용한 임상적 평가도구다. 해당 척도는 '부록 2'에 제시되어 있다.

정서조절질문지(Regulation of Emotions Questionnaire: REQ; Phillips & Power, 2007)는 내담자가 사용하는 전형적인 정서조절 전략 또는 메타-정서적 기술(Power & Dalgleish, 2008)이라고 불릴 수 있는 개념에 대한 개요를 제공한다. 처음에는 청소년 표본을 대상으로 해당 척도를 개발하였으나, 성인 내담자들에게도 상당히 유용하다. 이 척도는, ① 기능적인 내적 전략, ② 역기능적인 내적 전략, ③ 기능적인 외적 전략, ④ 역기능적인 외적 전략으로 정서조절 전략을 구분하였다. '부록 3'에 제시된 버전은 '일반적인' 정서에 대한 질문으로 구성되지만, BES에서 분노나 공황과 같은 특정 정서가 치료의 초점이 될 가능성이 있을 경우, 해당 정서로 바꾸어 질문하는 것이 유용할 수도 있다.

정서일지(Emotion Diary)는 Oatley와 Duncan(1992)의 작업을 수정한 것이다('부록 4' 참조). 회기와 회기 사이에 존재하였던 중요한 정서 경험 및 해당 경험의 맥락에 대해 상세하고 구조화된 정보를 제공하는데, 이런 정서일지는 치료 과정에서 탐색될 수도 있고, 치료자가 치료 도중 초점을 맞춰야 할 문제를 선택하는 데 도움을 줄 수도 있다.

2. 증상 측정도구: 우울, 불안, 강박 증상, 외상 후 스트레스 장애, 분노, 애도, 조증, 정신신체화 문제 등의 증상을 평가하기 위한 표준 측정도구들이 존재한다. 그러나 어떤 도구가 임상적으로 유용할 것인지에 대한 선택은, '꼭 필요한 최선의 측정도구는 무엇인가'에 달려 있다기보다는 '지금껏 사용해 왔던 전통'이나 '해당 도구가 무료인가 아닌가'에 좌우되곤 한다. 4장에서 우리는 흔히 우울 증상 측정에 사용되는 병원불안 및 우울척도(Hospital Anxiety and Depression 척도: HADS)와 Beck 우울검사 2판(Beck Depression 검사-II: BDI-II)의 약점을 보여 줄 수 있는 사례를 제시하였다. BDI의 경우 폭넓게 사용되긴 하지만, 해당 척도는 우울에 대한 인지적 · 신체화 증상에 초점을 두고 있으며, 정서(예: 이 척도는 우울을 평가하는 데 결정적인 '수치심'을 평가하지 않는다.)나 대인관계(예: 타인에 대한 민감성, 사회적 회피)는 제대로 측정하지 못하는 경향이 있다. 최근에 우리가 개발한 새로운 우울측정도구는 이러한 약점을 극복한 것으로, '부록 1'에 제시되어 있다.

3. 사회적 지지: 대인관계치료(IPT) 접근법의 강점 중 하나는 대인관계검사라 불리는 측정도구를 초기 평가 회기 중 적어도 한 회기에 할당해서 실시한다는 점이다. 이 회기 동안, 치료자는 내담자의 사회적 관계망 및 해당 관계망에서 그 사람이 받고 있는 사회적 지지의 질적 측면에 대한 전반적인 그림을 상세하게 얻을 수 있다. 특히 앞으로 더 발전시켜 나갈 수 있는 건강한 관계와 관계 개선이 필요한 어려운 관계에 대해 알게 된다. 이런 평가 중 하나로

서 중요한 타인척도(Significant Other Scale: SOS; Power et al., 1988)를 사용하는데, 이 척도를 통해 관계망 내에 존재하는 핵심 인물(파트너, 어머니, 아버지, 가장 친한 친구 등)과의 관계에서 경험하는 이상적인 사회적 지지의 수준과 실질적인 사회적 지지의 수준을 대비하여 평가할 수 있다('부록 5' 참조). 예를 들어, 우울한 내담자와 작업하는 과정에서 타인의 기대가 지나치게 높다는 사실을 발견하는 것은 매우 흔한 일이며, 이는 물론 치료의 초점이 될 수 있다.

4. 삶의 질: 심리치료의 결과를 측정하는 데 삶의 질이 통상적으로 사용되지 않지만, 이 척도가 약물치료의 결과를 평가하는 데 광범위하게 사용된다는 것은 이 척도가 자신의 몫을 해낸다는 것을 의미한다. 우리는 삶의 질을 측정하기 위한 WHOQOL 측정도구 개발 작업에 참여해 왔기 때문에(예: Power, 2003), 치료의 시작이나 종료 시점에 이 척도를 사용할 것을 강력히 추천한다. 여기에는 WHOQOL -BREF, WHOQOL-100, 그리고 WHOQOL-OLD가 포함되며, WHOQOL-BREF는 '부록 6'에 좀 더 자세하게 제시되어 있다.
5. 기타 측정도구: 치료에서 초점을 맞출 문제에 따라서 보다 구체적인 다른 측정도구를 사용할 수 있을 것이며, 이를 통해 치료적 개입의 특정 측면을 평가할 수 있을 것이다. 또한 치료자는 오디오테이프, 관찰 측정, 생리적 측정 그리고 얼굴 표정 코딩 시스템의 분석과 같이, 자기보고식이 아닌 측정에 대해 고려해 볼 수 있다. 물론, 수많은 서비스 기반 치료에서 근거 기반 치료에 초점을 맞추는 경향이 증가하고 있고 치료의 효과성을 측정하기 위해 비자

기보고식 방법을 더 많이 사용하고 있음에도 불구하고, 현실적으로 말해서 이와 같은 비자기보고식 측정은 연구 설계에서만 사용되는 경향이 있다. 즉, 우리는 모든 치료자가 특히 쉽게 놓칠 수 있는 미세얼굴표정에 대한 감정 표현 코딩에 대한 공식적 훈련이 필요하다고 믿는다. 얼굴 정서 코딩 훈련[1)]은 정서 평가에 유용할 뿐만 아니라 지속적인 치료 작업에도 유용한데, 이를 통해 치료자가 정서적 의사소통 통로를 맞추기 때문이다. 이에 대해서는 다음에 다시 개괄적으로 설명하겠다.

작업 단계

문제에 초점 맞추기

단기치료는 초점을 맞출 문제를 잘 선택하고, 내담자가 끊임없이 변화하며 서로 상관이 없는 문제를 두서없이 이야기하는 위험을 방지할 때 가장 효과적이다. CBT의 약점은 초점을 맞출 문제를 선택할 때 이런 선택이 제대로 이루어졌는지에 대한 가이드라인이 불충분하고, 공황장애나 강박장애와 같이 외부로 표현되는 장애에 의해 선택이 일어나는 경향이 있다는 점이다. 반면, IPT의 경우에는 초점을 맞출 문제

1) 역자 주: 저자는 동료인 Ursula Hess와 Pierre Philippot와 함께 정서 얼굴 표정을 코딩할 수 있는 훈련도구를 개발하였다. 얼굴 표정 코딩을 연습해 볼 수 있는 훈련 프로그램이 탑재된 CD가 있고, Wiley-Blackwell 웹사이트에는 더 많은 훈련 과제가 제공되어 있다. 해당 패키지는 얼굴 표정의 범위에 대해 직접적으로 코딩하는 것으로 시작된다. 그 이후 200ms 단위로 중립적 표정에서 다른 얼굴 정서로 미세하게 표정이 변화하는 것을 보게 되며, 각기 다른 정서가 몰핑된 얼굴 표정을 섞어서 판단하기 시작한다. 저자들은 EFCT의 사용 여부와 관계없이, 모든 치료자가 얼굴 표정 코딩 기술을 개선시킨다면 치료를 수행하는 데 유용할 것이라 믿고 있다.

영역에 대한 명확한 틀이 있으며, 이는 이 치료법의 강점 중 하나다. 성인 우울증에서 초점을 맞출 문제 영역은, ① 애도(grief), ② 역할 전환(role transitions), ③ 역할 논쟁(interpersonal role disputes), ④ 관계 기술 부족(deficit, 최근에는 '대인관계 민감성'으로 명칭이 변경되었다.)이다.[2] 그러나 IPT의 문제초점 영역은 주로 우울증 치료를 위해 개발되었으며, 이 네 가지 초점 영역이 우울증이 아닌 다른 정서장애에 부합할 것인지 그렇지 않을지는 불분명하다.

EFCT의 경우, 정서 평가와 임상적 배경, 사회적 관계망에서 얻은 정보들을 통합하는 것이, 치료 작업에서 초점을 맞춰야 하는 정서 문제에 대한 충분한 정보를 제공할 것이라 가정한다. 5장과 6장에서 너무 많은 정서나 너무 부족한 정서에 대해 어떻게 작업할지에 대한 개략적 윤곽을 제시하였다. 물론 해당 정서가 제대로 조절된 것인지 아닌지를 아는 것이 더욱 핵심 문제이긴 하지만, 너무 많은 정서/너무 부족한 정서와 같은 문제를 고려하는 것도 어떤 측면에서는 치료의 초점이 될 수 있다.

그러므로 치료의 작업 단계에 초점을 맞출 핵심 정서 문제를 찾기 위해서는 다음의 쟁점들을 고려해 볼 수 있을 것이다.

- 어떤 정서가 문제가 되는가?

---

2) 역자 주: 원문에서는 grief, transitions, dispute, deficit으로 간략하게 기술되어 있지만, 대인관계치료의 핵심적인 개념의 용어 통일을 위해, ① 애도(grief), ② 역할 전환(role transitions), ③ 역할 논쟁(interpersonal role disputes), ④ 관계 기술 부족(deficit)으로 수정하여 번역하였다. Stuart와 Robertson(2012)의 대인관계치료 가이드북 한글판에서는, ① 애도와 상실(grief and loss), ② 대인관계 갈등(interpersonal dispute), ③ 역할 전환(role transitions)의 세 가지 문제 영역에 초점을 맞출 것을 제안하고 있다.

• 그런 정서가 문제를 야기하는 중요한 사회적 맥락은 무엇인가?
• 그 정서를 어떻게 조절하였는가?
• 치료 기간 동안 어떤 사회-정서적 문제에 초점을 맞추는 것이 치료 작업을 최적화할 수 있을 것인가?
• 위험요인(자살 혹은 자해의 위험, 관계 등)은 무엇인가?

우리는 앞 장에서, 치료에서 초점을 맞출 정서 문제를 선택하는 것이 첫눈에 알아차릴 수 있을 만큼 명확하지 않음을 시사하는 많은 사례를 제시하였다. 예를 들어, 분노 문제로 의뢰되었던 글래스고 남자의 경우 더 문제가 되는 정서는 슬픔이나 불안으로 밝혀졌다. 그가 표현하는 공격성은 사회적으로 허용된 표현 수단이었고, 자신이 '약한 여성적 정서'로 고통받고 있음을 지워 버리기 위한 시도였다. 이와 비슷하게 우울이나 불안을 호소하는 여성들이 종종 불안이나 슬픔보다는 분노 조절 문제를 가지고 있지만, 그들의 분노는 불안이나 슬픔의 형태로 표현된다. Freud는 모든 우울증이 이러한 기제로 설명될 수 있다고 잘못 생각했었지만 우리는 일부 여성에게서 단지 일부의 우울증에서만 분노 문제를 사례개념화에 포함시키는 게 더 나을 수 있다고 제안하는 바다. 아울러 이 분노는 관계의 문제, 예를 들어 파트너나 부모, 직장 상사나 이와 유사한 (대인)관계에서의 문제와 연관될 수 있다고 제안하려 한다. 따라서 치료에서 초점을 맞추어야 할 문제는 파트너와의 관계에서 경험하는 분노일 수 있다.

초점을 맞출 정서 문제를 선택하는 것과 관련된 제안을 요약하자면, 정서를 선택한 이후 이를 사회적 관계나 맥락과 관련시켜야 한다는 점이다. 다음은 치료의 초점이 될 수 있는 정서와 그것이 나타날 수 있는 맥락에 대한 예시다.

- 분노: 파트너 관계
- 슬픔: 사별
- 불안: 타인에 대한 공격성
- 공황: 자기 압도감

따라서 초점을 맞출 정서 문제는 〈표 8-1〉에 제시된 바와 같이 좀 더 정교화될 수 있다. 첫 번째 칸은 우울증과 같이 치료에 의뢰된 문제를 나타내고, 두 번째 칸은 문제가 되는 정서를 표현하며, 세 번째 칸은 이러한 정서가 문제시되는 상황적 맥락을 강조한다. 실제적으로 초점을 맞출 문제를 고려하여 예비적으로 사례개념화를 하기 위해 특정 내담자의 사례에서 강조 및 요약할 필요가 있는 몇 가지 영역이 존재한다. 전형적인 임상적 의뢰 상황에서는 문제가 될 수 있는 초점 영역이 여러 가지일 수 있으며, 이런 문제들은 주제별로 서로 관련될 수도 그렇지

〈표 8-1〉 정서 문제 초점의 예시

의뢰 문제	문제 정서	문제 맥락
부부 문제	분노	파트너와의 관계 + 다른 중요한 관계
공격성	공황발작	타인을 향한 신체적 및 언어적 공격성
우울증	분노, 수치심	타인을 향한 분노가 자신에게 향함
우울증	슬픔, 수치심	파트너의 상실에 대한 애도
폭식증	분노	폭식과 하제 사용을 통한 부정적 정서의 제거
PTSD	혐오, 수치심	공유되지 않은 침습적 사고와 기억
외상 이후 음주 문제	불안	강도를 당한 후 대중교통의 회피
양극성 장애	고양감, 분노	기분이 '고조'될 때 무모한 불법적 행동

않을 수도 있다. 즉, 치료에서 초점을 맞출 주요 문제 영역이 자신의 파트너에게 분노를 표현할 수 없는 것이라 하더라도, 주제상으로 관련된 다른 관계의 문제(예: 부모님에 대한 분노, 직장 상사에 대한 분노)가 존재할 수 있으며, 이 경우 '파트너에 대한 분노'라는 원래 초점과 다시 연결될 수 있을 것이다. 또한 내담자에게 건설적으로 화를 내기 위한 방법을 알려 주는 실질적인 작업은 처음부터 그녀의 파트너와의 관계보다는 더 안전한 관계나 덜 도전적인 관계를 포함해서 시도할 수 있다. 치료적인 관계에서는 내담자가 분노와 같이 어려운 감정을 표현하는 방법을 학습할 수 있는 안전한 관계를 제공해야만 한다. 그렇지만 내담자가 분노 표현을 배워서 건설적으로 연습해 볼 수 있는 가장 좋은 대상은 친한 친구, 형제, 가까운 직장 동료일 것이다.

초점을 맞출 정서 문제가 너무 많은지 너무 부족한지에 따라 작업의 유형이 좌우된다. 5장에서 우리는 애도, 공황 또는 우울증의 경우와 같이 너무 많은 정서 경험에 대한 자세한 예시들을 살펴보았다. 때로는 너무 많은 정서가 나타나는 이유를 개념화할 때, 사용 중인 정서조절 전략이 사례개념화의 핵심적인 부분이 될 수도 있다. Daniel Wegner가 제시했던 바와 같이, 정서를 지나치게 억제하려는 시도는 때때로 정반대의 효과가 있어서 너무 많은 정서를 야기하기도 한다(Wegner, 1994). 상사에 대해 느끼는 분노와 같은 정서를 억제했다가 나중에 그 정서를 표현하는 능력은 건강하고 성숙한 조절 전략이지만(Vaillant, 2002), 술이나 약물 또는 공격성과 같은 다른 방법을 통해 그 정서를 억압하고 여기에서 벗어나기 위해 시도할 경우 정서를 더 적게 경험하는 것이 아니라 오히려 더 많이 경험할 수 있다. 정서의 기능적 측면에서 보면 이는 다음과 같은 결과를 시사한다. SPAARS 및 다른 모델의 측면에서 볼 때, 정서는 전형적으로 목표나 계획과 관련해서 발생하며, 목표나 계획이 더 중요할수록 더 강렬한 정서가 일어날 가능성이 있다(Power & Dalgleish, 2008). 만약 당신이 결혼해서 아이를 가지고 싶었는데 당신의 파트너가 불륜을 저지르고 있다는 것을 알았다면, 그 사람으로 인해 목표와 계획이 방해받거나 좌절하는 경험이 강렬한 분노로 이어질 것이다(〈표 2-1〉 참조). 그러나 화난 감정을 없애기 위해 유일하게 시도한 (약물이나 알코올 같은) 정서조절은 분노를 야기한 상황을 해결하는 데 전혀 도움이 되지 못하는데, 이 상황을 다루지 않고 회피한다면 분노가 나아지는 것이 아니라 오히려 악화될 수 있다. 5장에서 우리는 다섯 가지 기본 정서를 대상으로 너무 많은 정서에 대해 어떻게 작업하는지 광범위한 사례를 통해 살펴보았다.

6장에서 우리는 너무 부족한 정서에 대한 문제를 고려하였다. 앞서 언급하였듯이, 하나 또는 그 이상의 정서를 너무 부족하게 경험하는 경우, 해당 정서를 너무 많이 경험할 수 있다. 흔치는 않지만, 아내를 살해한 남자처럼 정서가 과도하게 파괴적으로 표현될 수도 있다. 아이가 받아들일 수 있는 경험의 범위를 벗어난 정서가 사회화될 경우, 그 사람의 자기발달은 해당 정서를 자아 이질적인 것으로 판단하고 이를 배제하는 방식으로 발생할 수 있다. 6장에 제시된 케이트가 그 극단적인 사례라 할 수 있는데, 그녀는 남편이나 다른 누구에게도 분노 감정을 경험하지 않았지만 남편을 죽이거나 상처를 입히는 반복적인 악몽을 꾸기 시작했으며, 남편이 출장을 갔을 때 특히 심했다. 그녀에 대한 사례개념화에서 남편과 분노를 연결시켰으며, 이는 남편에 대한 분노를 경험하거나 표현하는 것에서 그녀의 무능함과 결부된다. 그녀의 적대감이 표현되었던 단 하나의 명백한 방법이 꿈 내용인 것처럼 보였지만, 케이트와의 단기치료에서 우리는 그녀 스스로 이 두 가지를 연결시키도록 하는 작업을 전혀 진행하지 않았다. 물론, 정신분석에 대한 두려움을 주입받은 BT나 CBT 치료자들은 꿈, 강박관념, 실수 그리고 신체화 증상으로 표현할 수 있는 '무의식 정서'에 대한 가능성을 묵살해 버릴 수 있을 것이다. 아마도 그들은 자유 시간을 즐기거나 테니스 클럽에 가입하라고 케이트를 설득할 수도 있을 것이다. 사실, 그녀는 요즘 자신의 테니스 코치와 불륜에 빠져 있다(이런 게 오히려 그녀의 남편에게 교훈을 줄 수 있을 것이다. 그렇지 않은가?). 남편과의 관계를 덜 중요하게 만든다는 점에서(혹은 그런 중요성 자체를 존재하지 않게 만든다는 점에서), 그런 식의 활동 계획은 그녀의 표현되지 않은 분노를 다루는데 간접적인 도움이 될 수는 있을 것이다. 그러나 이런 간접적인 방법은 문제의 근원을 다루지 못하고, 그녀가 남편을 떠나도록 만든 테니스 코치와의 관계에서도 이런 문제는 제대로 해결되지 못할 수 있으며, 미래의 어떤 시점이 되면 그녀는 다시 도움을 요청할 수도 있을 것이다.

성격장애와 같은 더 극단적인 사례의 경우, 치료의 작업 단계는 1년 혹은 그 이상으로 늘어날 필요가 있다. 의료 서비스 내에서 제공할 수 있는 회기의 횟수에 제한이 있지만, 때때로 치료 효과는 치료가 종결된 후에도 계속된다. 일반적으로 심각한 성격장애 사례들의 경우, 단기치료이든 장기치료이든 모든 유형의 치료에서 도전이 된다. 그러나 이러한 장애들의 개념화에서 중요한 점은 발달적인 맥락에서 발생한 사회-정서적 기능상의 문제가 표현된 것이라는 점이다. 가장 극단적인 사례가 자폐증 같은 발달장애인데, 자신 및 타인과의 의사소통 문제에서 마음이론, 정서이론과 같은 영역의 심각한 결손을 반영한다. 실제로 심각한 발달장애의 경우, 정서 및 정서 기술에 대한 기본적인 수준의 훈련이 매우 유용하다. 마찬가지로, 심각한 성격장애 중 일부의 경우에도 정서 인식 및 정서 표현의 기본적인 교육이 필요할 수 있다. 내담자들이 정서에 대한 지식이나 표현에 관심이 있을 경우, 수련 중인 치료자들을 위해서 개발한 정서얼굴 표정 코딩 시스템을 훈련해 볼 것을 권장한다.

종결 단계

앞서 우리가 밝혔던 것처럼, 특히 단기치료를 할 때 CBT는 치료 종결에서 필요한 문제들에 대해 거의 이야기를 하지 않았다. 단기치료에서는 치료의 시작부터 적절한 종결에 대한 이슈를 고려하는 것이 필수적인데, 그 이유는 시작할 때부터 치료가 끝날 시기가 결정되어 있기 때문이다. 특히 내담자가 심각한 상실로 인한 정서적 문제로 애도와 우울을 호소하는 경우, 치료의 시작 시점부터 종결을 명시적이고 민감하게 다루는 것이 절대적으로 중요하다.

치료 종결과 관련된 분명한 과제는 무수히 존재하며, 이것들은 치료의 종결 단계에서 다룰 필요가 있다. 이러한 과제들은 IPT 접근법에서 가장 명쾌하고 상세히 설명되어 있는데(예: Weissman et al., 2000), 우리는 치료자들이 어떤 치료 접근을 하든 치료자라면 자신의 임상 상황에서 이 접근을 사용할 수 있도록 IPT 접근을 잘 배워서 적용해야 한다고 생각한다. 상당 부분 IPT 치료자들의 지식과 경험에 의거하여 종결과 관련된 사항을 다음에 정리해 두었다. Stuart와 Robertson(2003)은 훌륭한 임상가 안내서인 그들의 저서에서 우울증의 치료 종결과 관련하여 다음과 같은 문제를 강조하였다.

- 내담자의 독립적 기능 촉진
- 내담자의 효능감 강화
- 새로운 의사소통 행동의 강화
- 사회적 지지의 이용 강화
- 내담자의 이득에 대한 정적 강화
- 내담자의 상실감에 대한 인정
- 치료 종결에 대한 내담자의 느낌 탐색
- 종결에 대한 치료자 감정에 대한 자기노출
- 치료에 대한 상호 피드백 및 리뷰
- 치료 후 만남에 대한 관리

최근 CBT 접근에서 더 많이 고려되고 있는 부가적인 쟁점에는 재발 방지 작업이 포함되며, 이것 역시 마지막 회기에서 필수적으로 다루어야 한다. EFCT의 경우, 미래 시점에 이와 동일하거나 유사한 스트레스 요인이 발생할 때를 대비하기 위해서 초점을 맞출 문제 영역을 검토해야 한다. 내담자는 처음에 치료를 받도록 만들었던 문제들을 어떻게 다른 방식으로 다룰지에 대해 치료에서 논의한다. 미래의 동일한 심리사회적 스트레스 상황에서 내담자가 과거의 문제 발생에 기여했던 오래된 습관적 정서조절 시도나 검증된 방법으로 되돌아가 재발할 수 있다는 점이 앞으로의 치료적 경과에서 위험요인이다.

또한 치료의 마지막에서 우리는 치료를 시작할 때 사용했던 일부 측정도구를 다시 한번 반복하는 공식적인 평가를 실시하고, 치료의 마지막 회기나 그 이전 회기에서 내담자에게 그 결과를 피드백하는 절차를 추천한다. 이러한 치료 종결 시의 측정은 초기 평가 측정 때 시도하였던 것만큼 광범위하게 실시할 필요는 없지만, 가장 적절한 증상 측정, BES, REQ 그리고 WHOQOL-BREF와 같은 삶의 질에 대한 측정을 포함하여야 한다('부록' 참조). 치료의 시작 시점과 비교하면서 이 측정치를 검토하고, 그 이후에 치료에서 얻은 긍정적인 이득과 여전히 남아 있는 걱정들에 대해서 솔직하고 현실적으로 다룬다면, 이러한 과정은 치료자와 내담자 모두에게 분명한 피드백이 될 것이다.

다양한 이슈

모든 치료는 자신의 임상 실제와 관련하여 근거의 기반을 구축하는 것이 필요하다. 치료 결과 연구와 관련하여, 전형적으로 축적된 근거는 단일 사례 연구, 비무작위 시험 그리고 무작위 임상군 시험(RCTs)의 순으로 다양한 수준이 존재한다. 임상적으로 진단된 모집단을 기반으로, 치료 조건마다 적합하게 훈련된 최소 2명의 치료자가 존재하고, 오디오나 비디오를 통해 치료 회기를 고수하는지 평가하면서, 다른 유형의 심리치료와 CBT의 치료 효과를 비교하는 RCTs 설계에 기반을 둔 연구 결과는 표준화된 CBT에서조차 거의 드문 편이다(Freeman & Power, 2007 참조). 근거기반치료라는 개념이 상당히 정치적으로 사용되긴 하지만, 앞서 언급한 준거들을 모두 충족시키는 질 높은 근거는 극히 빈약하다. 그러므로 우리는 모든 치료에 대해 이와 같은 근거를 모으기 위해 지속적으로 노력하는 것이 필수적이라고 생각한다.

그러나 임상 실제에서 활동하고 있는 치료자의 관점에서 이러한 임상 결과 데이터는 치료 과정 연구에 비해 흥미가 좀 덜 할 수 있는데, 치료 과정 연구가 자신의 개인적 치료방법을 개선하는 데 사용할 수 있을 경우에 특히 그렇다. 특정 내담자를 대상으로 오디오 테이프를 사용하는 것은 공식적이든 비공식적이든 치료 관련 수련이나 동료 슈퍼비전을 받을 때 슈퍼비전을 위한 정보를 제공하는 데 최상의 형태가 된다. 치료를 녹음해서 듣는 것은 치료에서 문제가 있거나 혼란스러웠던 부분을 치료자가 다시 찾아 듣게 할 수 있으며, 치료의 어려운 부분을 검토할 기회를 가짐으로써 치료 능력을 향상시킬 수 있다.

개인치료(자기분석)는 각기 다른 치료학파의 논쟁에서 흥미로운 영역을 제공한다. 개인치료에 대한 관점은 그 범위가 매우 다양한데, 정신역동치료의 경우에는 이를 의무라고 보지만, 많은 BT와 CBT 치료자는 이에 대해 반감을 가지고 있다. 치료가 특정 증상이나 구체적인 문제에 초점을 맞추어서 이루어지기 때문에, 대부분의 단기치료 전문가들은 자신이 실시하는 단기치료 회기를 개인적인 목적으로 시도할 수 없다는 점이 문제다. 치료자가 치료에서 탐색하는 것이 이로울 것 같은 이슈는 더 근본적인 실존이나 대인관계 문제인 경우가 많고, 이러한 문제 유형은 보다 장기적인 정신역동치료에서 다룰 가능성이 더 많다. 그러나 CBT 치료자가 어떤 영역에서든 정신역동치료를 반대한다면, 내담자의 관점에서 치료에 대한 느낌을 얻을 수 있는 기회를 잃을 것이다. 이는 자신의 아이를 가져 본 적 없이 양육 기술을 가르치는 것과 유사한데, 그 역할에 대한 개인적인 경험 없이는 설득력이 적을 수밖에 없다. 그러므로 우리의 개인적인 추천사항은 모든 치료자가 치료자가 되길 바라는 자신의 동기를 분석하고 내담자의 관점에서 치료를 경험하기 위하여 개인치료(자기분석)를 받아야 한다는 것이다.

요약과 결론

이 장의 목적은 앞에서 제시되었던 임상적 내용이나 기타 세부사항들을 생략하고, EFCT의 실제에 대한 간략한 개관을 제공하는 것이었다. 우리는 어떻게 해서든 다음과 같은 사실에 대해 독자는 납득하였기를 희망한다. IPT 치료자나 정신역동 치료자들이 감정에 초점을 맞추어 치료 작업을 진행해 왔음에도 불구하고, CBT 치료자들은 오랜 기간 동안 치료 과정에서 정서에 초점을 맞추지 않았다. IPT에는 '정동'에 대한 이론이 존재하지 않으며, 정신역동은 정서를 잘못 설명하고 있다(Power & Dalgleish, 2008). 1960년대 이후로 학술적인 정서 이론이 상당히 발전하였고, 이 이론들은 Aristoteles, Descartes, Darwin이 만들어 준 중요한 단서의 자취를 따르고 있다. 그러나 지금까지의 치료에서 정서 연구의 현대적 발전을 기반으로 하여 정서 그 자체에 초점을 맞춘 접근은 존재하지 않았다. 우리는 SPAARS 접근이 정서와 관련된 어려움을 다룰 때, 이에 대한 치료 작업을 하는 데 있어서 확고한 토대를 구축해 준다고 믿고 있다. 왜냐하면 정서에 대한 우리의 너무나 오래된 오해는 감정과 이성이 서로 반대되는 것이라고 여기게 만들었는데, 특정 정서가 너무 강하거나 너무 부족하다는 이유로, 혹은 어떤 정서가 너무 여성적이거나 너무 남성적이라는 이유로 남성이나 여성의 정서 경험에서 배제시켜 왔다. 이와 반대로, 우리는 우리 각각이 태어나는 순간부터 우리의 발달과 상호작용을 안내하고 세상을 올바로 이해하도록 인도하는 다섯 가지 기본 정서를 가지고 있다는 사실을 믿는다. 우리가 이러한 발달적 가이드 라인을 가지고 어떻게 살아가느냐가 만족스럽고 생산적인 삶을 이끌 수도, 고통과 갈등의 상태로 빠지게 만들 수도 있다. 따라서 처음에 고통과 갈등을 탐색하게 되는 심리치료가 우리의 정서적 자기(emotional self)에 대한 더 건강하고 더 적절한 관점으로 나아가는 첫 번째 단계이기를 희망한다.

부록

부록 1 우울척도

새로운 차원적 우울척도(2판)

The New Multi-demensional Depression Scale (version 2)

이름: __________ 연령: __________ 성별: __________

주요 호소 문제: ______________________________

지시문: 이 질문지는 당신이 최근에 어떻게 느끼고 있는지에 관한 48문항을 포함하고 있습니다. 각 문항을 주의 깊게 읽고 오늘을 포함해서 지난 2주일 동안 당신의 감정을 가장 잘 묘사하는 ('1점-전혀'에서 '5점-항상' 중에서 선택하세요.) 척도상 숫자에 ○표 해 주세요.

얼마나 많이 느꼈는가		전혀	가끔	꽤 자주	매우 자주	항상
1.	저조한 기분	1	2	3	4	5
2.	슬픔	1	2	3	4	5
3.	의기소침	1	2	3	4	5
4.	침울함	1	2	3	4	5
5.	슬픈 기분	1	2	3	4	5

6.	죄책감	1	2	3	4	5
7.	불행감	1	2	3	4	5
8.	생기 없음	1	2	3	4	5
9.	과민한 기분	1	2	3	4	5
10.	나쁜 기분	1	2	3	4	5
11.	수치심	1	2	3	4	5
12.	불안	1	2	3	4	5
13.	절망감	1	2	3	4	5
14.	흥미의 상실	1	2	3	4	5
15.	즐거움 부재	1	2	3	4	5
16.	암울한 미래	1	2	3	4	5
17.	무가치감	1	2	3	4	5
18.	집중 곤란	1	2	3	4	5
19.	자기비난	1	2	3	4	5
20.	무의미한 삶	1	2	3	4	5
21.	실패감	1	2	3	4	5
22.	반추	1	2	3	4	5
23.	자살 사고	1	2	3	4	5
24.	의사결정 곤란	1	2	3	4	5
25.	에너지 저하	1	2	3	4	5
26.	수면 문제	1	2	3	4	5
27.	식욕의 변화	1	2	3	4	5
28.	성욕 감퇴	1	2	3	4	5
29.	둔화된 느낌	1	2	3	4	5
30.	피로감	1	2	3	4	5
31.	체중 변화	1	2	3	4	5
32.	울음	1	2	3	4	5

33.	초조	1	2	3	4	5
34.	느린 움직임	1	2	3	4	5
35.	통증 민감성	1	2	3	4	5
36.	위장관 문제	1	2	3	4	5
37.	활동 감소	1	2	3	4	5
38.	사회적 철수	1	2	3	4	5
39.	다른 사람보다 더 못하다고 느껴지는 기분	1	2	3	4	5
40.	다른 사람에 대한 부담감	1	2	3	4	5
41.	사회적 회피	1	2	3	4	5
42.	다른 사람의 돌봄을 받을 만하지 않다고 느낌		1	2	3	4
43.	비판에 대한 과민함	1	2	3	4	5
44.	다른 사람보다 덜 매력적이라 느낌	1	2	3	4	5
45.	다른 사람에 대한 지나친 민감성	1	2	3	4	5
46.	다른 사람에 대한 실망감	1	2	3	4	5
47.	다른 사람을 사랑할 수 없음	1	2	3	4	5
48.	다른 사람을 향한 공격성	1	2	3	4	5
49.	빈약한 기억	1	2	3	4	5
50.	일을 계획할 수 없음	1	2	3	4	5
51.	혼란된 느낌	1	2	3	4	5
52.	자신을 돌볼 수 없음	1	2	3	4	5

정서 하위척도는 문항 1~12의 합, 인지 하위척도는 문항 13~24의 합, 신체 하위척도는 문항 25~36의 합, 대인관계 하위척도는 문항 37~48의 합으로 계산된다. 문항 49~52는 인지 하위척도의 추가 문항이다.

더 많은 세부사항을 얻으려면 Power와 Cheung(준비 중)을 참조하라.

부록 2 기본정서척도

기본정서척도(일반)

The Basic Emotions Scale (General)

이 척도의 목적은 당신이 어떤 정서를 얼마나 많이 또는 얼마나 자주 경험하는지를 알고, 당신이 특정 정서를 경험하는 동안 실제로 어떻게 느끼는지에 대하여 몇 가지 질문을 하기 위한 것입니다.

이 척도의 첫 번째 부분은 당신이 일반적으로 어떻게 느끼는지를 탐색하기 위한 것입니다. 각 정서에 대해 당신이 그 정서를 얼마나 자주 느끼는지를 나타내기 위해 1에서 7 사이의 숫자를 하나 선택해서 ○표해 주세요.

당신이 어떻게 느끼는지를 나타내기 위해 1에서 7 사이에서 꼭 하나의 숫자에만 ○표 하는 것을 기억하십시오.

일반적으로 나는 이 정서를 느낀다.

		전혀			때때로			매우 자주
1.	분노	1	2	3	4	5	6	7
2.	절망감	1	2	3	4	5	6	7
3.	수치심	1	2	3	4	5	6	7
4.	불안감	1	2	3	4	5	6	7
5.	행복감	1	2	3	4	5	6	7
6.	좌절감	1	2	3	4	5	6	7
7.	비참함	1	2	3	4	5	6	7
8.	죄책감	1	2	3	4	5	6	7
9.	초조감	1	2	3	4	5	6	7
10.	기쁨	1	2	3	4	5	6	7
11.	짜증	1	2	3	4	5	6	7
12.	침울감	1	2	3	4	5	6	7
13.	굴욕감	1	2	3	4	5	6	7
14.	긴장감	1	2	3	4	5	6	7
15.	애정	1	2	3	4	5	6	7
16.	공격성	1	2	3	4	5	6	7
17.	슬픔	1	2	3	4	5	6	7
18.	비난받을 만함	1	2	3	4	5	6	7
19.	걱정	1	2	3	4	5	6	7
20.	즐거움	1	2	3	4	5	6	7

분노 하위척도는 문항 1, 6, 11, 16의 합, 슬픔 하위척도는 문항 2, 7, 12, 17의 합, 혐오 하위척도는 문항 3, 8, 13, 18의 합, 불안 하위척도는 문항 4, 9, 14, 19의 합, 행복 하위척도는 문항 5, 10, 15, 20의 합으로 계산된다.

더 많은 정보를 얻으려면 Power(2006)를 참조하라.

부록 3 정서조절질문지

정서조절질문지 2

Regulation of Emotion Questionnaire 2

우리 모두는 수많은 느낌이나 정서를 경험합니다. 예를 들어, 우리 삶에서 다른 일은 우리로 하여금 행복, 슬픔, 분노 등을 느끼도록 합니다.

다음 질문들은 당신의 정서에 대한 반응으로 어떤 일을 얼마나 자주 하는가에 대해 생각할 것을 요구합니다. 당신은 구체적인 정서에 대해서가 아니라 다음에 나열된 일들을 일반적으로 얼마나 자주 하는지에 대해 생각하십시오.

가장 적합한 답에 해당되는 곳에 표시하여 주십시오. 우리 모두는 다른 방식으로 정서에 반응하므로 옳거나 그른 답이 없습니다.

일반적으로 당신은 당신의 정서에 어떻게 반응합니까?

	전혀	가끔	꽤 자주	매우 자주	항상
1. 내가 어떻게 느끼는지를 누군가에게 이야기한다.	○	○	○	○	○
2. 내 기분을 다른 사람들에게 말로 분풀이한다(예: 소리를 지르거나 논쟁하는 등).	○	○	○	○	○
3. 친구나 가족들과 신체적 접촉을 하려고 한다(예: 껴안거나 손을 잡는 등).	○	○	○	○	○
4. 내 생각이나 신념을 검토한다(다시 생각한다).	○	○	○	○	○

5. 어떤 식으로든 내 자신에게 해를 입히거나 벌을 준다.	○	○	○	○	○
6. 활기찬 뭔가를 한다(예: 스포츠, 산책).	○	○	○	○	○
7. 내 생각과 감정에 대해 곰곰이 생각한다(예: 머릿속에서 결론을 내지 못하고 생각을 멈출 수 없다).	○	○	○	○	○
8. 다른 사람들에게 충고를 해 달라고 한다.	○	○	○	○	○
9. 내 목표 또는 계획을 검토한다(다시 생각한다).	○	○	○	○	○
10. 내 기분을 다른 사람들에게 신체적으로 분풀이한다(예: 싸우거나 때리는 등).	○	○	○	○	○
11. 상황을 객관적으로 본다.	○	○	○	○	○
12. 즐거운 활동에 집중한다.	○	○	○	○	○
13. 다른 사람을 기분 나쁘게 하려고 한다(예: 버릇없이 굴거나 무시하는 등).	○	○	○	○	○
14. 잘살고 있는 사람들을 생각하면 나 자신이 더 비참하게 느껴진다.	○	○	○	○	○
15. 내 감정을 마음속에 담아 둔다.	○	○	○	○	○
16. 다음에 더 잘할 수 있는 것을 계획한다.	○	○	○	○	○
17. 다른 사람들을 괴롭힌다(예: 불쾌한 것을 말하거나 때리는 등).	○	○	○	○	○
18. 내 기분을 주변 사물에게 분풀이한다(예: 의도적으로 집이나 학교, 야외에 있는 물건을 손상시키는 등).	○	○	○	○	○
19. 주변이 현실이 아닌 것처럼 느껴진다(예: 내 주변의 사물이 낯설게 느껴지고 꿈을 꾸고 있는 것처럼 느껴지는 등).	○	○	○	○	○
20. 친구나 가족에게 전화를 한다.	○	○	○	○	○
21. 외출해서 기분 좋은 뭔가를 한다(예: 영화를 보거나 쇼핑이나 외식을 하고 사람들을 만나는 등).	○	○	○	○	○

개정된 REQ-21 문항 측정도구: 척도, 문항 및 전략	
1) 내적-역기능적	• '어떤 식으로든 내 자신에게 해를 입히거나 벌을 준다.' (자기손상) • '내 생각과 감정에 대해 곰곰이 생각한다(예: 머릿속에서 결론을 내지 못하고 생각을 멈출 수 없다).' (반추) • '잘살고 있는 사람들을 생각하면 나 자신이 더 비참하게 느껴진다.' (부정적인 사회적 비교) • '내 감정을 마음속에 담아 둔다.' (억압) • '주변이 현실이 아닌 것처럼 느껴진다(예: 내 주변의 사물이 낯설게 느껴지고 꿈을 꾸고 있는 것처럼 느껴지는 등).' (비현실감)
2) 내적-기능적	• '내 생각이나 신념을 검토한다(다시 생각한다).' (긍정적 재평가) • '내 목표 또는 계획을 검토한다(다시 생각한다).' (목표의 수정) • '다음에 더 잘할 수 있는 것을 계획한다.' (계획하기) • '상황을 객관적으로 본다.' (객관화) • '즐거운 활동에 집중한다.' (집중)
3) 외적-역기능적	• '다른 사람들을 괴롭힌다(예: 불쾌한 것을 말하거나 때리는 등).' (괴롭힘) • '내 기분을 다른 사람들에게 말로 분풀이한다(예: 소리를 지르거나 논쟁하는 등).' (언어적 공격) • '내 기분을 다른 사람들에게 신체적으로 분풀이한다(예: 싸우거나 때리는 등).' (신체적 공격) • '다른 사람을 기분 나쁘게 하려고 한다(예: 버릇없이 굴거나 무시하는 등).' (타인을 기분 나쁘게 만들기) • '내 기분을 주변 사물에게 분풀이한다(예: 의도적으로 집이나 학교, 야외에 있는 물건을 손상시키는 등).' (물건에 공격하기)
4) 외적-기능적	• '내가 어떻게 느끼는지를 누군가에게 이야기한다.' (감정 표현) • '다른 사람들에게 충고를 해 달라고 한다.' (조언 추구) • '친구나 가족들과 신체적 접촉을 하려고 한다(예: 껴안거나 손을 잡는 등).' (신체적 접촉) • '활기찬 뭔가를 한다(예: 스포츠, 산책).' (운동) • '친구나 가족에게 전화를 한다.' (새로운 문항 1) • '외출해서 기분 좋은 뭔가를 한다(예: 영화를 보거나 쇼핑이나 외식을 하고 사람들을 만나는 등).' (새로운 문항 2)

문항은 1~5점 척도로 채점되고, 각 하위척도에 대해 평균값이 계산된다.

더 많은 세부사항을 얻으려면 Phillips와 Power(2007)를 참조하라.

부록 4 정서일지

정서일지

Emotion Diary

표지

우리는 당신이 앞으로 며칠 동안 당신의 정서와 기분에 대한 특별한 일지를 기록하기 원합니다.

당신은 (다음의 경우) 정서를 알아차릴 수 있습니다.

- 신체 감각이 나타났을 때(예를 들어, 당신의 심장박동이 빨라지는 경우)
- 멈추기 힘든 생각이 마음속에 떠오를 때
- 감정적으로 행동하고 싶은 느낌이 들거나, 감정적으로 행동하는 경우

당신은 (다음의 경우) 기분을 알아차릴 수 있습니다.

- 한 시간 이상 지속되는 어떤 종류의 느낌이 있을 때

당신이 알아차릴 만큼 충분히 강한 어떤 정서나 기분이 나타나면, 가능한 빨리 일지를 작성해 주세요.

반드시 당신의 다음 두 가지 정서 혹은 기분에 대해 각각 하나의 일지를 작성해 주세요. 그것들은 다를 수도 있고 같은 종류일 수도 있습니다.

일지 페이지 양식

정서 혹은 기분이 느껴질 때 일지를 채워 주세요.

1. 정서입니까? □ 기분입니까? □ (하나만 선택해 주세요.)

2. 정서 혹은 기분에 명칭을 붙인다면 무엇입니까? ____________

3. 아래 유형 중에서 명칭을 붙인다면 무엇입니까? (하나만 선택해 주세요.)

행복/기쁨 □

슬픔/애도 □

분노/짜증 □

공포/불안 □

혐오/수치심 □

4. 3번 질문에서 당신의 선택에 대해 얼마나 확신하십니까? (아래에서 하나의 숫자에 ○표 해 주세요.)

전혀 확신하지 않음	0	1	2	3	4	5	6	7	8	9	10	완전히 확신함

5. 그 느낌이 얼마나 강합니까? (아래에서 하나의 숫자에 ○표 해 주세요.)

분명하지 않음	0	1	2	3	4	5	6	7	8	9	10	지금껏 느꼈던 감정 중 가장 강렬함

6. 어떤 신체적 느낌이 있었습니까? (하나 이상 선택해 주세요.)

긴장감(몸, 입, 주먹에서) ☐

떨림 ☐

복통(메스꺼움, 부글거림, 두근거림) ☐

현저한 심장박동 ☐

진땀 남 ☐

추운 느낌 ☐

더운 느낌 ☐

기타(상태: ______________________________) ☐

7. 다른 일에 집중하는 것을 방해하는 멈추기 힘든 생각이 마음속에 떠오릅니까? (하나 이상 선택해 주세요.)

과거 사건에 대한 재현 ☐

어떤 일이 미래에 발생하면 어떻게 할 것인지에 대한 생각 ☐

어떤 사람 혹은 어떤 일에 대한 갈망, 열망 ☐

어떻게 복수할지에 대한 생각 ☐

기타 다른 생각 ☐

8. 그 상황에서 어떤 방식으로 행동했거나 행동하고 싶었습니까? (하나 이상 선택해 주세요.)

당신은 말을 아주 많이 하거나 전혀 하지 않는 등 정서적으로 행동했습니까? ☐

당신은 웃거나, 울거나, 찌푸리는 등의 얼굴 표정을 지었습니까? ☐

당신은 누군가를 향해 아래와 같이 감정적인 방식으로 행동하려는 욕구를 느끼거나 실제로 행동했습니까? ☐

더욱 친밀하게 다가가거나 접촉함 □

공격적으로 행동함 □

사람들과 어울리지 않고 틀어박힘 □

기타 □

9. 언제 그 정서 혹은 기분이 시작되었습니까?

시간__________ 날짜__________

대략 얼마나 오래 지속되었습니까?

__________시간 __________분

10. 어떤 종류의 일이 그 정서 혹은 기분을 유발하였습니까? (하나만 선택해 주세요.)

누군가가 어떤 것을 말했거나, 어떤 일을 했거나, 혹은 하지 않은 것 □

당신이 한 일, 혹은 하지 않은 일 □

과거 경험을 기억하는 것 □

발생할 수 있는 어떤 일을 상상하는 것 □

당신이 읽었거나, 들었거나, TV, 영화, 극장에서 본 것 □

특정한 어떤 사건이 그 정서나 기분을 유발한 것 같지 않음 □

목록에 없음 □

(직접 작성: ______________________________)

11. 누군가와 함께 있었습니까? (하나 이상 선택해 주세요.)

혼자 □ 남편/부인/애인 □ 가족 □ 친구(들) □

지인/낯선 사람들 □

12. 당신이 무엇을 하고 있었는지, 무슨 일이 발생했는지, 그 밖에 그 정서 혹은 기분이 시작된 어떤 일이라도 있다면 간단히 적어 주세요.

____

____

____

____

____

____

13. 느낌이 혼합되어 하나 이상의 정서 혹은 기분이 정확히 동시에 나타났습니까? (하나만 선택해 주세요.)

아니다 □ 확실하지 않다 □ 그렇다 □

'그렇다'에 표시하셨다면, 어떤 정서 혹은 기분들이 혼합되어 있습니까?

__________ 그리고 __________

14. 그 정서 혹은 기분이 동일하게 유지되었습니까? 아니면 변화가 있었습니까? 예를 들어, 분노로 시작되었던 느낌이 이후에 슬픔으로 느껴지거나, 행복한 느낌이 나중에 불안으로 느껴지는 것과 유사합니다. (하나만 선택해 주세요.)

끝까지 유사한 수준으로 느껴졌다 □ 변화가 있었다 □

만약 변화가 있었다면: __________에서 __________으로

15. 그 정서 혹은 기분은 당신이 계획했던 어떤 일을 하는 데 있어서 더 어렵게 혹은 더 쉽게 만들었습니까? (하나만 선택해 주세요.)

더 어렵게 만들었다 □ 차이 없다 □ 더 쉽게 만들었다 □

16. 당신은 어떤 단계에서 그 정서를 경험하지 않았으면 하고 바랐습니까?

그렇다 □　　　　　아니다 □

당신은 다른 누군가에게 그 정서를 숨기고자 하였습니까?

그렇다 □　　　　　아니다 □

당신은 그 정서가 발생하는 것을 막고자 하였습니까?

그렇다 □　　　　　아니다 □

17. 정서 혹은 기분을 경험한 이후 대략 얼마나 시간이 지난 다음 이 일지를 작성하게 되었습니까?

____________시간 ______________분

출처: Oatley & Duncan (1992)을 수정함.

부록 5 중요한 타인척도

중요한 타인척도

The Significant Other Scale (SOS)

다음 목록은 당신이 개인적 · 사회적 지지를 얻을 수 있는 다양한 관계에 대한 질문입니다.

각각의 인간 관계에서 얼마나 사회적 지지를 받았었는지에 따라 1부터 7까지의 숫자에 ○표 해 주십시오. 각 질문의 두 번째 부분은 당신이 바라는 대로 완벽하게 이루어진다면 어떠할지 평가하는 것입니다. 앞서와 같이 1부터 7까지 중 당신의 평가에 해당되는 하나의 숫자에 ○표 해 주십시오.

〈주의: 특정한 관계가 존재하지 않는다면, 그 부분은 체크하지 말고 비워 주세요.〉

Ⅰ. 파트너

		전혀			때때로			항상
1.	a) 당신은 파트너와 당신의 감정을 나눌 수 있고, 솔직하게 털어놓고, 믿을 수 있습니까?	1	2	3	4	5	6	7
	b) 당신은 어느 정도를 이상적이라고 생각합니까?	1	2	3	4	5	6	7
2.	a) 힘들 때 파트너에게 기대거나 의지할 수 있습니까?	1	2	3	4	5	6	7
	b) 당신은 어느 정도를 이상적이라고 생각합니까?	1	2	3	4	5	6	7
3.	a) 파트너는 당신에게 현실적인 도움을 줍니까?	1	2	3	4	5	6	7
	b) 당신은 어느 정도를 이상적이라고 생각합니까?	1	2	3	4	5	6	7
4.	a) 파트너와 허물없이 시간을 보낼 수 있습니까?	1	2	3	4	5	6	7
	b) 당신은 어느 정도를 이상적이라고 생각합니까?	1	2	3	4	5	6	7

Ⅱ. 어머니

		전혀			때때로			항상
1.	a) 당신은 어머니와 당신의 감정을 나눌 수 있고, 솔직하게 털어놓고, 믿을 수 있습니까?	1	2	3	4	5	6	7
	b) 당신은 어느 정도를 이상적이라고 생각합니까?	1	2	3	4	5	6	7
2.	a) 힘들 때 어머니에게 기대거나 의지할 수 있습니까?	1	2	3	4	5	6	7
	b) 당신은 어느 정도를 이상적이라고 생각합니까?	1	2	3	4	5	6	7
3.	a) 어머니는 당신에게 현실적인 도움을 줍니까?	1	2	3	4	5	6	7
	b) 당신은 어느 정도를 이상적이라고 생각합니니까?	1	2	3	4	5	6	7
4.	a) 어머니와 허물없이 시간을 보낼 수 있습니까?	1	2	3	4	5	6	7
	b) 당신은 어느 정도를 이상적이라고 생각합니까?	1	2	3	4	5	6	7

III. 친한 친구

		전혀		때때로				항상
1.	a) 당신은 친한 친구와 당신의 감정을 나눌 수 있고, 솔직하게 털어놓고, 믿을 수 있습니까?	1	2	3	4	5	6	7
	b) 당신은 어느 정도를 이상적이라고 생각합니까?	1	2	3	4	5	6	7
2.	a) 힘들 때 친한 친구에게 기대거나 의지할 수 있습니까?	1	2	3	4	5	6	7
	b) 당신은 어느 정도를 이상적이라고 생각합니까?	1	2	3	4	5	6	7
3.	a) 친한 친구는 당신에게 현실적인 도움을 줍니까?	1	2	3	4	5	6	7
	b) 당신은 어느 정도를 이상적이라고 생각합니까?	1	2	3	4	5	6	7
4.	a) 친한 친구와 허물없이 시간을 보낼 수 있습니까?	1	2	3	4	5	6	7
	b) 당신은 어느 정도를 이상적이라고 생각합니까?	1	2	3	4	5	6	7

출처: Power, Champion, & Aris (1988).

척도의 예시에서는 세 사람과의 관계만 있지만, 해당 척도는 생활 단계에 부합하는 중요한 타인들과의 관계를 평가할 수 있도록 제작되었다(이 예시의 경우, 아버지, 남자형제, 여자형제, 아들, 딸과 같은 관계를 포함시킴으로써 확장이 가능하다).

부록 6 WHO-삶의 질 측정

세계보건기구 삶의 질 간편형 척도

World Health Organization Quality of Life-Brief version

(WHOQOL-BREF)

〈지시문〉

이 평가에서는 삶, 건강, 혹은 삶의 다른 영역에서의 질에 대해서 당신이 어떻게 느끼는지를 묻게 됩니다. 모든 질문에 응답해 주십시오. 만약 당신이 주어지는 질문에 대한 응답에 대해 확신할 수 없다면, 가장 적절한 것처럼 보이는 응답을 하나 골라 주십시오. 보통 처음 한 응답이 될 수 있습니다.

당신의 규범, 기대, 기쁨과 염려를 유념하십시오. 지난 2주 동안의 생활에 대한 당신의 생각을 물어볼 것입니다. 예를 들어, 지난 2주를 생각하면서, 다음과 같은 질문에 답해야 할 수 있습니다.

		전혀 그렇지 않다	그다지 그렇지 않다	보통이다	상당히 그렇다	완전히 그렇다
	다른 사람들에게서 당신이 필요로 하는 지지를 얻었습니까?	1	2	3	4	5

당신은 지난 2주에 걸쳐 다른 사람들에게서 얼마나 많은 지지를 얻었는지에 따라 가장 적합한 숫자에 ○표를 해야 합니다. 만약 당신이

다른 사람들로부터 상당히 많은 지지를 받았다면, 다음과 같이 숫자 4에 ○표를 하면 됩니다.

		전혀 그렇지 않다	그다지 그렇지 않다	보통이다	상당히 그렇다	완전히 그렇다
	다른 사람들에게서 당신이 필요로 하는 지지를 얻었습니까?	1	2	3	④	5

만약 지난 2주간 다른 사람들에게서 당신이 필요로 하는 어떠한 지지도 받지 못했다면, 숫자 1에 ○표를 하게 될 것입니다. 각 질문을 잘 읽고, 당신의 느낌을 평가해 주십시오. 그리고 각 질문에 대하여 당신에게 가장 잘 맞는 응답에 해당하는 척도의 숫자에 ○표 해 주십시오.

		매우 나쁨	나쁨	나쁘지도 좋지도 않음	좋음	매우 좋음
1	당신은 당신의 삶의 질을 어떻게 평가하겠습니까?	1	2	3	4	5

		매우 불만족	불만족	만족하지도 불만족하지도 않음	만족	매우 만족
2	당신은 당신의 건강 상태에 대해 얼마나 만족하고 있습니까?	1	2	3	4	5

다음은 당신이 지난 2주 동안 어떤 것들을 얼마나 많이 경험하였는지를 묻는 질문들입니다.

		전혀 아니다	약간 그렇다	어느 정도 그렇다	많이 그렇다	매우 많이 그렇다
3	당신은 (신체적) 통증으로 인해 당신이 해야 할 일들이 얼마나 방해받는다고 느낍니까?	1	2	3	4	5
4	당신은 일상생활을 잘하기 위해서 얼마나 치료가 필요합니까?	1	2	3	4	5
5	당신은 인생을 얼마나 즐깁니까?	1	2	3	4	5
6	당신은 당신의 삶이 얼마나 의미 있다고 느낍니까?	1	2	3	4	5
7	당신은 정신을 얼마나 잘 집중할 수 있습니까?	1	2	3	4	5
8	당신은 일상생활에서 얼마나 안전하다고 느낍니까?	1	2	3	4	5
9	당신은 얼마나 건강에 좋은 주거환경에 살고 있습니까?	1	2	3	4	5

지난 2주 동안 당신이 특정한 사건들을 얼마나 전적으로 경험하였는지 혹은 할 수 있었는지에 대해 묻는 질문들입니다.

		전혀 아니다	약간 그렇다	그렇다	대부분 그렇다	전적으로 그렇다
10	당신은 일상생활을 위한 에너지를 충분히 가지고 있습니까?	1	2	3	4	5
11	당신의 신체적 외모에 만족합니까?	1	2	3	4	5

12	당신은 당신의 필요를 만족시킬 수 있는 충분한 돈을 가지고 있습니까?	1	2	3	4	5
13	당신은 매일매일의 삶에서 당신이 필요로 하는 정보를 얼마나 쉽게 구할 수 있습니까?	1	2	3	4	5
14	당신은 레저(여가)활동을 위한 기회를 어느 정도 가지고 있습니까?	1	2	3	4	5

		매우 나쁨	나쁨	나쁘지도 좋지도 않음	좋음	매우 좋음
15	외출하는 것과 관련하여 당신의 건강상태는 어떠합니까?	1	2	3	4	5

다음은 지난 2주 동안 당신의 삶의 다양한 영역에 대해 당신이 얼마나 만족했는지 또는 좋았는지를 묻는 질문입니다.

		매우 불만족	불만족	만족하지도 불만족하지도 않음	만족	매우 만족
16	당신은 당신의 수면(잘 자는 것)에 대해 얼마나 만족하고 있습니까?	1	2	3	4	5
17	당신은 일상생활의 활동을 수행하는 당신의 능력에 대해 얼마나 만족하고 있습니까?	1	2	3	4	5
18	당신은 당신의 일할 수 있는 능력에 대해 얼마나 만족하고 있습니까?	1	2	3	4	5
19	당신은 당신 스스로에 대해 얼마나 만족하고 있습니까?	1	2	3	4	5

20	당신은 당신의 개인적 대인관계에 대해 얼마나 만족하고 있습니까?	1	2	3	4	5
21	당신은 당신의 성생활에 대해 얼마나 만족하고 있습니까?	1	2	3	4	5
22	당신은 당신의 친구로부터 받고 있는 도움에 대해 얼마나 만족하고 있습니까?	1	2	3	4	5
23	당신은 당신이 살고 있는 장소의 상태에 대해 얼마나 만족하고 있습니까?	1	2	3	4	5
24	당신은 의료서비스를 쉽게 받을 수 있다는 점에 대해 얼마나 만족하고 있습니까?	1	2	3	4	5
25	당신은 당신이 사용하는 교통수단에 대해 얼마나 만족하고 있습니까?	1	2	3	4	5

다음은 지난 2주 동안 어떤 일들을 얼마나 자주 경험했는지 또는 느꼈는지에 대한 질문입니다.

		전혀	좀처럼	꽤 자주	매우 자주	항상
26	당신은 침울한 기분, 절망, 불안, 우울감과 같은 부정적인 감정을 얼마나 자주 느낍니까?	1	2	3	4	5

참고문헌

Allan, K. & Burridge, K. (2006). *Forbidden Words: Taboo and the Censoring of Language*. Cambridge: Cambridge University Press.

Andrews, B. (1995). Bodily shame as a mediator between abusive experiences and depression. *Journal of Abnormal Psychology,* 104, 277-285.

American Psychiatric Association (1994). *Diagnostic and Statistical Manual of Mental Disorders* (4th edn.). Washington, D.C.: American Psychiatric Association.

Aristotle (1947). Nicomachean ethics [W.D. Ross, trans.]. In R. McKeon (ed.), *Introduction to Aristotle,* pp. 300-543. New York: Modern Library.

Bar-On, R. (1997). *The Bar-On Emotional Quotient Inventory (EQ-i): A Test of Emotional Intelligence*. Toronto: Multi-Health Systems.

Baron-Cohen, S. (2004). *The Essential Difference*. London: Penguin Books.

Barrett, K.C., Zahn-Waxler, C. & Cole, P.M. (1993). Avoiders versus amenders: Implications for the investigation of guilt and shame during toddlerhood? *Cognition and Emotion, 7,* 481-505.

Bateman, A. & Fonagy, P. (2006). *Mentalization-based Treatment for*

Borderline Personality Disorder: A Practical Guide. Oxford: Oxford University Press.

Beach, K. & Power, M.J. (1996). Transference: An empirical investigation across a range of cognitive-behavioural and psychoanalytic therapies. *Clinical Psychology and Psychotherapy*, 3, 1-14.

Bebbington, P. (2004). The classification and epidemiology of unipolar depression. In M.J. Power (ed.), *Mood Disorders: A Handbook of Science and Practice*. Chichester: Wiley.

Beck, A.T. (1976). *Cognitive Therapy and the Emotional Disorders*. New York: Meridian.

Beck, A.T. (1996). Beyond belief: A theory of modes, personality, and psychopathology. In P. Salkovskis (ed.), *Frontiers of Cognitive Therapy*. New York: Guilford Press.

Beck, A.T., Rush, A.J., Shaw, B.F. & Emery, G. (1979). *Cognitive Therapy of Depression: A Treatment Manual*. New York: Guilford Press.

Beck, A.T., Epstein, N., Brown, G. & Steer, R.A. (1988). An inventory for measuring clinical anxiety: Psychometric properties. *Journal of Consulting and Clinical Psychology*, 56, 893-897.

Beck, A.T., Steer, R.A. & Brown, G.K. (1996). *Beck Depression Inventory-II*. San Antonio, TX: The Psychological Corporation.

Beck, A.T., Freeman, A. & Davis, D.D. (2004). *Cognitive Therapy of Personality Disorders* (2nd edn.). New York: Guilford.

Beitman, B.D. (1992). *Integration through Fundamental Similarities and Useful Differences among the Schools*. New York: Basic Books.

Bentall, R.P. (2003). *Madness Explained: Psychosis and Human Nature*. London: Allen Lane.

Berkowitz, L. (1999). Anger. In T. Dalgleish & M.J. Power (eds.), *Handbook of Cognition and Emotion*. Chichester: Wiley.

Beutler, L.E. (1991). Have all won and must all have prizes? Revisiting Luborsky et al.'s verdict. *Journal of Consulting and Clinical Psychology*, 59, 226-232.

Blair, J., Mitchell, D. & Blair, K. (2005). *The Psychopath: Emotion and the Brain*. Oxford: Blackwell Publishing.

Bordin, E.S. (1979). The generalizability of the psychoanalytic concept of the working alliance. *Psychotherapy: Theory, Research, and Practice*, 16, 252–260.

Borkovec, T.D. & Roehmer, L. (1995). Perceived function of worry among generalized anxiety disorder subjects: Distraction from more emotionally distressing topics? *Journal of Behavior Therapy and Experimental Psychiatry*, 26, 25–30.

Bourdon, K.H., Boyd, J.H., Rae, D.S., Burns, B.J., Thompson, J.W. & Locke, B.Z. (1988). Gender differences in phobias: Results of the ECA community survey. *Journal of Anxiety Disorders*, 2, 227–241.

Bower, G.H. (1981). Mood and memory. *American Psychologist*, 36, 129–148.

Bowlby, J. (1969). *Attachment and Loss: Vol. 1, Attachment*. London: Hogarth Press.

Braam, A.W., Van Den Eeden, P., PRince, M.J., et al. (2001). Religion as a cross-cultural determinant of depression in elderly Europeans: Results from the EURODEP collaboration. *Psychological Medicine*, 31, 803–814.

Breuer, J. & Freud, S. (1895/1974). Studies on hysteria. In *The Pelican Freud Library (Vol. 3)*. Harmondsworth: Penguin.

Bruner, J.S. (1983). *In Search of Mind: Essays in Autobiography*. New York: Harper Collins.

Caine, T., Wijesinghe, O. & Winter, D. (1981). *Personal Styles in Neurosis: Implications for Small Group Psychotherapy and Behaviour Therapy*. London: Routledge & Kegan Paul.

Carver, C.S. & Scheier, M.F. (1990). Origins and functions of positive and negative affect: A control process view. *Psychological Review*, 97, 19–35.

Casement, P. (1985). *On Learning from the Patient*. London: Routledge.

Casey, R.J. (1996). *Emotional Development in Atypical Children*. Mahwah, NJ: Erlbaum.

Caspi, A., Moffitt, T.E., Newman, D.L. & Silva, P.A. (1995). Behavioural observations at age 3 years predict adult psychiatric disorders: Longitudinal evidence. *Archives of General Psychiatry*, 53, 1033–1039.

Cavanagh, J., Schwannauer, M., Power, M.J. & Goodwin, G.M. (2009). A novel scale for measuring mixed states in bipolar disorder. *Clinical Psychology and Psychotherapy*, 16, 497–509.

Chaiken, S. & Trope, Y. (1999) (eds.). *Dual-Process Theories in Social Psychology*. New York: Guilford Press.

Clark, D.M. (1986). A cognitive approach to panic. *Behaviour Research and Therapy*, 24, 461–470.

Clark, D.M., Salkovskis, P.M., Hackman, A., Middleton, H., Anastasiades, P. & Gelder, M. (1994). A comparison of cognitive therapy, applied relaxation and imipramine in the treatment of panic disorder. *British Journal of Psychiatry*, 164, 759–769.

Cooper, P.J. (1995). *Bulimia Nervosa and Binge Eating: A Guide to Recovery*. New York: New York University Press.

Dalgleish, T. & Power, M.J. (2004). Emotion specific and emotion-non-specific components of posttraumatic stress disorder (PTSD): Implications for a taxonomy of related psychopathology. *Behaviour Research and Therapy*, 42, 1069–1088.

D' Ardenne, P. (2000). Couple and sexual problems. In L.A. Champion & M.J. Power (eds.), *Adult Psychological Problems: An Introduction* (2nd edn.). Hove: Psychology Press.

Darwin, C. (1872/1965). *The Expression of the Emotions in Man and Animals*. Chicago: Chicago University Press.

Davidson, R.J. (2000). The functional neuroanatomy of affective style. In R.D. Lane & L. Nadel (eds.), *Cognitive Neuroscience of Emotion*. New York: Oxford University Press.

Davies, M., Stankov, L. & Roberts, R.D. (1998). Emotional intelligence: In search of an elusive construct. *Journal of Personality and Social Psychology,* 75, 989–1015.

Derakshan, N., Eysenck, M.W. & Myers, L.B. (2007). Emotional information processing in repressors: The vigilance–avoidance theory. *Cognition and Emotion,* 21, 1585–1614.

DeRubeis, R.J., Hollon, S.D., Evans, M.D. & Bemis, K.M. (1982). Can psychotherapies for depression be discriminated? A systematic investigation of cognitive therapy and interpersonal therapy. *Journal of Consulting and Clinical Psychology,* 50, 744–756.

Descartes, R. (1649/1989). *The Passions of the Soul.* Indianapolis, Indiana: Hackett.

DiGiuseppe, R. & Tafrate, R.C. (2007). *Understanding Anger Disorders.* Oxford: Oxford University Press.

Ekman, P. (1992). An argument for basic emotions. *Cognition and Emotion,* 6, 169–200.

Ekman, P. (1999). Basic emotions. In T. Dalgleish & M.J. Power (eds.), *Handbook of Cognition and Emotion.* Chichester: Wiley.

Ekman, P. (2003). *Emotions Revealed: Understanding Faces and Feelings.* London: Weidenfeld and Nicolson.

Ekman, P. & Davidson, R.J. (eds.) (1994). *The Nature of Emotion: Fundamental Questions.* Oxford: Oxford University Press.

Ekman, P. Friesen, W.V. & O' Sullivan, M. (2005). Smiles when lying. In P. Ekman & E.L. Rosenberg (eds.), *What the Face Reveals* (2nd edn.). Oxford: Oxford University Press.

Ekman, P. & O' Sullivan, M. (1991). Who can catch a liar. *American Psychologist,* 46, 913–920.

Elkin, I., Shea, M.T. & Watkins, J.T., et al. (1989). National Institute of Mental Health Treatment of Depression Collaborative Research program. *Archives of General Psychiatry,* 46, 971–982.

Fairburn, C.G. (1997). Eating disorders. In D.M. Clark & C.G. Fairburn (eds.), *Science and Practice of Cognitive Behaviour Therapy.* Oxford:

Oxford University Press.

Fairburn, C.G. & Beglin, S.J. (1990). The studies of the epidemiology of bulimia nervosa. *American Journal of Psychiatry,* 147, 401–408.

Fennell, M.J.V. & Teasdale, J.D. (1987). Cognitive therapy for depression: Individual differences and the process of change. *Cognitive Therapy and Research,* 11, 253–271.

Flavell, J.H. (1979). Metacognition and cognitive monitoring: A new area of cognitive developmental inquiry. *American Psychologist,* 34, 906–911.

Foa, E.B. & Emmelkamp, P.M.G. (1983). *Failures in Behavior Therapy.* New York: Wiley.

Fox, J.R.E. & Harrison, A. (2008). The relation of anger to disgust: The potential role of coupled emotions within eating pathology. *Clinical Psychology and Psychotherapy,* 15, 86–95.

Fox, J.R.E. & Power, M.J. (2009). Eating disorders and multi-level models of emotion: An integrated model. *Clinical Psychology and Psychotherapy,* 16, 240–267.

Frank, J.D. (1982). Therapeutic components shared by all psychotherapies. In J.H. Harvey & M.M. Parks (eds.), *Psychotherapy Research and Behavior Change.* Washington, D.C.: American Psychological Association.

Freeman, C.P.L. (1998). Neurotic disorders. In E.C. Johnstone, C.P.L. Freeman & A.K. Zealley (eds.), *Companion to Psychiatric Studies* (6th edn.). Edinburgh: Churchill-Livingstone.

Freeman, C.P.L. & Power, M.J. (eds.) (2007). *Handbook of Evidence-based Psychotherapies.* Chichester: Wiley.

Freud, A. (1937). *The Ego and the Mechanisms of Defence.* London: Hogarth Press.

Freud, S. (1905). Fragment of an analysis of a case of hysteria (Dora). In *The Pelican Freud Library* (Vol. 8). Harmondsworth: Penguin.

Freud, S. (1912). On beginning the treatment. In J. Strachey (ed.), *The Standard Edition of the Complete Psychological Works of Sigmund*

Freud (Vol. 12). London: Hogarth Press.

Freud, S. (1915/1949). The unconscious. In J. Strachey (ed. and trans.) *The Standard Edition of the Complete Psychological Works of Sigmund Freud* (Vol. 14). London: Hogarth Press.

Freud, S. (1917/1984). Mourning and melancholia. In *The Pelican Freud Library* (Vol. 11). Harmondsworth: Penguin.

Freud, S. (1926/1979). Inhibitions, symptoms and anxiety. In *The Pelican Freud Library* (Vol. 10). Harmondsworth: Penguin.

Frith, U. (2003). *Autism: Explaining the Enigma* (2nd edn.). Oxford: Blackwell.

Gardner, H. (1983). *Frames of Mind: The Theory of Multiple Intelligences.* New York: Basic Books.

Garfield, S.L. (1978). Research on client variables in psychotherapy. In S.L. Garfield & A.E. Bergin (eds.), *Handbook of Psychotherapy and Behavior Change: An Empirical Analysis* (2nd edn.). New York: Wiley.

Garfield, S.L. & Bergin, A.E. (1978) (eds.). *Handbook of Psychotherapy and Behavior Change: An Empirical Analysis* (2nd edn.). New York: Wiley.

Garfield, S.L. & Bergin, A.E. (1986) (eds.). *Handbook of Psychotherapy and Behaviour Change* (3rd edn.). New York: Wiley.

Garfinkel, P.E., & Garner, D.M. (1982). *Anorexia Nervosa: A Multidimensional Perspective.* New York: Brunner Mazel.

Garfinkel, P.E., Moldofsky, H. & Garner, D.M. (1980). The heterogeneity of anorexia nervosa: Bulimia as a distinct group. *Archives of General Psychiatry,* 37, 1036–1040.

Gaston, L., Goldfried, M.R., Greenberg, L.S., Horvath, A.O., Raue, P.J. & Watson, J. (1995). The therapeutic alliance in psychodynamic, cognitive-behavioral, and experiential therapies. *Journal of Psychotherapy Integration,* 5, 1–26.

Goldsamt, L.A., Goldfried, M.R., Hayes, A.M. & Kerr, S. (1992). Beck,

Meichenbaum, and Strupp: Comparison of three therapies on the dimension of therapist feedback. *Psychotherapy,* 29, 167–176.

Goldstein, A.J. & Chambless, D.L. (1978). A reanalysis of agoraphobia. *Behavior Therapy,* 9, 47–59.

Goleman, D. (1995). *Emotional Intelligence.* New York: Bantam Books.

Gray, J.A. (1982). *The Neuropsychology of Anxiety.* Oxford: Oxford University Press.

Gray, J.M., Young, A.W., Barker, W.A., Curtis, A. & Gibson, D. (1997). Impaired recognition of disgust in Huntington's disease gene carriers. *Brain,* 120, 2029–2038.

Gross, J.J. (1998). The emerging field of emotion regulation: An integrative review. *Review of General Psychology,* 2, 271–299.

Gross, J.J. (2007) (ed.). *Handbook of Emotion Regulation.* New York: Guilford.

Hamilton, M. (1960). A rating scale for depression. *Journal of Neurology, Neurosurgery and Psychiatry,* 25, 56–62.

Harre, R. (1987). *The Social Construction of Emotions.* Oxford: Blackwell.

Harrington, R. (2004). Developmental perspectives on depression in young people. In M.J. Power (ed.), *Mood Disorders: A Handbook of Science and Practice.* Chichester: Wiley.

Henry, W.P., Schacht, T.E. & Strupp, H.H. (1986). Structural analysis of social behaviour: application to a study of interpersonal process in differential psychotherapeutic outcome. *Journal of Consulting and Clinical Psychology,* 54, 27–31.

Hobson, P. (1995). *Autism and the Development of Mind.* Hove: Psychology Press.

Holmes, J. & Bateman, A. (2002). *Integration in Psychotherapy: Models and Methods.* Oxford: Oxford University Press.

Imber, S.D., Pilkonis, P.A., Sotsky, S.M., et al. (1990). Mode-specific effects among three treatments for depression. *Journal of Consulting and Clinical Psychology,* 58, 352–359.

Izard, C.E. (2001). Emotion intelligence or adaptive emotions? *Emotion,* 1, 249-257.

Izard, C.E., Libero, D.Z., Putnam, P. & Haynes, O.M. (1993). Stability of emotion experiences and their relations to traits of personality. *Journal of Personality and Social Psychology,* 64, 847-860.

Janoff-Bulman, R. (1992). *Shattered Assumptions: Towards a New Psychology of Trauma.* New York: Free Press.

Jay, T. (2000). *Why We Curse: A Neuro-Psycho-Social Theory of Speech.* Philadelphia: John Benjamins.

Jehu, D. (1988). *Beyond Sexual Abuse: Therapy with Women Who Were Childhood Victims.* Chichester: Wiley.

Johnson-Laird, P.N. & Oatley, K. (1989). The language of emotions: An analysis of a semantic field. *Cognition and Emotion,* 3, 81-123.

Kagan, J. (1994). *The Nature of the Child.* New York: Basic Books.

Kaplan, H.S. (1979). *Disorders of Sexual Desire.* London: Balliere Tindall.

Kaufman, G. (1989). *The Psychology of Shame: Theory and Treatment of Shame-based Syndromes.* New York: Springer.

Kendler, K.S., Maclean, C., Neale, M., et al. (1991). The genetic epidemiology of bulimia nervosa. *American Journal of Psychiatry,* 148, 1627-1637.

Klerman, G.L., Weissman, M.M., Rounsaville, B.J. & Chevron, E.S. (1984). *Interpersonal Psychotherapy of Depression.* New York: Basic Books.

Lam, D.H., Jones, S.H., Hayward, P. & Bright, J.A. (1999). *Cognitive Therapy for Bipolar Disorder.* Chichester: Wiley

Lambert, M.J. (2004). (ed.). *Bergin and Garfield s Handbook of Psychotherapy and Behavior Change.* New York: Wiley.

Larsen, R.J. (2000). Toward a science of mood regulation. *Psychological Inquiry,* 11, 129-141.

LeDoux, J.E. (1996). *The Emotional Brain: The Mysterious Underpinnings of Emotional Life.* New York: Simon & Schuster.

Leventhal, H. & Scherer, K. (1987). The relationship of emotion to cognition: A functional approach to a semantic controversy. *Cognition and Emotion,* 1, 3-28.

Lewis, M. (2000). The emergence of human emotions. In M. Lewis & J.M. Haviland-Jones (eds.), *Handbook of Emotions* (2nd edn.). New York: Guilford.

Linehan, M.M. (1993). *Cognitive-Behavioral Treatment of Borderline Personality Disorder.* New York: Guilford.

Livesley, W.J. (2001). *Handbook of Personality Disorders: Theory, Research, and Treatment.* New York: Guilford.

Luborsky, L., Woody, G.E., Mclellan, A.T., O'Brien, C.P. & Rosenweig, J. (1982). Can independent judges recognise different psychotherapies? An experience with manual-guided therapies. *Journal of Consulting and Clinical Psychology,* 50, 49-62.

Luborsky, L., Mclellan, A.T., Woody, G.E., O'Brien, C.P. & Auerbach, A. (1985). Therapist success and its determinants. *Archives of General Psychiatry,* 42, 602-611.

Lutz, C.A. (1988). *Unnatural Emotions: Everyday Sentiments on a Micronesian Atoll and Their Challenge to Western Theory.* Chicago: University of Chicago Press.

Marks, I.M. (1969). *Fears and Phobias.* New York: Academic Press.

Miller, W.R., Westerberg, V.S., Harris, R.J. & Tonigan, J.S. (1996). What predicts relapse? Prospective testing of antecedent models. *Addiction,* 91 (Suppl), 155-172.

Mitchell, J. & McCarthy, H. (2000). Eating disorders. In L.A. Champion & M.J. Power (eds.), *Adult Psychological Problems: An Introduction.* (2nd edn.). Hove: Psychology Press.

Myers, J.K., Weissman, M.M., Tischler, G.L., et al. (1984). Six-month prevalence of psychiatric disorders in three communities. *Archives of General Psychiatry,* 41, 959-967.

Nisbett, R.E. & Wilson, T.D. (1977). Telling more than we can know: Verbal reports on mental processes. *Psychological Review,* 84, 231-

259.
Norcross, J.C. & Goldfried, M.R. (1992). *Handbook of Psychotherapy Integration*. New York: Basic Books.
Oatley, K. (2004). *Emotions: A Brief History*. Oxford: Blackwell.
Oatley, K. & Duncan, E. (1992). Incidents of emotion in daily life. In K.T. Strongman (ed.), *International Review of Studies on Emotion* (Vol. 2). Chichester: Wiley.
Oatley, K. & Johnson-Laird, P.N. (1987). Towards a cognitive theory of emotions. *Cognition and Emotion,* 1, 29-50.
O' Brien, C.P., Ehrman, R.E. & Ternes, J.W. (1986). Classical conditioning in human opioid dependence. In S.R. Goldberg & I.P. Stolerman (eds.), *Behavioural Analysis of Drug Dependence*. San Diego, CA: Academic Press.
Osgood, C.E., Suci, G.J. & Tannenbaum, P.H. (1957). *The Measurement of Meaning*. Urbana, IL: University of Illinois.
Pennebaker, J.W. (1982). *The Psychology of Physical Symptoms*. New York: Springer-Verlag.
Philippot, P. (2007). *Emotion et Psychotherapie*. Wavre: Mardaga.
Philippot, P. & Feldman, R.S. (2004) (eds.). *The Regulation of Emotion*. Mahwah, NJ: Erlbaum.
Phillips, K.F.V. & Power, M.J. (2007). A new self-report measure of emotion regulation in adolescents: The Regulation of Emotions Questionnaire. *Clinical Psychology and Psychotherapy,* 14, 145-156.
Plato (1953). *The Timaeus* [B. Jowett trans.]. Oxford: Oxford University Press.
Powell, J. (1995). Classical responses to drug-related stimuli: Is context crucial? *Addiction,* 90, 1089-1095.
Powell, J. (2000). Drug and alcohol dependence. In L.A. Champion & M.J. Power (eds.), *Adult Psychological Problems: An Introduction* (2nd edn.). Hove: Psychology Press.
Power, M.J. (1991). Cognitive science and behavioural psychotherapy:

Where behaviour was, there shall cognition be? *Behavioural Psychotherapy,* 19, 20–41.

Power, M.J. (1997). Conscious and unconscious representations of meaning. In M.J. Power & C.R. Brewin (eds.), *The Transformation of Meaning in Psychological Therapies*. Chichester: Wiley.

Power, M.J. (1999). Sadness and its disorders. In T. Dalgleish & M.J. Power (eds.), *Handbook of Cognition and Emotion*. Chichester: Wiley.

Power, M.J. (2001). Memories of abuse and alien abduction: Close encounters of the therapeutic kind. In Davies, G.M. and Dalgleish, T. (eds.), *Recovered Memories: Seeking the Middle Ground*. Chichester: Wiley.

Power, M.J. (2002). Integrative therapy from a cognitive-behavioural perspective. In J. Holmes & A. Bateman (2002), *Integration in Psychotherapy: Models and Methods*. Oxford: Oxford University Press.

Power, M.J. (2003). Quality of life. In S. Snyder & S. Lopez (eds.), *Handboook of Positive Psychological Assessment*. Washington, D.C.: American Psychological Association.

Power, M.J. (2005). Psychological approaches to bipolar disorders: A theoretical critique. *Clinical Psychology Review,* 25, 1101–1122.

Power, M.J. (2006). The structure of emotion: An empirical comparison of six models. *Cognition and Emotion,* 20, 694–713.

Power, M.J. (2007). The multistory self: Why the self is more than the sum of its autoparts. *Journal of Clinical Psychology,* 63, 187–198.

Power, M.J., Champion, L.A. & Aris, S.J. (1988). The development of a measure of social support: The Significant Others (SOS) Scale. *British Journal of Clinical Psychology,* 27, 349–358.

Power, M.J. & Cheung, H.N.. The measure of depression (in prep).

Power, M.J. & Dalgleish, T. (1997). *Cognition and Emotion: From Order to Disorder*. Hove: Erlbaum.

Power, M.J. & Dalgleish, T. (1999). Two routes to emotion: Some implications of multi-level theories of emotion for therapeutic practice.

Behavioural and Cognitive Psychotherapy, 27, 129–141.

Power, M.J. & Dalgleish, T. (2008). *Cognition and Emotion: From Order to Disorder* (2nd edn.). Hove: Erlbaum.

Power, M.J., Katz, R., McGuffin, P., Duggan, C.F., Lam, D. & Beck, A.T. (1994). The Dysfunctional Attitude Scale (DAS): A comparison of forms A and B and proposals for a new subscaled version. *Journal of Research in Personality*, 28, 263–276.

Power, M.J. & Freeman, C.P.L. (2007). Introduction. In C.P.L. Freeman & M.J. Power (eds.), *Handbook of Evidence-based Psychotherapies*. Chichester: Wiley.

Power, M.J. & Tarsia, M. (2007). Basic and complex emotions in depression and anxiety. *Clinical Psychology and Psychotherapy*, 14, 19–31.

Prochaska, J.O. & Diclemente, C.C. (1992). The transtheoretical approach. In J.C. Norcross & M.G. Goldfried (eds.), *Handbook of Psychotherapy Integration*. New York: Basic Books.

Rachman, S.J. (1990). *Fear and Courage* (2nd edn.). New York: W.H. Freeman.

Rachman, S.J. (2003). *The Treatment of Obsessions*. Oxford: Oxford University Press.

Rachman, S.J. (2004). *Anxiety* (2nd edn.). Hove: Psychology Press.

Rachman, S.J. & De Silva, P. (1996). *Panic Disorder: The Facts*. Oxford: Oxford University Press.

Richards, D.A., Lovell, K. & Marks, I.M. (1994). Post-traumatic stress disorder: Evaluation of a behavioral treatment program. *Journal of Traumatic Stress*, 7, 669–680.

Roberts, R.D., Zeidner, M. & Matthews, G. (2001). Does emotional intelligence meet traditional standards for intelligence? Some new data and conclusions. *Emotion*, 1, 196–231.

Robinson, L.A., Berman, J.S. & Neimeyer, R.A. (1990). Psychotherapy for the treatment of depression: A comprehensive review of controlled outcome research. *Psychological Bulletin,* 108, 30–49.

Robson, P. (1989). Development of a new self-report questionnaire to measure self-esteem. *Psychological Medicine,* 19, 513–518.

Rogers, C.R. (1957). The necessary and sufficient conditions of therapeutic personality change. *Journal of Consulting Psychology,* 21, 95–103.

Rolls, E.T. (1999). *The Brain and Emotion.* Oxford: Oxford University Press.

Rozin, P. & Fallon, A.E. (1987). A perspective on disgust. *Psychological Review,* 94, 23–41.

Rozin, P., Haidt, J. & McCauley, C.R. (1999). Disgust: The body and soul emotion. In T. Dalgleish & M.J. Power (eds.), *Handbook of Cognition and Emotion.* Chichester: Wiley.

Russell, G.F.M. (1970). Anorexia nervosa: Its identity as an illness and its treatment. In J.H. Price (ed.), *Modern Trends in Psychological Medicine* (Vol. 2). London: Butterworths.

Russell, G.F.M. (1979). Bulimia nervosa: An ominous variant of anorexia nervosa. *Psychological Medicine,* 9, 429–448.

Russell, J. (1994). Is there universal recognition of emotion from facial expression? A review of the cross-cultural studies. *Psychological Bulletin,* 115, 102–141.

Russell, J.A. & Carroll, J.M. (1999). On the bipolarity of positive and negative affect. *Psychological Bulletin,* 125, 3–30.

Rutter, M. (1994). Beyond longitudinal data: Causes, consequences, changes and continuity. *Journal of Consulting and Clinical Psychology,* 62, 928–940.

Safran, J.D. & Segal, Z.V. (1990). *Interpersonal Process in Cognitive Therapy.* New York: Basic Books.

Salkovskis, P.M. (1985). Obsessional-compulsive problems: A cognitive-behavioural analysis. *Behaviour Research and Therapy,* 23, 571–583.

Salovey, P. & Mayer, J.D. (1990). Emotional intelligence. *Imagination, Cognition, and Personality,* 9, 185–211.

Scherer, K.R., Schorr, A. & Johnstone, T. (eds.) (2001). *Appraisal Processes in Emotion: Theory, Methods, Research*. Oxford: Oxford University Press.

Schwannauer, M. & Power, M.J.. Psychotherapy for bipolar disorder, in preparation.

Segal, Z.V., Williams, J.M.G. & Teasdale, J.D. (2001). *Mindfulness-based Cognitive Therapy for Depression: A New Approach to Preventing Relapse*. New York: Guilford.

Shapiro, D.A., Firth-Cozens, J. & Stiles, W.B. (1989). The question of therapists' differential effectiveness: A Sheffield Psychotherapy Project addendum. *British Journal of Psychiatry*, 154, 383-385.

Shaw, B.F. & Wilson-Smith, D. (1988). Training therapists in cognitive-behaviour therapy. In C. Perris, I.M. Blackburn & H. Perris (eds.), *Cognitive Psychotherapy: Theory and Practice*. Berlin: Springer-Verlag.

Sloane, R.B., Staples, F.R., Cristol, A.H., Yorkston, N.J. & Whipple, K. (1975). *Psychotherapy Versus Behaviour Therapy*. Cambridge, MA: Harvard University Press.

Spielberger, C.D. (1983). *Manual for the State-Trait Anxiety Inventory (Form Y)*. Palo Alto, CA: Consulting Psychologists Press.

Stieper, D.R. & Wiener, D.N. (1959). The problem of interminability in outpatient psychotherapy. *Journal of Consulting Psychology*, 23, 237-242.

Stiles, W.B., Shapiro, D.A. & Elliott, R. (1986). Are all psychotherapies equivalent? *American Psychologist*, 41, 165-180.

Stiles, W.B., Elliott, R., Llewelyn, S.P., et al. (1990). Assimilation of problematic experiences by clients in psychotherapy. *Psychotherapy*, 27, 411-420.

Stroebe, M.S., Hansson, R.O., Stroebe, W. & Schut, H. (2001) (eds.). *Handbook of Bereavement Research*. Washington, D.C.: American Psychological Association.

Stuart, S. & Robertson, M. (2003). *Interpersonal Psychotherapy: A Clinician' s Guide*. London: Hodder Arnold.

Talwar, V., Gordon, H.M. & Lee, K. (2007). Lying in the elementary school years: Verbal deception and its relation to second-order belief understanding. *Developmental Psychology*, 43, 804-810.

Tangney, J.P. (1999). The self-conscious emotions: Shame, guilt, embarrassment and pride. In T. Dalgleish & M.J. Power (eds.), *Handbook of Cognition and Emotion*. Chichester: Wiley.

Taylor, G.J. (2001). Low emotional intelligence and mental health. In J. Ciarrochi, J.P. Forgas & J.D. Mayer (eds.), *Emotional Intelligence in Everyday Life: A Scientific Inquiry*. Philadelphia: Psychology Press.

Taylor, G.J., Bagby, R.M. & Parker, J.D.A. (1997). *Disorders of Affect Regulation: Alexithymia in Medical and Psychiatric Illness*. Cambridge: Cambridge University Press.

Teasdale, J.D. (1983). Negative thinking in depression: Cause, effect, or reciprocal relationship? *Advances in Behaviour Research and Therapy*, 5, 3-25.

Teasdale, J.D. (1999). Multi-level theories of cognition-emotion relations. In T. Dalgleish & M.J. Power (eds.), *Handbook of Cognition and Emotion*. Chichester: Wiley.

Teasdale, J. & Barnard, P. (1993). *Affect, Cognition and Change*. Hove: Erlbaum.

Truax, C.B. & Carkhuff, R.R. (1967). *Toward Effective Counselling and Psychotherapy: Training and Practice*. Chicago: Aldine

Vaillant, G.E. (1990). Repression in college men followed for half a century. In J.L. Singer (ed.), *Repression and Dissociation*. Chicago: University of Chicago Press.

Vaillant, G.E. (2002). *Ageing Well*. Oxford: Blackwell Publishing.

Waller, G. (1992). Sexual abuse and the severity of bulimic symptoms. *British Journal of Psychiatry*, 161, 90-93.

Watson, D. & Clark, L.A. (1992). Affects separable and inseparable: On the hierarchical arrangement of the negative affects. *Journal of Personality and Social Psychology*, 62, 489–505.

Watson, D., Clark, L.A. & Tellegen, A. (1988). Development and validation of brief measures of positive and negative affect: The PANAS scales. *Journal of Personality and Social Psychology*, 54, 1063–1070.

Wegner, D.M. (1994). Ironic processes of mental control. *Psychological Review*, 101, 34–52.

Weinberger, D.A., Schwartz, G.E. & Davidson, R.J. (1979). Low-anxious, high anxious and repressive coping styles: Psychometric patterns and behavioural responses to stress. *Journal of Abnormal Psychology*, 88, 369–380.

Weissman, M.M., Markowitz, J.C. & Klerman, G.L. (2000). *Comprehensive Guide to Interpersonal Psychotherapy*. New York: Basic Books.

Wittenbrink, B. & Schwarz, N. (2007). *Implicit Measures of Attitudes: Procedures and Controversies*. New York: Guilford.

Wolfe, B.E. & Goldfried, M.R. (1988). Research on psychotherapy integration: Recommendations and conclusions from an NIMH workshop. *Journal of Consulting and Clinical Psychology*, 56, 448–451.

Wolpe, J. (1958). *Psychotherapy by Reciprocal Inhibition*. Stanford, CA: Stanford University Press.

World Health Organisation (1979). *Schizophrenia: An International Follow-up Study*. New York: Wiley.

Young, J.E. (1999). *Cognitive Therapy for Personality Disorders: A Schema-focused Approach* (Rev. edn.). Sarasota, FL: Professional Resources Press.

Zigmond, A.S. & Snaith, R.P. (1983). The Hospital Anxiety and Depression Scale. *Acta Psychiatrica Scandinavica*, 67, 361–370.

Zimbardo, P. (2007). *The Lucifer Effect: How Good People Turn Evil*. London: Rider.

찾아보기

저자 소개

Mick Power

영국 에든버러 대학교 임상심리학 교수이자, 임상심리학자이다. 노르웨이 트롬쇠 대학교에서 석좌교수직을 맡고 있으며, 세계보건기구(WHO)에서 수년간 연구자문위원으로 활동해 왔다. *Clinical Psychology and Psychotherapy*의 창립편집위원이다.

역자 소개

최윤경(Choi Yun Kyeung)

고려대학교 대학원 석사 및 박사(임상심리학 전공)

현 계명대학교 심리학과 교수

임상심리전문가, 인지행동치료전문가

윤혜영(Yoon Haye Young)

고려대학교 대학원 석사 및 박사(임상심리학 전공)

현 계명대학교 심리학과 부교수

임상심리전문가, 인지행동치료전문가

정서중심인지치료
Emotion-Focused Cognitive Therapy

2022년 3월 10일 1판 1쇄 인쇄
2022년 3월 15일 1판 1쇄 발행

지은이 • Mick Power
옮긴이 • 최윤경 · 윤혜영
펴낸이 • 김진환
펴낸곳 • (주) 학지사
04031 서울특별시 마포구 양화로 15길 20 마인드월드빌딩
대표전화 • 02)330-5114 팩스 • 02)324-2345
등록번호 • 제313-2006-000265호

홈페이지 • http://www.hakjisa.co.kr
페이스북 • https://www.facebook.com/hakjisa

ISBN 978-89-997-0753-7 93180

정가 16,000원